"十二五"国家重点图书出版规划项目

MODELING AND VISUALIZATION OF THE VIRTUAL HEART
虚拟心脏建模与可视化技术

王宽全　袁永峰　著

哈尔滨工业大学出版社

内容简介

本书系统地介绍了虚拟心脏的基本概念,心肌细胞、组织、电传导系统到整体器官的电生理建模与仿真方法,以及心脏的三维数据体绘制和可视化方法。内容主要包括利用真实解剖及生物实验数据集建立电生理模型、心室浦肯野氏纤维网络的提取和重构、钠离子通道病的仿真和分析、心肌缺血与折返性室性心律失常的关系、基于数据集的心脏可视化方法、可视化的实时性、电生理数据集与心脏结构的融合等,并介绍了作者团队开发的心脏可视化系统。

本书的论述深入浅出,通俗易懂,突出理论,并结合实践,具有很强的实用性;同时有机融合了生物学、生理学、医学、数学、计算机科学等多个学科的知识,有助于多个学科的交叉和延伸。本书适合以上相关学科的本科高年级学生和研究生阅读,也可供从事虚拟心脏研究、生物系统的建模仿真与可视化方面研究的科研人员参考使用。

图书在版编目(CIP)数据

虚拟心脏建模与可视化技术/王宽全,袁永峰著. —哈尔滨:哈尔滨工业大学出版社,2014.5
ISBN 978-7-5603-3910-8

Ⅰ.①虚… Ⅱ.①王… ②袁… Ⅲ.①虚拟处理机—应用—心脏病—建模诊断法 ②可视化仿真—应用—心脏病—诊断
Ⅳ.①R541.04-39

中国版本图书馆 CIP 数据核字(2012)第 314838 号

策划编辑	王桂芝
责任编辑	李广鑫
出版发行	哈尔滨工业大学出版社
社　　址	哈尔滨市南岗区复华四道街10号 邮编150006
传　　真	0451-86414749
网　　址	http://hitpress.hit.edu.cn
印　　刷	哈尔滨工业大学印刷厂
开　　本	787mm×1092mm 1/16 印张11.5 字数290千字
版　　次	2014年5月第1版 2014年5月第1次印刷
书　　号	ISBN 978-7-5603-3910-8
定　　价	48.00元

(如因印装质量问题影响阅读,我社负责调换)

前　言

　　计算心脏学将是继生物信息学后,又一个生命科学与计算机科学交叉的新兴学科,它涵盖的研究内容广泛,具有广阔的研究前景。利用虚拟心脏技术,从基因、蛋白质、细胞、组织和器官全面地揭示各个级别生物结构与功能关系,将会使人们对心脏活动的认识、治疗与保护达到一个新的高度。因此,虚拟心脏不仅具有重要的学术研究价值,而且具有巨大的、潜在的社会和经济价值。

　　1952 年,诺贝尔奖得主 Hodgkin 和 Huxley 建立了世界上第一个细胞计算——乌贼神经元细胞计算模型,开创了用计算机来研究生物问题的先河。1962 年,世界著名的先驱学者 Denis Noble 建立了第一个心脏细胞模型——浦肯野氏细胞 Noble 模型,开启了计算心脏学研究的大门。经过几十年的研究,心脏模型领域研究从亚细胞级到器官级取得了丰硕的成果,主要内容包括解剖与力学模型、电生理模型和新陈代谢模型。从文献检索和会议交流来看,国际上研究计算心脏学的人比较多,研究范围也比较广泛。国内计算心脏学还处于初级阶段,目前只有西安交通大学张镇西、浙江大学夏灵、中国科技大学冯焕清、南方医科大学喻德旷和哈尔滨工业大学王宽全等少数几位学者及其研究团队开展了这方面的研究。

　　目前国内在虚拟心脏方面的研究团队较少,虽然取得了一些研究成果并发表了一批较高水平的论文,但仍缺少一本书来系统地介绍本研究领域的基础知识、研究方法、技术手段和研究成果。为了使更多的学者、研究生能快速进入本研究领域,将这门新兴的学科在国内发扬光大,作者将近十年来在此领域取得的一些研究经验和成果,以袁永峰博士、黎捷博士、吕伟刚博士、杨飞博士和张雷博士的 5 篇博士论文的内容为基础,经取舍和整理形成此书,以作抛砖引玉之用。

　　本书共分 8 章,主要内容包括:第 1 章绪论,介绍虚拟心脏的研究背景与意义、国内外研究现状及本领域的未来发展趋势;第 2 章心脏生理学基础与建模原理,介绍心脏的生理学基础知识与电生理建模方法;第 3 章心室电传导系统建模研究,主要介绍如何根据真实的解剖数据提取心室浦肯野氏纤维网络,并估计其在心室三维空间的具体位置与结构;第 4 章心室浦肯野系统的三维重构方法研究,主要介绍如何利用 DT-MRI 数据集建立心肌纤维的三维走向及其电生理模型;第 5 章心脏钠离子通道病建模与仿真研究,介绍如何利用虚拟心脏建立的计算模型仿真心脏的一些疾病,并介绍疾病的产生机理;第 6 章心肌缺血下折返性室性心律失常研究,阐述如何仿真心室的局部或全部缺血以及在缺血状态下心室的电生理规律、心电图的仿真及变化、心率失常问题;第 7 章虚拟心脏的可视化方法,介绍如何利用真实的人体心脏解剖数据集,设计更好的三维可视化算法去展示心脏组织的结构,并介绍我们开发的心脏可视化系统;

第 8 章基于 GPU 的虚拟心脏可视化,介绍如何利用 GPU 解决可视化算法的实时性问题,探索电生理仿真数据与心脏结构数据的融合及可视化问题,并介绍我们开发的基于 GPU 的虚拟心脏可视化系统。

本书主要由王宽全和袁永峰撰写,其中第 1 章由王宽全、袁永峰撰写,第 2、4、5 章由袁永峰撰写,第 3 章由王宽全、黎捷撰写,第 6 章由吕伟刚、袁永峰撰写,第 7 章由王宽全、杨飞撰写,第 8 章由王宽全、张雷撰写。此外,博士生隋栋、张越及罗存金参与了本书的校对及部分修订工作,在此表示感谢。

本书的工作得到国家自然科学基金课题"e-Heart 仿真平台与关键技术研究"(资助号 60571025)、"大规模的多尺度和多模态虚拟心脏计算与可视化方法研究"(资助号 61173086)、"基于计算心脏模型的遗传性短 QT 综合征发病机制的研究"(资助号:61179009)、"心肌细胞持续性钠电流数学建模与钠离子通道病仿真研究"(资助号:61001167),及国家 863 计划项目"多尺度虚拟心脏解剖和功能建模与可视化技术研究"(资助号:2006AA01Z308)的资助。

由于作者水平有限,书中难免存在疏漏及不妥之处,敬请批评指正。

作　者
2014.1

目 录

第1章 绪 论 ··· 1
  1.1 虚拟心脏研究的意义 ·· 1
  1.2 虚拟心脏建模与仿真研究现状 ··· 2
    1.2.1 解剖与力学模型 ··· 2
    1.2.2 电生理模型 ·· 2
    1.2.3 新陈代谢模型 ··· 3
  1.3 虚拟心脏建模相关计算科学问题的研究现状 ································· 5
    1.3.1 虚拟心脏建模与数值计算 ·· 5
    1.3.2 虚拟心脏建模与并行计算 ·· 6
    1.3.3 虚拟心脏建模与数据可视化 ··· 6
  1.4 虚拟心脏研究的未来发展趋势 ··· 6
    1.4.1 临床诊断的应用 ··· 6
    1.4.2 药物研制的应用 ··· 7
    1.4.3 虚拟心脏外科手术的应用 ·· 7
  本章参考文献 ·· 7

第2章 心脏生理学基础与建模原理 ·· 13
  2.1 引 言 ··· 13
  2.2 心肌细胞与组织 ··· 13
    2.2.1 解剖与力学模型 ··· 13
    2.2.2 心肌组织 ··· 15
  2.3 心脏解剖结构 ·· 15
    2.3.1 心脏位置与形态 ··· 15
    2.3.2 心脏解剖结构 ··· 15
  2.4 心脏电生理基础 ··· 16
    2.4.1 离子通道与细胞动作电位的关系 ·· 16
    2.4.2 心脏电传导系统与心电图的关系 ·· 17
  2.5 心脏从细胞到器官建模的基础理论 ·· 18
    2.5.1 离子通道模型 ··· 18
    2.5.2 心肌细胞模型 ··· 19

  2.5.3 多细胞组织模型 ··· 20

  2.5.4 心电图仿真 ··· 20

本章参考文献 ··· 21

第3章 心室电传导系统建模研究 ·· 22

 3.1 引　言 ··· 22

 3.2 希氏支束与浦肯野氏网络三维构建 ···································· 22

  3.2.1 希氏支束与浦肯野氏网络预处理 ································ 23

  3.2.2 希氏支束与浦肯野氏网络三维构建方法 ························ 24

  3.2.3 希氏支束与浦肯野氏网络模型结构比较 ························ 26

 3.3 非均匀性心室组织三维建模 ·· 27

  3.3.1 心肌纤维走向从笛卡儿坐标系到球面坐标系的变换 ············ 27

  3.3.2 心肌纤维走向与心室组织非均匀性的关系 ······················ 28

  3.3.3 基于心肌纤维走向的心室组织划分方法 ························ 30

 3.4 构建三维心室电传导系统计算模型 ···································· 32

  3.4.1 心室电兴奋传导系统计算模型的建立 ·························· 33

  3.4.2 心室电传导系统仿真模型的计算方法 ·························· 37

  3.4.3 心室电传导系统计算模型的有效性 ···························· 39

 本章参考文献 ··· 44

第4章 心室浦肯野系统的三维重构方法研究 ······························ 47

 4.1 引　言 ··· 47

  4.1.1 浦肯野系统数值重建研究综述 ·································· 47

  4.1.2 数据来源 ··· 48

  4.1.3 本章研究内容及结构 ·· 49

 4.2 基于方向域的浦肯野系统提取 ·· 50

  4.2.1 局部尺度和方向检测模型 ······································ 50

  4.2.2 4D测地线 ·· 52

  4.2.3 曲线网络提取算法 ·· 55

  4.2.4 实验结果 ··· 55

 4.3 基于LLE算法的浦肯野系统的三维重构 ······························ 55

  4.3.1 LLE局部线性嵌入算法 ·· 56

  4.3.2 左心室肌曲面到平面的映射方法 ······························ 58

  4.3.3 平面到曲面的重构 ·· 62

 本章参考文献 ··· 64

第 5 章　心脏钠离子通道病建模与仿真研究 ······ 67

5.1　引　言 ······ 67
5.2　溶血磷脂胆碱与钠离子通道病 ······ 68
5.2.1　计算模型的建立 ······ 68
5.2.2　模型仿真分析方法 ······ 70
5.2.3　计算模型的仿真结果 ······ 71
5.2.4　仿真结果分析 ······ 76
5.2.5　仿真研究结论 ······ 77
5.3　E1784K 基因变异与钠离子通道病 ······ 77
5.3.1　计算模型建立 ······ 78
5.3.2　模型的分析方法 ······ 79
5.3.3　计算模型仿真结果 ······ 80
5.3.4　仿真结果分析 ······ 82
5.3.5　仿真研究结论 ······ 84
本章参考文献 ······ 84

第 6 章　心肌缺血下折返性室性心律失常研究 ······ 86

6.1　引　言 ······ 86
6.2　局部缺血下折返波研究 ······ 86
6.2.1　缺血模型的建立 ······ 86
6.2.2　数据预处理以及缺血区域设置 ······ 88
6.2.3　正常情况以及局部缺血情况下折返波仿真 ······ 90
6.3　心肌缺血 ECG 仿真及分析 ······ 92
6.3.1　心电图的建立 ······ 92
6.3.2　缺血区域的设置 ······ 93
6.3.3　心肌缺血 ECG 仿真 ······ 93
6.3.4　仿真研究结论 ······ 96
6.4　全心缺血下折返波研究 ······ 96
6.4.1　单细胞模型 ······ 96
6.4.2　1D 虚拟心室壁模型 ······ 100
6.4.3　2D 理想几何组织模型 ······ 103
6.4.4　仿真研究结论 ······ 104
本章参考文献 ······ 104

第7章 虚拟心脏的可视化方法 ………………………………………………… 107

7.1 引 言 …………………………………………………………………… 107
7.1.1 虚拟心脏可视化的目的、意义 ……………………………………… 107
7.1.2 虚拟心脏数据来源 …………………………………………………… 108
7.1.3 可视化方法 …………………………………………………………… 108
7.2 基于虚拟心脏解剖数据的光线投射方法 ……………………………… 109
7.3 虚拟心脏交互式传递函数设计 ………………………………………… 114
7.3.1 基于二维灰度-梯度直方图的传递函数设计 ……………………… 114
7.3.2 基于二维LH直方图的传递函数设计 …………………………… 119
7.4 虚拟心脏多模态绘制 …………………………………………………… 122
7.4.1 欧氏距离变换 ………………………………………………………… 123
7.4.2 基于三维欧氏距离变换的加权合成 ……………………………… 128
7.4.3 与视线相关的光线投射距离传递函数 …………………………… 129
7.4.4 心脏多模态模型绘制结果 ………………………………………… 129
7.5 虚拟心脏可视化系统 …………………………………………………… 134
7.5.1 系统需求分析 ………………………………………………………… 134
7.5.2 系统功能模块划分 …………………………………………………… 135
7.5.3 系统实现及测试 ……………………………………………………… 136
本章参考文献 …………………………………………………………………… 143

第8章 基于GPU的虚拟心脏可视化 …………………………………………… 145

8.1 基于GPU的虚拟心脏可视化方法 ……………………………………… 145
8.1.1 GPU技术概述 ………………………………………………………… 145
8.1.2 纹理切片绘制方法 …………………………………………………… 145
8.1.3 基于Context-Preserving心脏解剖结构绘制方法 ……………… 148
8.1.4 改进的Context-Preserving心脏解剖结构绘制方法 …………… 150
8.2 基于GPU的电生理仿真及仿真数据在线可视化 …………………… 151
8.2.1 心室组织模型 ………………………………………………………… 152
8.2.2 数值求解方法 ………………………………………………………… 152
8.2.3 数据结构设计 ………………………………………………………… 153
8.2.4 电生理仿真程序流程 ………………………………………………… 153
8.2.5 仿真计算核函数分解 ………………………………………………… 155
8.2.6 核函数优化 …………………………………………………………… 155
8.3 虚拟心脏可视化系统 …………………………………………………… 157

8.3.1 开发背景 …………………………………………………… 157

　　8.3.2 系统需求分析 ………………………………………………… 157

　　8.3.3 系统概要设计 ………………………………………………… 158

　　8.3.4 系统详细设计 ………………………………………………… 158

　　8.3.5 系统实现及测试 ……………………………………………… 163

　　8.3.6 系统贡献与应用前景 ………………………………………… 167

　本章参考文献 ………………………………………………………… 168

名词索引 …………………………………………………………………… 170

第1章 绪 论

1.1 虚拟心脏研究的意义

心脏是人体的重要器官,它从人出生的第一天起就不停地工作。早在2000年前心脏就被人们认识和熟知。亚里士多德认为心脏是灵魂的宝库,是人体的中心。《黄帝内经》指出"心主身之血脉",认识到血液在脉管内是"流行不止,环周不休"的。《列子·汤问》中更是有扁鹊换心手术的神奇记载。到了现代,以心脏搭桥、心脏移植及人工心脏为代表的心脏病研究使人类对心脏的认知达到一个前所未有的高度。但是人们对心脏更深层次上的认识以及心脏病预防和治疗远没有达到理想的程度,心脏病仍然是严重威胁人类健康的四大疾病之一。据世界卫生组织统计,目前全世界每年有1 700万人死于心脏病。美国心脏病协会发表的统计报告指出有近6 200万美国人患有某种心脏疾病,2002年有927 448名美国人死于心脏疾病,心脏病是美国人健康的头号杀手。中华人民共和国卫生部最新统计[1]显示,2008年国城市居民心脏病的死亡率已从第三位上升到第二位,占总疾病死亡人数的19.69%,尤其在低收入地区死亡率远远高于包括癌症、艾滋病在内的其他疾病。心脏病不仅严重影响个人健康,而且长期的医疗和高额的手术费用也给家庭、社会、国家医疗体系带来沉重的负担。因此,心脏病学是现代医学中最重点关注和研究的领域之一。

21世纪,生物科学与数学、物理学、化学、医学、计算机等学科之间的相互交叉、渗透,大大地推动了人类对生命现象和本质的研究。随着计算机运算和存储能力指数级地增加,以及分子学、生化、细胞学、基因工程和解剖学方面的心脏实验数据的丰富和知识积累,综合运用计算生理学、数学建模技术和虚拟现实技术对心脏进行建模和模拟心脏功能,来研究健康和病变情况下的心脏生命机制,已经逐渐得到了国内外学术界的认可,成为现代心脏病学科的一个重要研究分支,形成一个新的研究领域——计算心脏学(Computational Cardiology)[2,3]。计算心脏学最重要的研究内容就是建立虚拟心脏,用计算机模拟真实心脏的生理活动。

什么是虚拟心脏? 作为一个新兴的概念,虚拟心脏还没有一个明确的、统一的定义。我们认为:虚拟心脏是指利用计算机强大运算处理能力和可视化技术,通过建立活体心脏的动力学、生电传导、新陈代谢等生理、病理条件下的数学模型,从解剖结构和生理功能上来真实地再现真实心脏生命活动过程的仿真模型。其学术思想是将心脏生化学、生物电、生物力等生物现象和规律问题抽象成为各种数学问题和计算问题,通过数学问题求解,反过来分析、解释生命问题,发现新的知识和规律。

虚拟心脏不仅有重要的学术研究价值,而且有巨大的、潜在的社会和经济价值。国际上已经有一些标志性成果,如英国牛津大学Dennis Noble建立的虚拟心脏模型,它已经被美国食品药物管理局用来在药物审批的过程中了解心脏药物的机理和临床试验观测结果。

综上所述,计算心脏学将是继生物信息学后,又一个生命科学与计算机科学交叉的新兴学科,它涵盖研究内容广泛,具有巨大的研究前景。利用虚拟心脏技术,从基因、蛋白质、细胞、组织和器官全面地揭示各个级别生物结构与功能关系,将会使人们对心脏活动认识、治疗与保护达到一个新的高度。

1.2 虚拟心脏建模与仿真研究现状

从文献检索和会议交流来看,国际上研究计算心脏学的人比较多,研究范围也比较广泛。国内计算心脏学还处于初级阶段,西安交通大学张镇西、浙江大学夏灵、中国科技大学冯焕清、南方医科大学喻德旷和哈尔滨工业大学王宽全等少数几个学者及其研究团队开展了这方面的研究。下面将具体介绍虚拟心脏建模与仿真研究现状。

1952年,诺贝尔奖得主 Hodgkin 和 Huxley 建立了世界上第一个细胞——乌贼神经元细胞计算模型[4],开创了用计算机来研究生物问题的先河。1962年,世界著名的先驱学者 Denis Noble 建立了第一个心脏模型——浦肯野氏细胞 Noble 模型[5],开启了计算心脏学研究的大门。经过几十年的研究,心脏模型领域研究从亚细胞级到器官级都取得了丰硕的成果。按其研究内容可以分为三大类:解剖与力学模型(或机械模型)、电生理模型和新陈代谢模型[6]。

1.2.1 解剖与力学模型

心脏舒张与收缩是心脏功能研究的核心问题之一。Hunter[7] 用微分方程和积分方程建立了 Ca^{2+} 释放和再聚积模型,该模型可以模拟肌钙蛋白亚单位 C、原肌球蛋白和横桥动力学,将建立单心肌细胞的张力模型及瞬时离子浓度模型用有限元法集合到一个三维的心脏结构中,模拟心脏收缩和舒张时形态的改变。Stevens 和 Hunter[8] 基于心脏的精确解剖结构,建立一个有限元非线性系统力学模型,如图 1.1 所示。

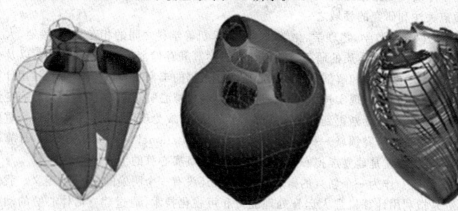

图 1.1 Stevens 等人的有限元心脏力学模型

1.2.2 电生理模型

电生理模型是计算心脏学中研究相对较多,比较全面的研究方向。自 1962 年 Noble 用 Hodgkin-Huxley 方程建立第一个心脏细胞电活动模型以来,人们利用心肌细胞膜片钳的实验数据,已经建立许多从动物到人,从窦房结、心房、房室结、浦肯野氏细胞到心室细胞,详细地描述细胞的每个离子通道电活动和动作电位的单心肌细胞电生理模型[9]。比较有代表性的有:2000 年 Zhang[10] 窦房结中心到边缘细胞模型,2001 年 Nygent[11] 的人心房模型,1994 年 Luo-Rudy[12] 的豚鼠心室细胞模型和 2004 年 tenTusshcer[13] 的人心室细胞模型。近年来随着计算能力的提高,一些大规模基于精细解剖结构的三维电生理计算模型被构建起来,如 2006

年 Seemann[14] 建立的人心房三维模型和2008年 Vigmond[15]、2004年 Fagen Xie[16] 建立的心室三维模型等。Xie用其建立的心室三维模型来模拟研究室颤问题,如图1.2所示。

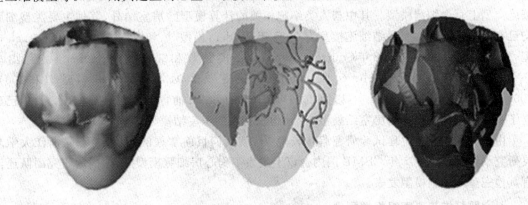

图1.2 Xie等人构建了三维心室模型用于室颤仿真

1.2.3 新陈代谢模型

心脏的电、机械活动都离不开新陈代谢作用,离不开三磷酸腺苷(Adenosine-Triphosphate, ATP)的能量供应。但上面提到的模型中都没有考虑到能量代谢问题,它们假设细胞内外能量物质浓度没有变化。这是因为:一是新陈代谢过程和电生理活动、机械活动在时间上差别很大,人心跳一次大约需要1 s的时间,而ATP消耗掉一个细胞内的氧气大概要10 min以上;二是新陈代谢过程复杂,它是许多子过程相互影响、相互调节的过程,很难用数学语言描述。然而,理清心脏电生理活动、机械活动与新陈代谢之间的相互关系,对心脏临床病理学来说有重要的意义。文献Mulquiney等人[17]对人类单个红血球细胞进行了理想化的建模,能够模拟简单的新陈代谢过程。Cortassa等人[18]用计算机模型研究线粒体代谢与细胞内钙离子循环的关系。Zimmerman[19]用计算机模型分析酵母糖酵解途径对细胞新陈代谢的影响。心肌细胞通过细胞壁上的某些特殊离子通道和外面的冠状动脉网络进行氧气交换,心肌代谢水平对冠状动脉血流量有很大影响。Smith等人用有限元法建立了理想化的冠状动脉解剖结构几何模型[20],并用二阶有限差分方程来模拟冠状动脉血液流动[21]。

虚拟心脏模型中的电生理模型,根据Noble的尺度划分[22],下面分别从细胞和亚细胞级(0维)、纤维级(1维)、组织级(2维)和器官级(3维)上综述电生理模型的研究进展。

1. 细胞和亚细胞级模型

细胞和亚细胞级电生理模型的实验数据主要是基于膜片钳记录的电流数据。该领域另一个诺贝尔奖获得者 Neher 和 Sakmann[23] 在1976年用他们独创的膜片钳制技术,在单个蛙骨骼纤维细胞上记录到单通道电流。到了20世纪90年代初,这种技术结合了分子生物学的结构特征并得到了广泛应用,离子通道分子结构与其电流转运功能得以被深入地研究。它可以阐明以往机制不明的遗传性心脏病的发病原因,即离子通道病(Channelopathies)[24]。细胞和亚细胞级电生理模型依据膜片钳制记录的电流、电压实验数据,建立其相关的数学方程,来模拟细胞膜上钠、钾、钙等离子通道和转运子对细胞内外离子转运的控制,细胞内外离子浓度的变化以及细胞内部钙离子的转运,同时模拟在正常生理和病理情况下离子通道分子结构改变对离子通道电流的影响。

亚细胞级建立了目前已知的所有离子通道 I_{Na}、I_{Kr}、I_{Ks}、I_{NaCa}、I_{K1}、I_{CaL}、I_{Ca}、I_{To}、I_{NaK}、I_{NaL}、

I_{KATP} 的模型及细胞内钙离子动力学模型[25—27]。

细胞级建立了包括人、狗、兔、猪、大鼠、小鼠和豚鼠在内的多个物种,从窦房结到心室不同细胞类型上百个细胞模型。其中与人类细胞相关的计算模型除房室结外,其他主要类型细胞均已有成熟的研究。窦房结细胞模型有 2007 年 Wilders 模型[28]和 2009 年 Chandler et. al. 模型[29],心房细胞模型有 1998 年 Courtemanche et. al. 模型[30]和 2001 年 Nygren et. al. 模型[11],心室细胞模型有 1998 年 Priebe & Beuckelmann 模型[31]、2004 年 Iyer et. al. 模型[32]和 2004、2006 年 ten Tusscher 模型[13,33],以及 2009 年 Stewart et. al. 浦肯野氏细胞模型[34]。目前已建立了基于兔子实验数据的房室结模型[35,36],但没有人的房室结模型。

由于国内膜片钳生理试验研究起步较晚[37],就我们目前掌握的情况来看,除浙江大学夏灵研究小组[38]在 2007 年 CBME 国内会议上发表了狗心房细胞模型外,国内的研究团队还没有其他完整的细胞模型发表。

2. 心肌纤维与心室组织模型

目前已建立的一维纤维模型和二维心室组织模型多为理想模型,它们都是由多个细胞模型通过一定的排列规则耦合在一起形成的一个合胞体。纤维和心室组织模型可以定量地研究离子通道病与心律失常机制相关的问题。如 Gima 和 Rudy[39]利用一维纤维模型研究不同离子通道对心电图波形形态的贡献,以及一些病理条件下离子通道功能改变对心电图的影响。Zhang 和我们[40—43]用一维纤维模型研究了 HERG、SCN5A 等基因变异对产生 LQT、SQT 和 Brugada 综合征的作用机制。RodrIguez、Trenor 和张虹[44—47]等利用一维纤维模型和二维心室组织模型研究心肌缺血产生折返波的机制以及对心律失常的影响。Sanjiv,Narayan[48],张宇等人[49,50]利用一维纤维模型和二维心室组织模型研究细胞内钙离子循环对心力衰竭的影响。

3. 器官级三维模型

心脏器官级三维模型是目前虚拟心脏建模领域的一个多学科交叉的前沿课题。由于建立虚拟心脏模型研究课题,不仅需要获取充足的心脏生理数据和知识、DT-MRI 解剖结构数据,而且还需高性能计算机的计算能力和大数据量的可视化技术等计算机方面支持,因此心脏器官级三维模型也是虚拟心脏建模领域比较艰巨且具有挑战性的课题。器官级建模研究中处于领先地位的研究团体主要有英国牛津大学的 Denis Nobel[51]和曼彻斯特大学的 Henggui Zhang[52],新西兰奥克兰大学的 Peter Hunter[53],荷兰乌德勒支大学的 AV Panfilov 和 ten Tusscher[54],美国约翰霍普金斯大学的 RL Winslow[55]和明尼苏达大学的 Bin He[56],以及中国浙江大学夏灵[57],这些都是当前较早开展计算心脏学领域研究优秀团队。

正如著名学者 Denis Noble 接受采访时所说[58]:"虽然国际上在虚拟心脏方面的研究开展了几十年,但是,它还远没有达到可以'真实'再现活体心脏生理功能的程度;生物体如此复杂,生物学建模中实体的大小千差万别,从纳米级的单蛋白质到按米计量人体的器官,从仅需要几毫秒酶促反应到可能持续几个小时心脏病发作,这里还有很多工作要做。"图 1.3 所示是另一计算心脏学著名学者 Physiome Project 项目发起人新西兰奥克兰大学 Peter Hunter[59]所描绘的宏伟蓝图,虚拟心脏的研究才刚刚起步。

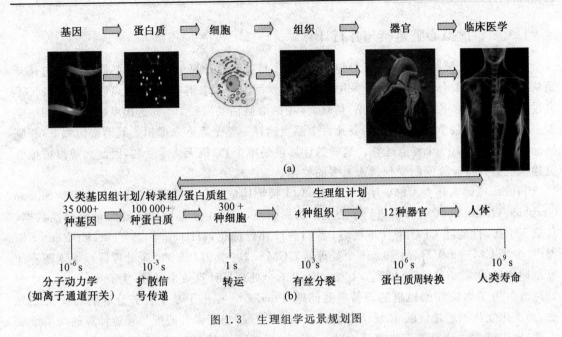

图 1.3　生理组学远景规划图

1.3　虚拟心脏建模相关计算科学问题研究现状

虚拟心脏建模涉及生物学、医学、数学、物理及计算机科学多学科交叉研究,一方面运用计算机技术分析、解释医学现象与规律,另一方面它为计算科学技术、方法研究提供了一个良好的应用背景。

由于虚拟心脏建模研究是一个学科交叉性极强的课题,涉及的研究领域多、理论广、技术实现难度大,同时需要研究者具有心脏生理病理、生物物理、计算数学及计算机科学等多学科知识的支持,所以当前虚拟心脏建模相关计算科学问题研究从总体上看还处于萌芽期,研究现状是多为孤立的研究,缺少连续性和系统化的研究。下面介绍与虚拟心脏建模密切相关的三个计算科学研究方向:数值计算、并行计算与数据可视化研究现状。

1.3.1　虚拟心脏建模与数值计算

虚拟心脏模型一般由反应-扩散方程来描述,其数学表达形式为

$$\frac{\partial V_m}{\partial t} = \left[-\frac{I_{ion}(V_m, t)}{C_m} \right] + \left[\nabla(D \nabla V_m) \right] \tag{1.1}$$

反应项中 $I_{ion}(V_m, t)$ 一般由几十个常微分方程组成,而扩散项 $\nabla(D \nabla V_m)$ 是一个偏微分方程。这些方程都没有解析解,因此必须通过数值计算的方法来求解。为了高效地求解微分方程,学者们提出了有限元与有限边界混和法[60]、有限差分与有限边界混和法[61]、有限体积法[62]和无网格法[63],以及 Vigmond[64] 自定义了一种 ICCM(Interconnected Cable Model)与有限元混合法等许多数值方法,但这些方法在实际应用中效率并没有明显提高。因此,目前虚拟心脏模型的数值计算方法中应用最多的还是经典的有限差分法[65,66]和有限元法[67,68]。此外,在有限差分法计算中 Rush-Larsen[69] 的门控变量公式变换法和 Qu[70] 的算子分裂法是两个常用的加速方法。随着虚拟心脏模型的规模越来越大、尺度越来越细,如何减少模型数值计算的时间复杂度、提高计算速度将是该领域需要重点解决的一个难题。

1.3.2 虚拟心脏建模与并行计算

大规模、多尺度的虚拟心脏模型包含上百万、上千万个计算细胞,整个心脏模型的内存开销从几个 GB 到几十个 GB。由于采用虚拟心脏模型的数值求解方法,所以离散的时间步长不宜过大。以时间步长 0.01 ms 为例,仿真 1 s 中的心脏活动需要 10^6 的迭代步数。每个细胞模型一般由几十个数学方程构成,需要几百个浮点运算。整个算下来虚拟心脏模型仿真 1 s 心脏活动需要 $10^{14} \sim 10^{15}$ 个浮点运算。这样的计算量是单个 PC 机无法承受的,因此大规模虚拟心脏建模中的并行计算问题受到越来越多的关注。

Trude[71] 等人建立 1 250 万个 Luo-Rudy I 模型构成的心室模型采用 64 个处理器 Silicon Graphics Origin 2000 计算机进行了心电图仿真研究,发现由于细胞间需要大量的交换数据,负载不平衡,性能随 CPU 增加不明显,需要进行并行优化。Hasan[72] 基于 Beeler-Reuter 模型[73] 分别 CM-5 集群(64 和 256 个处理器)、CM-200 集群(32 000 个处理器),发现随着计算细胞数量的增加(1 000 000 到 2 400 000),256 个处理器计算效率最好,优于 64 和 32 000 个处理器。为了解决前面提出的均衡负载问题,Porras[74] 提出了基于任务分解的均衡负载方法,加速比能达到理论值的 90%。Carolina Xavier[75] 提出了弹性匹配与管道计算的均衡负载方法,比传统方法计算效率提高了 20%。最近,规模更大的 IBM 公司超大规模计算机 Blue Gene[76] 和基于 GPU 的新并行技术[77] 也被应用到虚拟心脏模型计算中来。大规模化、多尺度化是虚拟心脏模型未来的发展趋势,因此并行计算问题必将成为该领域一个重要的研究内容。

1.3.3 虚拟心脏建模与数据可视化

海量的虚拟心脏仿真数据并不能够被人们直接理解和运用,必须通过数据可视化的方式呈现出来,所以数据可视化(或科学可视化)是虚拟心脏建模研究方面另一个重要内容。目前虚拟心脏仿真数据可视化方式,多采用通用的 Visualization Tools(如 AVS、Volview、Paraview、Labview 等)或者基于 OpenGL、VTK 等开发工具包自己编写可视化程序。使用这些软件和开发包的缺点是时间、内存开销极大,效率低,因此有些研究人员针对虚拟心脏仿真数据的特点专门设计可视化方法[78-80],其中最具有代表性的研究是美国犹他大学 BioTensor、BioImage 和 BioFEM 和新西兰奥克兰大学 CMISS。最近有学者将并行技术用于可视化,提出了并行可视化的方法[81]。

此外,计算机学科在虚拟心脏建模的知识表示和系统开发方面也取得了很大进展,如统一的建模语言 CellML[82] 和 SBML[83],虚拟细胞系统如 E-Cell[84]、Virtual Cell[85]、JSim 和 COR[86],以及虚拟心脏驾驭式仿真系统 SCIRun[87] 等。

1.4 虚拟心脏研究的未来发展趋势

虚拟心脏研究成果可以广泛应用于临床诊断、药物研制与评估、外科手术等领域。

1.4.1 临床诊断的应用

虚拟心脏研究有助于心脏病的早期诊断和提高诊断精度。目前,对于心脏内部病变的诊断(如部分心瓣膜阻滞),必须要由外科医生做开胸手术。如果利用虚拟心脏模型,对患者的磁共振成像扫描结果进行分析，测量患者心脏跳动的情况，并将其同一个"虚拟心脏"相比较，就可以在不手术的情况下，做出准确的诊断。例如，心律失常（这里主要指室扑与室颤），是指心室内产生快速而不规则的自发性异位激动、心室肌呈蠕动样收缩，无力排出血液，对循环的影响等于心脏骤停（Sudden Cardiac Arrest, SCA）。如不及时抢救，患者可在几分钟内死亡。这种严重的心律失常，常见于各种严重的疾病（中毒、触电、急性心肌梗死等），亦常为心脏病和其他疾病患者临终前的一种心律紊乱。目前，心律失常的发病和持续机理仍不十分清楚，有学者提出假设心律失常同心脏局部区域异常快速起搏、心脏旋转波有关。从现代医学角度看，现在没有很好的方法对心律失常进行深入研究。为此，在本项目中我们拟开展虚拟心脏仿真平台研究，并在此基础之上仿真人类心脏的电生理数学模型，进而模拟心脏旋转波产生，期望借此分析心律失常的发病机理，研究如何控制和预防心律失常。

1.4.2 药物研制的应用

虚拟心脏研究有助于治疗心脏疾病药物的研制。目前，治疗心脏疾病药物的开发，从白鼠实验到临床实验，要花几年甚至十几年的时间。利用虚拟心脏模型可以模拟病变心脏，研究药物成分对病变心脏的生理功能作用。这不仅可以大大缩短研发周期，并且可以研究药物的最佳效用。药物往往很难作用专一靶向蛋白，而如果作用于非靶向蛋白就会引起副作用，包括皮疹、抑郁及其他的一些副作用。副作用过大往往是临床实验失败中仅次于疗效不佳的第二大因素，利用虚拟心脏模型及早发现或预测出副作用可节省大量的时间和金钱。

1.4.3 虚拟心脏外科手术的应用

虚拟心脏研究可以辅助心脏外科手术。虚拟心脏模型可以预演手术的整个过程（如进刀的部位、角度等），以便事先发现手术中问题。可以帮助医生合理、定量地制定手术方案，选择最佳手术路径，减小手术损伤，减少对临近组织损害，提高手术定位精度，执行复杂外科手术和提高手术成功率等。虚拟心脏研究也可以辅助手术教学训练。虚拟手术系统可为操作者提供一个极具真实感和沉浸感的训练环境，力反馈绘制算法能够制造很好的临场感，所以训练过程与真实情况几乎一致，尤其是能够获得在实际手术中的手感。医生可在虚拟手术系统上观察专家手术过程，也可重复实习。使医学院学生的手术培训的时间大为缩短。

本章参考文献

[1] 中国卫生部. 2009 中国卫生统计年鉴[M]. 北京：中国协和医科大学出版社，2009.
[2] HUNTER P J, BORG K T. Integration from proteins to organs: the Physiome Project[J]. Nature Reviews Molecular Cell Biology, 2003, 4: 237-243.
[3] FUNK R H, MONSEES T, OZKUCUR N. Electromagnetic effects-from cell biology to medicine[J]. Prog Histochem Cytochem, 2009, 43(4): 177-264.
[4] HODGKIN A L, HUXLEY A F. A quantitative description of membrane current and its application to conduction and excitation in nerve[J]. J. Physiol, 1952, 117(4): 500-544.
[5] NOBLE D. A modification of the Hodgkine Huxley equations applicable to Purkinje fibre action and pace-maker potentials[J]. J. Physiol, 1962, 160: 317-352.

[6] SMITH N P, MULQUINEYB P J, NASH M P. Mathematical modelling of the heart: cell to organ[J]. Chaos, Solitons and Fractals, 2002, 13(8): 1613-1621.

[7] HUNTER P J, MCMULLOCH A D. Modelling the mechanical properties of cardiac muscle[J]. Prog Biophys Mol Biol, 1998, 69: 289-331.

[8] STEVENS C, HUNTER P J. Sarcomere length changes in a model of the pig heart[J]. Prog. Biophys. Mol. Biol, 2003, 82: 229-241.

[9] MARTIN I F, STEVENIEDERER N A, CHERRY E M. Cardiac cell modelling: Observations from the heart of the cardiac physiome project[J]. Prog Biophys Mol Biol, 2010: 1-20.

[10] ZHANG H, HOLDEN A V, KODAMA I. Mathematical models of action potentials in the periphery and center of the rabbit sinoatrial node[J]. J. Physiol, 2000, 279(1): H397-H421.

[11] NYGREN A, LEON L J, GILES W R. Simulations of the human atrial action potential[J]. Philos. Transact. A Math. Phys. Eng. Sci, 2001, 59(3): 1111-1125.

[12] LUO C H, RUDY Y. A dynamic model of the cardiac ventricular action potential[J]. I. Simulations of ionic currents and concentration changes. Circ. Res, 1994, 74(6): 1071-1096.

[13] TEN TUSSCHER K H W J, NOBLE D, NOBLE P J. A model for human ventricular tissue[J]. J. Physiol. Heart Circ. Physiol, 2004, 286(4): H1573-H1589.

[14] SEEMANN G. Heterogeneous three-dimensional anatomical and electro-physiological model of human atria[J]. Philos Transact A Math Phys Eng Sci, 2006, 364(1843): 1465-1481.

[15] VIGMOND E. Towards predictive modelling of the electrophysiology of the heart[J]. Exp Physiol, 2009, 94(5): 563-577.

[16] XIE F, QU Z, YANG J. A simulation study of the effects of cardiac anatomy in ventricular fibrillation[J]. J. Clin Invest, 2004, 113(5): 686-693.

[17] MULQUINEY P J, KUCHEL P W. Model of 2,3-bisphoglycerate metabolism in the human erythrocyte based on detailed enzyme kinetic equations: computer simulation and metabolic control analysis[J]. Biochem J, 1999, 342(3): 597-604.

[18] CORTASSA S, MIGUEL A A, MARBA E. An integrated model of cardiac mitochondrial energy metabolism and calcium dynamics[J]. Biophysical Journal, 2003, 84(4): 2734-2755.

[19] ZIMMERMAN B. Metabolic pathways reconstruction by frequency and amplitude response to forced glycolytic oscillations in yeast[J]. Biotechnol Bioeng, 2005, 92(1): 91-116.

[20] SMITH N P, PULLAN A J, HUNTER P J. An efficient finite difference model of transient coronary blood flow in the heart[J]. SIAM J Appl Math, 2002.

[21] SMITH N P, PULLAN A J, HUNTER P J. The generation of an anatomically accurate geometric coronary model[J]. Ann Biomed Eng, 2000, 28(1): 14-25.

[22] GARNY A, NOBLE D, KOHL P. Dimensionality in cardiac modeling[J]. Progress in

Biophysics and Molecular Biology,2005,87(1):47-66.

[23] NEHER E,SAKMANNN B. Single channel currents recorded from membrane of denervated frog muscle fibres[J]. Nature,1976,260:779-802.

[24] MARBAN E. Cardiac channelopathies[J]. Nature,2002,415(6868):213-218.

[25] SOELLER C,JAYASINGHE I D,LI P. Three-dimensional high-resolution imaging of cardiac proteins to construct models of intracellular Ca^{2+} signalling in rat ventricular myocytes[J]. Exp. Physiol,2009,94(5):496-508.

[26] WUSSLING M,SZYMANSKI G. Simulation by two calcium store models of myocardial dynamic properties:potentiation,staircase,and biphasic tension development[J]. Gen. Physiol. Biophys,1986,5(2):135-152.

[27] MAHAJAN A,SHIFERAW Y,SATO D. A rabbit ventricular action potential model replicating cardiac dynamics at rapid heart rates[J]. Biophys. J,2008,94(2):392-410.

[28] WILDERS R. Computer modelling of the sinoatrial node[J]. Med. Biol. Eng. Comput, 2007,45:189-207.

[29] CHANDLER N J,GREENER I D,TELLEZ J O. Molecular architecture of the human sinus node:insights into the function of the cardiac pacemaker[J]. Circulation,2009, 19(12):1562-1575.

[30] COURTEMANCHE M,RAMIREZ R J,NATTEL S. Ionic mechanisms underlying human atrial action potential properties:insights from a mathematical model[J]. Am. J. Physiol,1998,275(1):H301-H321.

[31] PRIEBE L,BEUCKELMANN D J. Simulation study of cellular electric properties in heart failure. Circ. Res,1998,82:1206-1223.

[32] IYER V,MAZHAR R I,WINSLOW R L. A computational model of the human left ventricular epicardial myocyte[J]. Biophys. J,2004,87:1507-1525.

[33] TEN TUSSCHER K H W J,PANFILOV A V. Alternans and spiral breakup in a human ventricular tissue model[J]. Physiol. Heart Circ,2006,291:H1088-H1100.

[34] STEWART P,ASLANIDI O V,NOBLE D. Mathematical models of the electrical action potential of Purkinje fibre cells[J]. Philos Transact A Math Phys Eng Sci,2009, 367(1896):2225-2255.

[35] LI J,GREENER I D,INADA S. Computer three-dimensional reconstruction of the atrioventricular node[J]. Circ Res,2008,102(8):975-985.

[36] KATRITSIS D G,BECKER A. The atrioventricular nodal reentrant tachycardia circuit:a proposal[J]. Heart Rhythm,2007,4(10):1354-1360.

[37] 刘泰槰. 心肌细胞生理学——离子通道、离子载体和离子流[M]. 北京:人民卫生出版社, 2005.

[38] ZHU X,ZHANG Y M,XIA L. Mathematical model of canine atrial cell[M]. Proceeding of CBME,2007.

[39] GIMA K,RUDY Y. Ionic current basis of electrocardiographic waveforms:a model study[J]. Circ Res,2002,90:889-896.

[40] ZHANG H,KHARCHE S,HOLDEN A V. Repolarisation and vulnerability to

re-entry in the human heart with short QT syndrome arising from KCNQ1 mutation—a simulation study[J]. Prog Biophys Mol Biol,2008,96:112-131.

[41] ZHANG H,HANCOX J C. In silico study of action potential and QT interval shortening due to loss of inactivation of the cardiac rapid delayed rectifier potassium current[J]. Biochem Biophys Res Commun,2004,322:693-699.

[42] WANG K Q,YUAN Y F,KHARCHE S. The E1784K mutation in SCN5A and phenotypic overlap of type 3 long QT syndrome and Brugada syndrome: A simulation study[J]. The 36th Computers in Cardiology,2009,36:301-304.

[43] WANG K Q,YUAN Y F,TANG Y Y. Simulated ECG waveforms in long QT syndrome based on a model of human ventricular tissue[J]. The 33rd Computers in Cardiology,2006,33:673-676.

[44] RODRiGUEZ B,TRAYANOVA N,NOBLE D. Modeling cardiac ischemia[J]. Annals of the New York Academy of Sciences,2006,1080(s1):395-414.

[45] TRENOR B. Vulnerability to reentry in a regionally ischemic tissue: a simulation study[J]. Annals of Biomedical Engineering,2007,35(10):1756-1770.

[46] 张虹,杨琳,金印彬. 一维心肌缺血组织中折返发生机制的计算机仿真研究[J]. 生物医学工程学杂志,2006,23(5):951-955.

[47] ZHANG H,ZHANG Z X,YANG L. Study of reentrant waves in simulated myocardial ischemia[J]. Space Medicine & Medical Engineering,2005,18(5):339-404.

[48] SANJIV N M,BAYER J D,GAUTAM L. Action potential dynamics explain arrhythmic vulnerability in human heart failure[J]. J Am Coll Cardiol,2008,52:1782-1792.

[49] 张宇,夏灵,唐闽. 心室肌细胞电生理力学复合模型在心力衰竭中的仿真研究[J]. 中国生物医学工程学报,2008,27:526-532.

[50] 张宇,夏灵,窦建洪. 心室肌细胞电生理力学复合模型在心力衰竭中的仿真研究[J]. 中国生物医学工程学报,2007,26:724-731.

[51] NOBLE D. Modelling the heart: from genes to cells to the whole organ[J]. Science,2002,295:1678-1682.

[52] ZHANG H G,DOBRZYNSKI H,HOLDEN A V,et al. Heterogeneous sinoatrial node of rabbit heart-molecular and electrical mapping and biophysical reconstruction[C]//Functional Imaging and Medeling of Heart. Lyon:France,2003.

[53] HUNTER P,NICOLAS S,FERNANDEZ J. Integration from proteins to organs: the IUPS physiome project[J]. Mechanisms of Ageing and Development,2005,126:187-192.

[54] KELDERMANN R H,TEN TUSSCHER K H W J,NASH M P. A computational study of mother rotor VF in the human ventricles[J]. Am J Physiol Heart Circ Physiol. ,2009,296(2):H370-379.

[55] IDEKER T,WINSLOW L R,LAUFFENBURGER D A. Bioengineering and systems biology[J]. Ann Biomed Eng,2006,34(7):1226-1233.

[56] HE B,GALIANA,HENRIETTA,et al. Neural engineering:Guest editorial[J]. IEEE Transactions

on Neural Systems and Rehabilitation Engineering,2005,13(2):117-119.

[57] XIA L,HUO M,WEI Q. Analysis of cardiac ventricular wall motion based on a three dimensional electromechanical bi-ventricular model[J]. Phys. Med. Biol,200,50:1901-1917.

[58] NOBLE D. Denis Noble discusses his career in computational biology[J]. Drug Discovery Today:Biosilico,2004,4(2):135-137.

[59] HUNTER P J. The IUPS Physiome Project:a framework for computational physiology[J]. Progress in Biophysics and Molecular Biology,2004,85(2-3):551-559.

[60] FISCHER G,TILG B,MODRE R. A bidomain model based BEM-FEM coupling formulation for anisotropic cardiac tissue[J]. Ann Biomed Eng,2000,28(10):1229-1243.

[61] QUAN W,EVANS S J,HASTINGS H M. Efficient integration of a realistic Two-dimensional cardiac tissue model by domain decomposition[J]. IEEE Transactions On Biomedical Engineering,1998,45(3):371-385.

[62] TREW M,GRICE I L,SMAILL B. A finite volume method for modeling discontinuous electrical activation in cardiac tissue[J]. Biomedical and life Science-Annals of biomedical engineering,2005,33(5):590-602.

[63] WANG Y,RUDY Y. Meshless methods in potential inverse electrocardiography[J]. Conf Proc IEEE Eng Med Biol Soc,2006,1:2558-2559.

[64] VIGMOND E J,AGUEL F,TRAYANOVA N A. Computational techniques for solving the bidomain equations in three dimensions[J]. IEEE Trans on Bio Eng,2002,49(11):1260-1270.

[65] KEENER J P,BOGAR K. A numerical method for the solution of the bidomain equations in cardiac tissue[J]. Chaos,1998,8(1):234-242.

[66] WHITELEY J P. An efficient numerical technique for the solution of the monodomain and bidomain equations[J]. IEEE Trans Biomed Eng,2006,53(11):2139-2147.

[67] YIN J Z,HE B,COHEN R J. A 3-D finite element cardiac model and its application to body surface Laplacian mapping[J]. The 18th Computer in Cardiology,1992,18:247-251.

[68] ROGERS J M,MCCULLOCH A D. A collocation-galerkin finite element model of cardiac action potential propagation[J]. IEEE Trans Biomed Eng,1994,41(8):743-757.

[69] RUSH S,LARSEN H. A practical algorithm for solving dynamic membrane equations. IEEE Trans[J]. Biomed. Eng,1978,25:389-392.

[70] QU Z,GARFMKEL A. An advanced algorithm of solving partial differential equation in cardiac conduction[J]. IEEE Trans Biomed Eng,1999,6(9):1166-1168.

[71] TRUDEL M,DUBE B,POTSE M. Simulation of QRST integral maps with a membrane-based computer heart model employing parallel processing[J]. IEEE Trans Biomed Eng,2004,51(8):1319-1330.

[72] SALEHEEN H I,CLAESSEN P D,NG K T. Three-dimensional finite-difference bidomain modeling of homogeneous cardiac tissue on a data-parallel computer[J]. IEEE Trans Biomed Eng,1997,44(2):200-204.

[73] BEELER G W, REUTER H. Reconstruction of the action potential of ventricular myocardial fibers[J]. J. Physiol, 1977, 268: 177-210.

[74] PORRAS D, ROGERS J M, SMITH W M. Distributed computing for membrane-based modeling of action potential propagation[J]. IEEE Transactions On Biomedical Engineering, 2000, 47(8): 1051-1957.

[75] XAVIER C, SACHETTO R, VIEIRA V. Multi-level parallelism in the computational modeling of the heart[C]//The 19th International Symposium on Computer Architecture and High Performance Computing. Gramado, RS. Brazil: IEEE, 2007: 3-10.

[76] REUMANN M, FITCH B G, RAYSHUBSKIY A. Large scale cardiac modeling on the blue gene supercomputer[C]//Conf Proc IEEE Eng Med Biol Soc. Vancourer, Canada: IEEE, 2008: 577-580.

[77] SHEN W, WEI D, XU W. GPU-based parallelization for computer simulation of electrocardiogram[C]//The Ninth IEEE International Conference on Computer and Information Technology. Xia Men: IEEE, 2009: 280-284.

[78] MACLEOD R S, JOHNSON C R, MATHESON M A. Visualization of cardiac bioelectricity-a case study[C]//Proceedings of the 3rd conference on Visualization '92. Seattle, USA: IEEE, 1992: 411-418.

[79] TSUKADA K, MIYASHITA T, KANDORI A. Noninvasive visualization of activated regions and current flow in the heart by analyzing vector components of a cardiac magnetic field[J]. The 26th Computers in Cardiology, 1999, 26: 403-406.

[80] BRAY M A, LIN S F, WIKSWO J P. Three-dimensional surface reconstruction and fluorescent visualization of cardiac activation[J]. IEEE Trans Biomed Eng, 2000, 47(10): 1382-1391.

[81] KANTHASAMY K, RATHINAM A K. Parallel visualisation approach of a 3d heart model[M]. Proceedings of the 2008 Fifth International Conference on Computer Graphics, Imaging and Visualisation, 2008: 362-367.

[82] LLOYD C M, HALSTEAD M D, NIELSEN P F. CellML: its future, present and past[J]. Prog Biophys Mol Biol, 2004, 85: 433-450.

[83] WIECHERT W, NOACK S, ELSHEIKH A. Modeling languages for biochemical network simulation: reaction vs equation based approaches[J]. Adv Biochem Eng Biotechnol, 2010, 121: 109-138.

[84] TOMITA M, HASHIMOTO K, TAKAHASHI K. E-CELL: software environment for whole-cell simulation[J]. Bioinformatics, 1999, 15: 72-84.

[85] LOEW, L M, SCHAFF J C. The Virtual Cell: a software environment for computational cell biology[J]. Trends Biotechnol, 2001, 19: 401-406.

[86] Denis Noble. From the Hodgkin-Huxley axon to the virtual heart[J]. The Journal of Physiology, 2007, Volume 580: 15-22.

[87] MICHELLE M, CHARLES D, HANSEN, et al. Simulation Steering with SCIRun in a Distributed Environment[J]. Lecture Notes in Computer Science, 1998, 1541: 366-376.

第 2 章 心脏生理学基础与建模原理

2.1 引 言

心脏是人体重要的器官,是人体血液循环的动力,它推动血液流动,向器官、组织提供充足的血流量,以供应氧和各种营养物质,并带走代谢的终产物(如二氧化碳、尿素和尿酸等),使人体细胞维持正常的代谢和功能。在漫长的进化历史中,人的心脏形成了一个由交感与副交感神经系统控制,需要能量代谢、复杂且精密的电与力耦合系统。交感神经系统兴奋时(如醒觉、紧张和运动状态),释放去甲肾上腺素使细胞收缩频率加快,心血管舒张,增强泵血功能;而与之相反,当副交感神经系统兴奋时(如睡眠,或者瑜伽等静止状态),释放乙酰胆碱,降低心率,减少能量代谢。细胞内外体液存在大量带有正电或者负电的离子,在一定条件下,细胞膜上离子通道开放或者关闭产生电流,引起兴奋波(又称去极化波),触发心肌的收缩—舒张,形成心脏泵血的驱动力;同时细胞间力的挤压也能产生电流,反馈调节细胞的电特性。心肌细胞离子转运和收缩时,需要能量维持,通过葡萄糖或者脂肪酸代谢为心肌提供燃料。

虚拟心脏建模研究,是根据实际的心脏生理数据和作用机制,将生命活动抽象为数学问题,利用数学模型和物理与化学原理,来模拟前面所述的心脏电、力和能量代谢活动过程,通过数学模型的计算与推演,分析、解释整个心脏生命系统问题。为了更好地理解本书所研究内容,本章将简单介绍本书所涉及的心脏背景知识、术语、生理数据和生命活动规律以及虚拟心脏建模的理论基础。

2.2 心肌细胞与组织

2.2.1 解剖与力学模型

心脏大部分是由收缩性细胞(即心肌细胞)组成的,心肌细胞约占心脏细胞总量的 75%,其他部分包括起搏点(窦房结)、传导组织(如房室结、房室束、浦肯野氏纤维)、血管和细胞外间隙。本书主要研究集中在心室组织,所以这里只介绍心室细胞的组织构成。

在心脏中虽然有很多种细胞,但只有心室肌细胞可以通过收缩将血液输送到全身,因此心室细胞占心肌总质量的一半以上。单个心室细胞,可以近似地看作一个狭长的圆柱体,其长度约为 $50\sim100~\mu m$,直径约为 $10\sim25~\mu m$。心室肌细胞的主要细胞器构成及其功能见表 2.1。

表 2.1 心室肌细胞主要构成及其功能

细胞器	功 能
肌原纤维	心肌细胞收缩功能
线粒体	提供 ATP,用于收缩

续表 2.1

细胞器	功能
肌质网	收缩时吸收和释放 Ca^{2+}
肌纤维膜	保持细胞完整性,控制离子、药物、神经递质的受体
肌浆(胞浆)	提供细胞溶液,含有 Na^+、K^+、Ca^{2+}、Cl^- 等各种离子
溶解酶	细胞内的消化作用和蛋白水解
细胞核	基因调控和遗传

本章的模型研究主要涉及离子通道和肌浆网,如图 2.1 所示,二者的具体结构与作用机理如下:细胞膜由双层类脂分子构成,这种类脂层具有磷酸基,使亲水的头部和疏水的尾部连接而成,尾部向内。由于膜脂质的疏水性,使细胞膜内外的离子不能自由地通过细胞膜。但细胞膜上嵌有巨大的、贯穿整个细胞膜的大分子蛋白质,这些蛋白质构成一个个通道,可控制离子在一定条件下进出细胞膜,产生兴奋波,因此,这些蛋白质构成的通道被称为离子通道。目前,已知的心肌细胞离子通道有瞬时钠离子通道(I_{Na})、T 型钙离子通道(I_{CaT})、L 型钙离子通道(I_{CaL})、缓慢延迟整流钾离子通道(I_{Ks})、快速延迟整流钾离子通道(I_{Kr})、瞬时外向离子通道(I_{To})等。

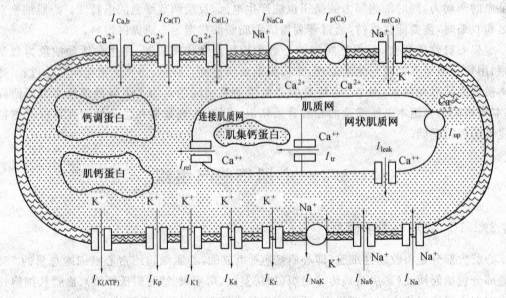

图 2.1 心肌细胞离子通道与肌质网示意图

肌质网,又称肌浆网(Sarcoplasmic Reticulum,SR),是肌纤维内特化的滑面内质网,它分为两个部分:一部分肌浆网呈环形扁囊状(终池)分布在横小管(又称 T 小管)两侧环绕在肌原纤维周围,与每条横小管与其两侧的终池共同构成三联体,称为连接组件(Junctional Sarcoplasmic Reticulum,JSR);另一部分肌浆网呈含分支的小管的网状结构(Network Sarcoplasmic Reticulum,NSR),从肌浆内吸收钙离子,并传送到 JSR。NSR 主要功能是通过调节肌浆内 Ca^{2+} 浓度,控制心肌的收缩与舒张。去极化兴奋波使 L 型钙通道开放,少量 Ca^{2+} 通过 T 小管刺激 JSR 开放,大量 Ca^{2+} 被释放到肌浆中,钙离子与收缩性蛋白肌钙蛋白—C 相互作用增加,引起细胞收缩,当释放结束时,收缩达到最大程度。细胞内 Ca^{2+} 浓度达到一定阈值后,NSR 开始工作,通过钙泵将肌浆内的 Ca^{2+} 快速地吸收到 SR 并转运、存储在 JSR 供下一次使用,由于肌浆内的 Ca^{2+} 被快速回收到 SR 中,钙离子与收缩性蛋白肌钙蛋白-C相互作用减弱,细胞舒张。

2.2.2 心肌组织

心肌组织主要由心肌纤维构成,心肌纤维呈圆柱状,并有分支相连形成网状结构,如图2.2所示。在相邻的心肌细胞的两端彼此相接的部分,肌纤维膜发生特异性改变,形成许多显微通道,这些显微通道被称为闰盘(Intercalated Disk)。在闰盘附近两个相邻细胞的细胞膜处,各自由6个亚单位构成的半通道对接,形成一个亲水性通道,使两个细胞肌浆相互连通,形成一个低电阻区域,这个区域被称为间隙连接(Gap Junction)。心肌细胞间的兴奋波通过闰盘可以快速在心肌组织内传播,在窦房结内传导速率较慢,约 0.05 m/s;房内束的传导速率较快,为 1.0～1.2 m/s;房室交界部的结区的传导速率最慢,仅有 0.02～0.05 m/s;房室束及其左右分支的浦肯野氏纤维的传导速率最快,分别为 1.2～2.0 m/s 及 2.0～4.0 m/s;心房和心室传导速率分别为 0.8～1.0 m/s 和 0.3～0.8 m/s[1]。平行心肌纤维走行方向(闰盘连接方向)的电传导速率(约 0.70 m/s)约是垂直心肌纤维走行方向的 2～4 倍[3]。

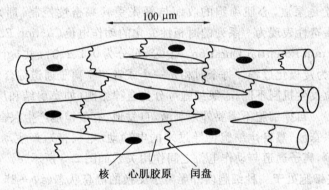

图 2.2 心肌组织结构示意图

2.3 心脏解剖结构

2.3.1 心脏位置与形态

心脏约由3亿～6亿个心肌细胞构成[2]。心脏的形状像一个倒置的梨,上宽下窄,大小和自己的拳头差不多。位于胸腔内,在横膈之上,两肺间而偏左,约 2/3 位于胸骨中线左侧,1/3 位于右侧。心脏的心尖指向左前下方,心底朝向后上方,心的长轴斜行,与人体正中线成 45°角。成人心脏质量约为 250～300 g,心脏长径约 13 cm,宽径约 11 cm,深径约 9 cm[3]。

2.3.2 心脏解剖结构

心脏是中空的肌性器官,内部分为右心房、右心室、左心房和左心室四个腔室,心房位于心脏的上部,心室位于下部;两房之间以房间隔分隔,两室之间以室间隔分隔。心房和心室之间经房室瓣相通。右心房壁较薄,有三个入口,一个出口。入口即上、下腔静脉口和冠状窦口。冠状窦口为心壁静脉血回心的主要入口。出口即右房室口,右心房借助其通向右心室。右心室有出入各一口,入口即右房室口,其周缘附有三块叶片状瓣膜,称右房室瓣(即三尖瓣)。按位置分别称为前瓣、后瓣、隔瓣。瓣膜垂向室腔,并由许多线状的腱索与心室壁上的乳头肌相连。出口称为肺动脉口,其周缘有三个半月形瓣膜,称为肺动脉瓣。左心房构成心底的大部分,有四个入口,一个出口。在左心房后壁的两侧,各有一对肺静脉口,为左右肺静脉的入口;左心房的前下方有左房室口,通向左心室。左心室壁厚,有出入各一口。入口即左房室口,周缘附有左房室瓣(二尖瓣),按位置称前瓣、后瓣,它们亦有腱索分别与前、后乳头肌相连。出口为主动脉口,位于左房室口的右前上方,周缘附有半月形的主动脉瓣。

2.4 心脏电生理基础

心脏电生理的作用机制以及相关的基因变异、离子通道病是虚拟心脏建模与仿真研究的主要内容之一。这里将简单介绍离子通道与细胞动作电位,细胞动作电位与体表心电图之间的内在电生理机制。

2.4.1 离子通道与细胞动作电位的关系

心脏主要功能是泵血,心肌细胞的收缩与舒张受其兴奋性控制,即兴奋 — 收缩耦联机制。心肌细胞的兴奋性表现为一系列的时相性变化的动作电位(Action Potential,AP)。整个动作电位间期(Action Potential Duration,APD),可分为 0、1、2、3、4 共 5 个时相,0 期为去极化过程,其余 4 个期为复极化过程。每个时相是一个或者多个离子通道综合作用的结果。

根据动作电位发生机制不同,心肌细胞可分为自律细胞(如窦房结和房室结)和兴奋细胞(心房和心室细胞)。自律细胞不需要外来刺激,自发地、有节律地产生兴奋波,而相反,兴奋细胞本身不能产生兴奋波,靠自律细胞传导过来的电冲动(电兴奋),产生动作电位并传导电兴奋。以心室肌为例,离子通道与动作电位之间作用关系如图 2.3 所示[4]。其具体过程如下。

(1) 正常心室细胞处于一种细胞内外无离子交换的静息状态(约 −85 mV)。在一个适宜的外来刺激(要大于一定阈值)作用下,细胞的 Na^+ 通道被激活,大量 Na^+ 快速流入细胞内形成内向电流,并产生动作电位的 0 相位去极化过程。

(2) 由于 Na^+ 电流,使细胞内外电压差发生改变,导致 Ca^{2+} 通道紧接被激活。Ca^{2+} 通道分两种:T 型钙通道(I_{CaT})和 L 型钙通道(I_{CaL})。T 型钙通道在 −70 mV 左右激活,时间很快但电流较小,而 L 型钙通道激活和失活过程都比较慢,形成一个长时间的内向电流。持续地去极化,导致 K^+ 通道激活,首先是一个瞬时外向电流 I_{To}(也分两种 I_{To1} 和 I_{To2},前者由 Na^+ 电流引起,作用时间短;后者由于 Ca^{2+} 电流内流,细胞内 Ca^{2+} 浓度升高而引起,作用时间长),由于 I_{To} 外向电流抵消部分内向电流作用,形成一个短暂、快速的复极过程,即 1 相位。

(3) 延迟整流 K^+ 通道被激活(I_{Kr} 和 I_{Ks}),同时,由于细胞内 Ca^{2+} 离子浓度升高,Na^+/Ca^{2+} 转运通道($I_{Na/Ca}$)变化形成内向电流,这些电流的综合作用结果,使细胞内外电流相对稳定,形成一个持续时间较长、慢复极的平台期,即 2 相位。

(4) 由于内向电流(I_{CaL} 和 $I_{Na/Ca}$)通道的完全失活,而延迟整流 K^+ 电流(I_{Kr} 和 I_{Ks})没有完全失活,形成了第二个快速复极过程,即 3 相位。

最后,外向整流 K 电流(I_{K1})激活形成一个比静息电位还低的超极化复极过程,即 4 相位,至此一个完整的动作电位周期结束,所有离子通道恢复静息状态,准备响应下一个刺激。

由上述离子通道与动作电位关系描述可知心肌细胞动作电位受到若干个离子调控。心脏

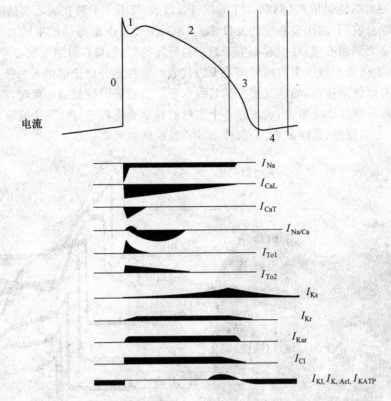

图 2.3 离子通道与动作电位的关系

先天基因变异或后天疾病的致病原因,就是在疾病状态下心肌细胞的某个或者某些离子通道结构和功能会发生改变,从而引发连锁的动作电位和心脏功能的变化。

心肌兴奋去极至恢复到 −60 mV 左右这段时间内,如果第二个刺激足够强,可引起膜的部分去极化,但不能传播(局部兴奋),即不能引起可传播的动作电位,这段时间称为有效不应期(Effective Refractory Period,ERP)。从有效不应期之末到复极化基本完成(膜内电位恢复到 −80 mV 左右)的这段时间,阈值以上的第二个刺激可引起可传导动作电位称为相对不应期(Relative Refractory Period,RRP)。相对不应期之后有一段时间心肌细胞的兴奋性超出正常水平,称为超常期(Supernormal Period,SNP),此时阈下强度的刺激也能引起细胞的兴奋,产生动作电位。心肌细胞的不应期有重要的生理学意义,它可以确保心搏有节律地工作而不受过多刺激的影响。

2.4.2 心脏电传导系统与心电图的关系

心脏产生的电激动通过心脏周围的导电组织和体液,反映到身体表面上来,使身体各部位在每一心动周期中也都发生有规律的电变化活动。将测量电极放置在人体表面的特定部位记录出来的心脏电变化曲线,就是目前临床上常规记录的心电图(Electrocardiogram,ECG)。

正常心电活动始于窦房结,兴奋心房的同时经结间束传导至房室结,然后再由希氏束,左、右束支,浦肯野氏纤维传导,兴奋整个心室。这种先后有序的电激动的传播和不同心肌细胞的特异性动作电位,形成了心电图上每个心动周期中有规律波形曲线,如图 2.4 所示[4]。国际上规定把这些波形分别称为 P 波、QRS 波、T 波,有时在 T 波后,还出现一个小的 U 波。此外,一个正常的心电图还包括PR间期、QT间期、PR段和ST段。P波代表心房的除极波,QRS波代表心室的除极波,T波代表心室的复极波。PR间期代表由窦房结产生的兴奋经由心房、房室交界和房室束到达心室,并引起心室开始兴奋所需的时间,QT间期反映心室除极与复极过程总的时间,也代表心脏的电收缩时间,ST段代表心室各部分已全部进入去极化状态,心室各部分之间没有电位差存在,曲线又恢复到基线水平。当心脏因受损或坏死时,心电活动的变化能正确及时地反映在心电图上,表现在各个波形的异常变化和进行性演变过程,为医生提供诊断心律失常、心室肥厚、急性缺血、心肌梗塞等心脏疾病的可靠依据。

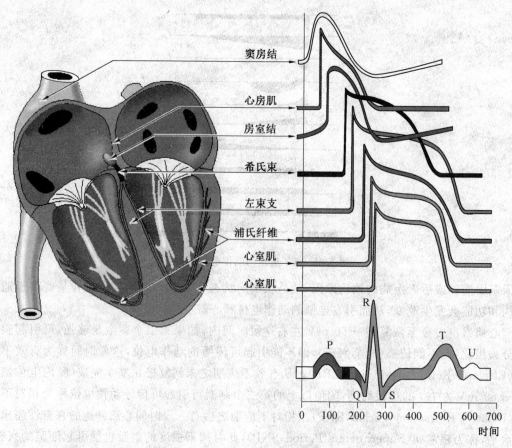

图2.4 不同心肌细胞动作电位与心电图各相位关系

2.5 心脏从细胞到器官建模的基础理论

2.5.1 离子通道模型

离子通道依据其活化的方式不同可分两类:一类是电压活化的通道(电压门控通道),即通道的开放受膜电位的控制,如Na^+、Ca^{2+}、Cl^-和一些类型的K^+通道;另一类是化学物活化的通道,即靠化学物与膜上受体相互作用而活化的通道,如乙酰胆碱受体通道、氨基酸受体通道、Ca^{2+}活化的K^+通道等。对动作电位起决定性作用的主要是电压门控离子通道。

电压门控离子通道,在膜电位变化时,电场诱导极性基团运动,使通道局部构象发生变化,导致通道的开放或关闭,并产生跨膜电流。采用概率模型(单摆模型和马尔可夫链模型)来表示这种由电压控制和时间依赖的离子通道状态转换。

单摆模型:设通道门控变量 n,用 n 从 $0\sim1$ 变化来表示通道开放的概率,0 表示关闭,1 表示开放,如图 2.5(a) 所示。α_n,β_n 分别表示门打开、关闭的速度,它和随时间 t 变化的膜电压 V_m 有关。门控变量公式定义如下:

$$\frac{dn}{dt} = \alpha_n(V_m(t)) \cdot (1-n) - \beta_n(V_m(t)) \cdot n \tag{2.1}$$

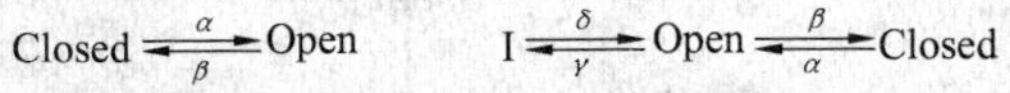

Closed $\underset{\beta}{\overset{\alpha}{\rightleftarrows}}$ Open   I $\underset{\gamma}{\overset{\delta}{\rightleftarrows}}$ Open $\underset{\alpha}{\overset{\beta}{\rightleftarrows}}$ Closed

(a) 只是开关状态   (b) 除开关外有中间状态

图 2.5 离子通道状态转换示意图

马尔可夫链模型:近年来实验研究发现,离子通道不只有开和关两种状态,它有不完全开或关状态。因此,马尔可夫链模型引入一个或者多个中间状态,来表示不完全状态,如图 2.5(b) 所示。对每一个状态(O 开放,C 关闭,I 中间)单独建立状态转换方程,如式(2.2)定义。模型中应用当前开放状态 O 的概率,为离子通道门控输出状态。

$$\frac{dI}{dt} = \gamma \cdot O - \delta \cdot I$$

$$\frac{dC}{dt} = \beta \cdot O - \alpha \cdot C$$

$$\frac{dO}{dt} = \alpha \cdot C + \delta \cdot I - (\beta + \gamma) \cdot O \tag{2.2}$$

离子通道动力学模型,一般可用如下公式表示为

$$I_x = g_x \times x \times (V_m - E_x) \tag{2.3}$$

式中,I_x 为任意一种跨膜电流,g_x 为离子通道最大电导率,x 为门控变量(公式(2.1)中的 n,或者公式(2.2)中的 O),V_m 为跨膜电位,E_x 为反转电位(又称平衡电位),它由细胞液内外浓度差决定,由 Nernst 方程可得

$$E_x = \frac{RT}{F} \ln\left(\frac{[X^+]_o}{[X^+]_i}\right) \tag{2.4}$$

式中,R 为气态常数,T 为绝对温度,F 为法拉力常数,$[X^+]_o$ 和 $[X^+]_i$ 为当前细胞液内外离子 X 浓度。

2.5.2 心肌细胞模型

基于 Hodgkin-Huxley 模型理论,心肌细胞在物理学上通过等效电路分析,可近似为一个由电容、可变电阻和电流、电压源组成的电路,如图 2.6 所示。

把细胞膜抽象看作由细胞内外离子浓度差构成的电容器,每个离子通道如公式(2.3)所示,可以看作一个可变电阻和电压源的串联电路或者单电流、电压源,所有离子通道电路并联,形成跨膜电势场,电势场的差即为膜电位,即细胞动作电位,描述为

$$\frac{dV_m}{dt} = -\frac{I_{ion} + I_{stim}}{C_m} \tag{2.5}$$

式中,V_m 为膜电位,t 为时间,I_{stim} 为外界施加的刺激电流,C_m 为细胞膜每单位面积的电容,I_{ion} 为所有跨膜电流总和,即

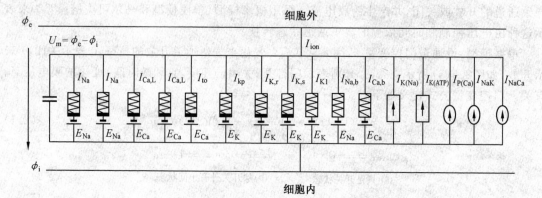

图 2.6 心肌细胞计算模型的等效电路图

$$I_{ion} = I_{Na} + I_{K1} + I_{To} + I_{Kr} + I_{Ks} + I_{CaL} + I_{NaCa} + I_{NaK} + I_{KATP} + I_{pCa} + I_{pK} + I_{bCa} + I_{bNa} + I_{NaL} \tag{2.6}$$

2.5.3 多细胞组织模型

心肌组织与器官由心肌细胞构成,细胞与细胞之间通过闰盘连接,闰盘电阻相对心肌细胞较低,因此电兴奋通过闰盘迅速在心脏组织中传播。把每个心肌细胞抽象成一个独立的电路单元,电路单元间通过电阻(表示闰盘)相连接,构成了整个心脏电传导网络,其等效电路如图2.7所示。

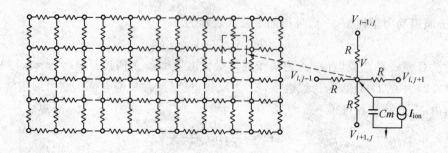

图 2.7 心脏组织的等效电路图

$$\frac{\partial V_m}{\partial t} = -\frac{I_{ion}}{C_m} + \nabla(D\nabla V) \tag{2.7}$$

式中,V_m 为膜电位,t 为时间,C_m 为细胞膜每单位面积的电容,I_{ion} 为所有跨膜电流总和,D 为组织间电导率,V 为周围细胞的膜电位,∇ 为拉普拉斯算子。

由公式(2.7)可以看出,其前半部分与单细胞模型(公式(2.5))前部分相同,表示当前位置上细胞内部电活动,而外来刺激电流 I_{stim} 则由当前细胞周围其他细胞膜电位差值决定,即当局部细胞电兴奋时,与周围细胞形成电位差,导致离子移动,形成电流,产生向周围组织传导的电兴奋。

2.5.4 心电图仿真

把心脏看作一个由许多微小电荷构成的有源电场,人体看作导体。体表某个空间位置上的心电图可以按以下公式求解:

$$\phi(r) = \frac{1}{4\pi\sigma_P} \left[\int_{\Omega_h} J_s \cdot \nabla \left\{ \frac{1}{|r'-r|} \right\} \cdot dV + \sum_{l=1}^{n} (\sigma_l^{(1)} - \sigma_l^{(2)}) \int_{S_l} \phi(r') \cdot \nabla \left\{ \frac{1}{|r'-r|} \right\} \cdot dS \right]$$

(2.8)

式中，r 为体表电极位置，$\phi(r)$ 为电极处电势，它由对心脏有源场和胸腔容积导体所有场点求积分运算得出，r' 为胸腔容积导体内的任意场点，σ_P 为场点所在组织的电导率；Ω_h 为心脏有"源"区域，S_l 为使胸腔内电导率不连续的封闭介质面（例如，肺表面及心脏血液表面等），$\sigma_l^{(1)}$ 和 $\sigma_l^{(2)}$ 分别为封闭介质面内外的电导率，n 为胸腔内电导率不连续介质封闭面的数目。

本章参考文献

[1] OPIE L H. 心脏生理学：从细胞到循环[M]. 3版. 高天祥，高天礼，译. 北京：科学出版社，2001.

[2] 孙绪荣，白德波，王志勤. 哈萨克族和汉族青年心脏体积X线测量研究[J]. 新疆医科大学学报，2001，24(1)：58-62.

[3] TAGGART P, SUTTON P M, OPTHOF T. Inhomogeneous transmural conduction during early ischaemia in patients qith coronary artery disease [J]. Mol Cell Cardiol, 2000, 32(4): 621-630.

[4] MALMIVUO J, PLONSEY R. Bioelectromagnetism: Principles and applications of bioelectric and biomagnetic fields[M]. New York: Oxford University Press, 1995.

第 3 章 心室电传导系统建模研究

3.1 引 言

心室是由希氏支束与浦肯野氏网络（His-Purkinje）和心室肌组织构成的精密的电传导系统。其中 His-Purkinje 特殊的网状结构会使心室按照一个特定的时间序列依次兴奋，使心室达到"同步"收缩。His-Purkinje 结构的异常或阻塞，则会导致心室兴奋异常（如左右支束传导阻滞、室颤、猝死等）。因此建立包括 His-Purkinje 网络的心室电传导模型，对于人们深入地了解、掌握心动过速、室颤、猝死等病发机理，制定更加合理、有效的治疗方案或研发特殊作用靶点抗心律失常的药物有重要意义。

从解剖学上很难直接区分 His-Purkinje 网络与心室组织，包括著名的心室三维模型如 Noble[1]、Hunter[2] 和 Scollan[3] 等，多数模型都不含有 His-Purkinje 网络。现有的少数包括 His-Purkinje 网络结构的心室电传导模型都或多或少有各种不足。1987 年，Aoki、Wei 等人建立了最早的三维 His-Purkinje 模型[4]，该模型很简单，并且使用人为规则定义兴奋时间序列，而不是通过细胞之间的兴奋传导来激活心室，因此从严格意义上讲它并不是计算模型。1991 年，Pollard 和 Barr[5] 根据 Durrer[6] 的心室兴奋时间序列实验数据，人工地勾画了 His-Purkinje 网络。1993 年，Lorange 等人基于分形的方法构建了树状的 His-Purkinje 系统[7]，1998 年，Berenfeld 和 Jalife[8] 在 Pollard 的 His-Purkinje 网络基础上人为地定义了 Purkinje 细胞和心室肌交界处结合位点（Purkinje Myocytes Junction，PMJ）。人工定义的 His-Purkinje 网络虽然可以解释一些生理问题，也为后续的建模研究提供了宝贵的经验，但其终究是人为设定网络，缺少可靠的生理依据。2001 年 Simelius[9]，2007 年 Vigmond 和 Clements[10]，2008 年 ten Tusscher 等人[11] 和 2009 年张宇[12] 分别基于解剖知识，建立了手工标记的 His-Purkinje 网络模型。这些模型相对于人工构建的 His-Purkinje 网络让人"信服"，但也存在严重的缺陷。因为 Purkinje 纤维本身很细，结构又很复杂，几百层心室切片都要手工标记，工作量很大，所以手动标记方法很难保证其准确性，其他人不能重复其标记过程，不能被生物和医学研究者接受。

最新研究发现连接蛋白（Connexin Protein）Cx40 在 His-Purkinje 网络中的表达远远大于在心室细胞中的表达[13]，Fenton 等人通过特殊的显影技术标定了狗左心室中的 His-Purkinje 网络。本研究从曼彻斯特大学 Zhang 研究室处得到了 Fenton 未发表的 His-Purkinje 网络结构显影照片，利用图像处理技术提取了其网络结构，并根据解剖知识将其构建到三维心室解剖结构的内表面。然后根据 2009 年 Zhang 研究室最新的 Purkinje 细胞计算模型[14] 和心肌纤维走向，建立了具有组织各向异性和精细解剖结构的心室电传导计算模型。最后，通过兴奋时间序列和心电图实验数据与仿真结果的比较，证明了本章所建立的心室电传导模型的有效性。

3.2 希氏支束与浦肯野氏网络三维构建

现有的包括 His-Purkinje 网络结构的心室电传导模型都或多或少有缺陷，有的是基于分形算法建立的,有的是根据解剖结构知识人工构建的。缺少严格的解剖结构和生理方面的依据,所以这些模型并不代表真正解剖学上的 His-Purkinje 网络。

最新研究表明在 His-Purkinje 网络中连接蛋白 Cx40 的表达远远大于在心室细胞中的表达,从生理学上可以有效区分两种细胞。Fenton 等人通过特殊的显影技术标定了狗左心室中的 His-Purkinje 网络。从显影照片中,可以清楚地看到暗红色的 His-Purkinje 网状脉络,如图 3.1 所示。本章将根据 Fenton 的显影结果构建 His-Purkinje 三维结构。

基本思路是首先通过图像处理方法提取 His-Purkinje 的网状结构,然后根据解剖知识将三维的心室内膜,按照特定关系展开成一个二维平面,再将提取的 His-Purkinje 网络按照解剖对应地附着到心室二维内表面上,最后通过逆变换将附着 His-Purkinje 网络的二维结构还原成三维结构,即建立三维的 His-Purkinje 结构。

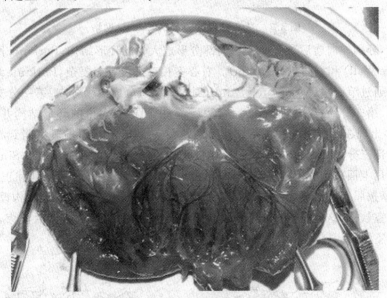

图 3.1　狗的希氏支束与浦肯野氏网络解剖结构照片

3.2.1　希氏支束与浦肯野氏网络预处理

由于 His-Purkinje 网络相对周围的心室肌组织颜色或者灰度偏暗,具有明显的网状脉络特征,所以根据解剖知识,手动将图 3.1 中心室内表面区域分割出来,去掉不相关组织和其他物体,人工提取 His-Purkinje 网络如图 3.2 中深色线条所示。

早在 1845 年,Purkinje 发现心室内膜内有一些特殊纤维对心室电传动起到驱动的作用,后来这些特殊的纤维被命名为 Purkinje 纤维。1906 年,Tawara 历时两年多绘制出第一张有大量分支结构的 Purkinje 网络,但是他不能给出任何证据说明这样的结构存在。100 年间也有人试图弄清 Purkinje 网络,但受技术和知识水平限制没有成功。1991 年,Tranum-Jensen 等人[15]首次提出 Purkinje 与心室细胞间存在一种过渡细胞 PMJ 来连接 Purkinje 与心室细胞这两种电特性差异较大的细胞。1999 年,Ansari 等人[16]宣布用 Indian Ink"完整"地标记了羊的 Purkinje 网络(现在人们认识到 Indian Ink 技术不能完整标记 His-Purkinje 网络),使人们对 His-Purkinje 网络有了新的认识。本章综合了 His-Purkinje 网络解剖结构[17,18]、相关的电生理实验测量数据[19,20]以及已有的 His-Purkinje 网络模型的先验知识[6-11],人工定性地标记了 PMJ 位点。左心室 Purkinje 纤维从主动脉沿室间隔往下在主动脉口和心尖的中间部位分成

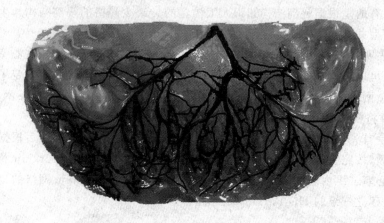

图 3.2　人工处理提取 His-Purkinje 网络

前后两个支束,分别伸向前后乳突肌的中间部分形成大量的环形结构,Purkinje 网络末梢延伸到心室壁(Free Wall)和室间隔(Septum)。右心室相对来说有点复杂,Purkinje 纤维从主动脉沿室间隔往下通过节制索(Moderator Band)到前乳突肌分成两个分支:第一分支稍短略上升到达心尖部分,第二分支较长伸向右心室壁和后壁,中间形成大量的环形结构并且 PMJ 数目较多。PMJ 多出现在纤维末端和主干结构上。左心室室间隔中部,前乳突肌到心尖的三分之一处和心室后部三分之二处。右心室是右心前区、右心室壁和右心底后壁。Simelius 的模型仿真研究中采用上面提到的 PMJ 连接方式,可以得到正常的兴奋时间序列和正常的 ECG 形态。因此,本章按照上述描述在左右心室的 His-Purkinje 纤维末端和主干结构设置 PMJ 点。由于没有右心室数据,这里只能根据前面提到的解剖知识手动地裁剪掉后支束,并增加 PMJ 点来模拟右心室情况,具体结果如图 3.3 所示,其中黑实点为 PMJ 点。

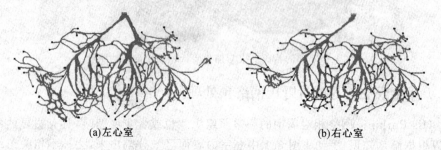

(a)左心室　　　　　　　　　　　(b)右心室

图 3.3　人工标记 PMJ 点的 His-Purkinje 网络

3.2.2　希氏支束与浦肯野氏网络三维构建方法

1. 希氏支束与浦肯野氏网络定位

以前后乳突肌为 His-Purkinje 网络解剖结构定位的参照物,取二者的中点作垂直线,发现 His-Purkinje 网络基本上从室间隔顶端至心尖部分呈左右均等大小分布,如图 3.4 所示。因此,CCBM 解剖数据集把心室以心尖到心底为轴线进行纵向切片。切片中左右心室腔中心做连线,其中与室间隔相交的部分为 His-Purkinje 网络的中心点,与左右心室心内膜相交的部分为心室切开线,即 His-Purkinje 网络边缘。单个腔体的切片以最近双腔体切片的左右中心点斜率为切割线斜率,通过单腔体中心点做切割线,切割线与心内膜边界线交点分别为

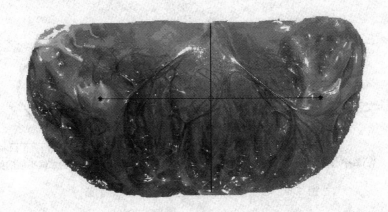

图 3.4　定位 His-Purkinje 网络在展开的心室中的位置

His-Purkinje 网络的中心点和边缘线。所有切片做 His-Purkinje 网络的中心点和切开线点进行标记,三维左右心室切开线标记结果如图 3.5 所示。

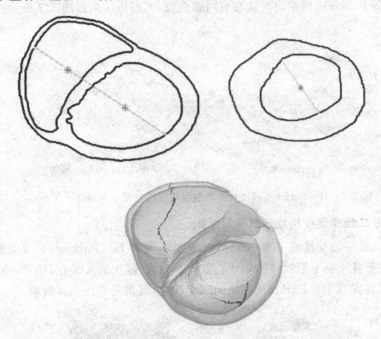

图 3.5　左右心室切开线示意图

2. 心室内膜从三维空间结构变换成二维平面

心室内膜从三维空间结构变换成二维平面就是整个三维心室内膜沿切开线打开,并展开成一个二维平面。其基本思想是:可以将每个切片心室内膜想象成是一个环形绳套,从切开点断开可拉伸成一条直线,所有直线沿室间隔中点对齐,按照切片位置从上到下排列即可得到二维平面。如何建立切片环形结构与一维直线——对应关系?方法很简单,以室间隔中心点为起点,沿心内膜边缘按连通顺序搜索到切开点中止即可得到连续序列关系,所有直线按切片位置顺序从上到下即得到展开心室内膜二维平面,如图 3.6 所示。

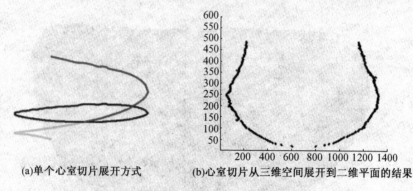

(a)单个心室切片展开方式　　(b)心室切片从三维空间展开到二维平面的结果

图3.6　心室切片从三维空间展开到二维平面

3. 希氏支束与浦肯野氏网络插入心室内膜二维平面

从标记的 His-Purkinje 网络面积为 $360×648$,而展开后的心室内膜面积为 $600×1\,400$。将提取的 His-Purkinje 网络沿两个二维平面的中心线对齐,按高 $1:1.67$ 和 $1:2.16$ 比例,用插值的方法将 His-Purkinje 网络附着到心室内膜表面,其最后结果如图3.7所示。

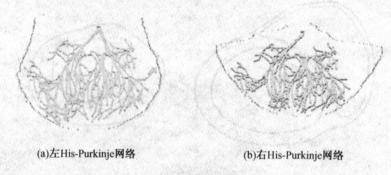

(a)左His-Purkinje网络　　　　(b)右His-Purkinje网络

图3.7　His-Purkinje 网络分别映射到对应的二维心室展开平面中

4. 心室内膜从二维平面变换成三维空间结构

心室内膜从二维平面变换成三维空间结构,就是将附有 His-Purkinje 网络二维平面内每行,按切片位置关系从上到下沿对应的切片心室内膜边缘,依次插入带有 His-Purkinje 网络标记信息的新值,最终实现 His-Purkinje 网络的三维构建,其结果如图3.8所示。

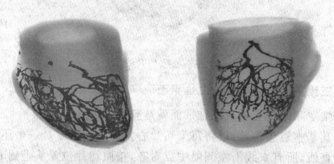

图3.8　His-Purkinje 网络的三维构建结果

3.2.3　希氏支束与浦肯野氏网络模型结构比较

从直观图像的角度,同 Vigmond,Simelius,张宇和 ten Tusshcer 等人手动方式建立

His-Purkinje 网络工作相比(依次对应图 3.9(a),3.9(b),3.9(c) 和 3.9(d)),本书用半自动的计算机处理方式提取的 His-Purkinje 网络有更复杂的脉络和分支,所以构建的 His-Purkinje 解剖结构更接近真实的 His-Purkinje 网络。从模型角度,本书所建立的 His-Purkinje 网络同其他 His-Purkinje 网络的具体参数比较见表 3.1。在所有模型中,本书建立的模型分辨率和精细化程度是最高的。

表 3.1 与其他 His-Purkinje 网络模型结构的比较

年份	模型	Purkinje 细胞个数	分辨率/mm	建立方式
1987	Aoki&wei	约几百个	1.5	手动理想化
1991	Pollard&Barr	30 000	—	手动理想化
1998	Berenfeld	4 539	1.0	手动理想化
2001	Simelius	—	0.5	手动解剖
2007	Vigmond&Clements	851	0.23,0.5	手动解剖
2008	ten Tusscher	22 426	0.5	手动解剖
2009	张宇	—	0.33,0.3574	手动解剖
2010	袁永峰等人	166 714	0.2	半自动解剖

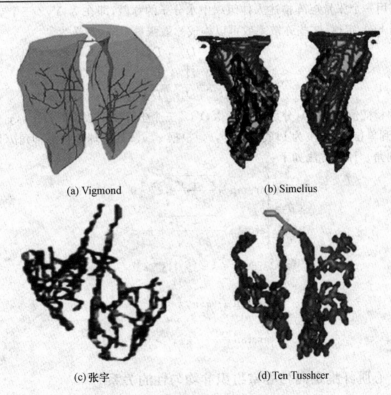

(a) Vigmond (b) Simelius

(c) 张宇 (d) Ten Tusshcer

图 3.9 已有的希氏支束与浦肯野氏网络模型

3.3 非均匀性心室组织三维建模

3.3.1 心肌纤维走向从笛卡儿坐标系到球面坐标系的变换

解剖学上人们多用螺旋角(Helix Angle)和横向角(Transverse Angle)来定量地描述心

肌纤维的走向,如图 3.10 所示。为了研究方便,本章将 DT-MRI 心肌纤维走向数据从笛卡儿坐标系变换到球面坐标系。

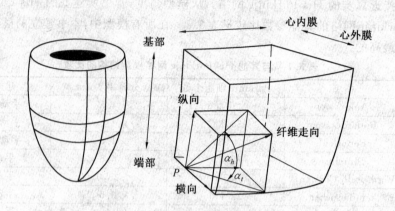

图 3.10　心肌纤维方向的定义

DT-MRI 用一个张量矩阵描述人体组织中水分子的弥散,即在 X,Y,Z 三个空间方向的弥散系数。根据 Fick 定律,这些弥散系数可以构成弥散张量矩阵,定义为

$$\boldsymbol{D} = \begin{vmatrix} D_{xx} & D_{xy} & D_{xz} \\ D_{yx} & D_{yy} & D_{yz} \\ D_{zx} & D_{zy} & D_{zz} \end{vmatrix} \tag{3.1}$$

其中矩阵 $\boldsymbol{D}$ 的特征值 $\lambda_1,\lambda_2,\lambda_3$ 分别对应于 X,Y,Z 三个坐标轴的投影长度 x_D,y_D,z_D。将 x_D,y_D,z_D 归一化到单位矢量(模为1)得到 x,y,z。根据 x,y,z 计算球面坐标仰角 θ(即螺旋角)和转角 φ(即横向角),计算方法如下:

$$\theta = \begin{cases} \arctan\dfrac{\sqrt{x^2+y^2}}{z}, & z>0 \\ \arctan\dfrac{\sqrt{x^2+y^2}}{z}+\pi, & z<0 \end{cases} \tag{3.2}$$

$$\varphi = \begin{cases} \arctan\dfrac{y}{x}, & x>0,y\geqslant 0 \\ \arctan\dfrac{y}{x}+\pi, & x<0 \\ \arctan\dfrac{y}{x}+2\pi, & x>0,y<0 \end{cases} \tag{3.3}$$

3.3.2　心肌纤维走向与心室组织非均匀性的关系

心室壁由内膜到外膜其心室细胞的电生理特性是变化的、非均匀的,生理学上称之为非均匀性。根据其细胞所处心室壁的位置以及离子通道构成比例的不同,目前人们大致将心室细胞分为心内细胞(endocardial cell,ENDO)、中间层细胞(middle cell,M)和心外细胞(epicardial cell,EPI),三种心室细胞的动作电位形态和间期差异如图 3.11 所示。心室细胞的非均匀性对心脏的电生理功能和形成心电图的特殊波形起到决定性作用,因此建立精细解剖结构的心室三维模型就必须考虑。然而 Noble,ten Tusscher 和张宇等人建立的非均匀性心室三维模型,为人工分类。这种人工方法缺少可靠的生理依据,不确定因素很多,不能被其他

心脏数据集重复。心室透壁的横向角分布从心内膜到心外膜近似呈线性变化。Nielsen[21] 和 Keller[22] 的心肌纤维的横向角从心内膜到心外膜的统计结果也呈近似线性变化,如图 3.12、图 3.13 所示。利用这种近似线性变化关系,本书进行了基于心室心肌纤维横向角的心室组织细胞分类的方法。

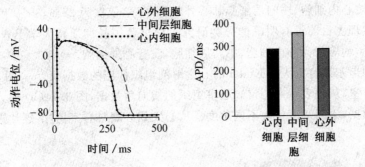

图 3.11　三种心室细胞在动作电位形态和间期上的区别

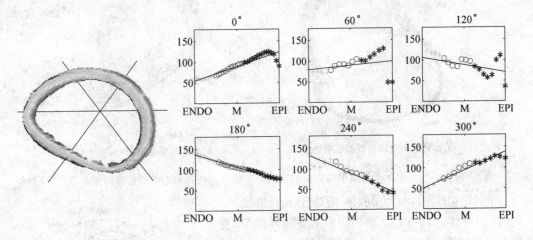

图 3.12　从心室壁中心肌纤维横向角的变化

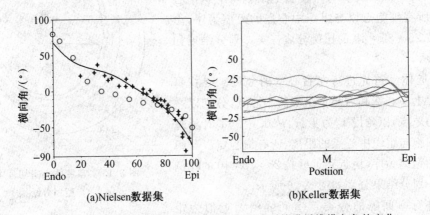

(a)Nielsen数据集　　　　(b)Keller数据集

图 3.13　Nielsen 和 Keller 数据集心室内膜到外膜纤维横向角的变化

3.3.3 基于心肌纤维走向的心室组织划分方法

心室组织中心内细胞、中间层细胞和心外细胞的各自所占比例,目前尚无可靠的生理依据,根据美国凯斯西储大学的 Rudy[20] 和英国曼彻斯特大学 Zhang[23] 的伪心电图仿真研究的结果,心室壁细胞按心内细胞、中间层细胞和心外细胞顺序,依次为 25%,35% 和 40%。室间隔的细胞类型从生理上目前没有明确的分类研究。根据英国曼彻斯特大学 Boyett 教授的建议,室间隔的细胞类均等分为心内细胞、中间层细胞,没有心外细胞。

本章采用德国卡尔斯鲁厄大学 Keller 的心室解剖组织标记的数据集[22]。图 3.14(a) 中深黑色部分表示右心室,灰色表示左心室。心室组织的横向角数据,图 3.14(b) 中为与该切片对应的心室横向角数据,不同灰度代表不同角度。从心尖到心底对心室切片,逐片进行心室细胞分类。

(a) 标记解剖组织类型的心室切片　　(b) 心肌纤维横向角

图 3.14　Keller 数据集中标记解剖组织类型的心室切片和心肌纤维横向角数据

心室组织切片可以分为单腔体和双腔体两种情况。

(1) 单腔体。只有心室壁组织没有室间隔组织,直接取心室切片组织的中心,以中心点为原点,以角度 1° 为步长,从 0°～360° 计算每个位置上细胞与组织中心点的距离,所有细胞点以与组织中心点的距离为序,由近到远并按 25:35:40 的比例分成三类。划分结果如图 3.15 所示。

(2) 双腔体。首先进行左右心室的分类。寻找每个组织切片上左心室和右心室组织的中心点,分别以左右中心点为原点,以角度 1° 为步长,从 0°～360° 计算每个位置上细胞与组织中心点的距离,所有细胞点以与组织中心点的距离为序,由近到远并按 25:35:40 的比例分成三类。划分结果分别如图 3.16 所示。

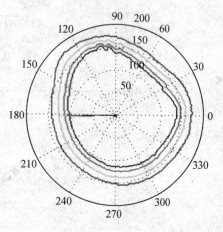

图 3.15　单腔体心室切片中细胞类型划分结果

其次进行室间隔的分类。室间隔组织近似为矩形。以左右中心点为轴线,分别与取左右中心点临近室间隔组织的两个角点,形成两个生长边,按 1:1:1 的比例由外向内生长,分类结果如图 3.17(a) 所示。

再次,三个分类结果组合在一起得到图 3.17(b) 所示的组织分类结果,浅灰色表示心外层细胞,黑色表示中间层细胞,深灰色表示心内层细胞。由于 Keller 标记的左右心室组织区域形

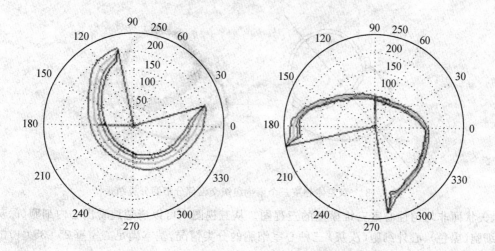

图 3.16 双腔体心室切片中心室壁部分细胞类型划分结果

态的关系,在左右心室与室间隔交汇的部位,有部分心室组织中间层和心内层细胞被错误地划分成心外层细胞,所以需要修正。

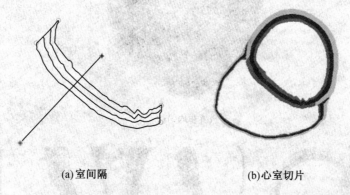

(a)室间隔　　　　　　(b)心室切片

图 3.17 双腔体心室切片中室间隔部分和整个心室切片细胞类型划分结果

最后,单独提取已分类的中间层细胞的边界轮廓,以左右中心连线为界将心室组织分成两个部分,分别找右心室与室间隔和左心室中间层距离最近的点,将四个点围成区域设为中间层细胞。然后再提取新分类的中间层细胞的边界轮廓,将其左右内边缘以内的细胞设为心内层细胞,最终分类结果如图3.18所示。

根据心室组织学上的心肌细胞分布变化应该是渐变的。但从图3.18中可以看出最终心室组织分类结果在左右心室和室间隔的结合部位有尖状的突出,组织过渡不平滑。一方面由于缺少左右心室和室间隔结合部位的组织学上特征信息,无法进一步详细划分该部分细胞类。另一方面,心室三维模型主要研究心室宏观的生理现象,这部分分类的异常区域占整个心室组织的很小比例,这个小误差在心室组织整个宏观仿真中会被湮没,不会影响到生理特性,因此可以接受。

非均匀性心室组织三维构建结果:将单心室组织切片划分结果,以心尖到心底为轴,从下到上依次排列到三维空间内,就得到了基于心肌纤维走向和真实解剖结构构建的非均匀性心室三维模型,其最后结果如图3.19(a)所示。图 3.19(b)、3.19(c)和3.19(d)分别是横面、额

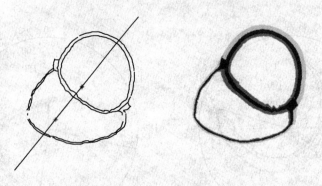

图 3.18 双腔体心室三个解剖组织交汇部分细胞分类结果

状面、矢状面非均匀性心室三维模型的三视图。从三视图中可以清楚地看出心内细胞(深灰)、中层细胞(黑色)、心外细胞(浅灰)三种心室细胞的分类情况,基本满足心室壁 25∶35∶40 的比例和室间隔 1∶1∶1 的比例。

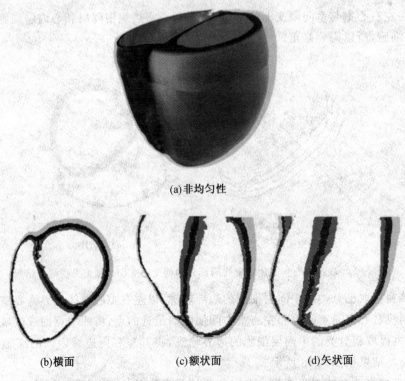

图 3.19 构建的非均匀性心室三维模型及其横面、额状面和矢状面三视图

3.4 构建三维心室电传导系统计算模型

本章在 Keller 数据集(包括心室解剖结构的三维体数据,由 460×482×546 个体素构成,分辨率为 0.2 mm×0.2 mm×0.2 mm)基础之上,构建了心室心肌纤维方向、His-Purkinje 网络,构建了非均匀性心室细胞分类结构。这些解剖数据的获取为下一步建立目前国际上先进的、具有丰富生理信息的心室电兴奋传导系统计算模型提供基础和保障。

3.4.1 心室电兴奋传导系统计算模型的建立

1. 细胞计算模型

目前已开发的或常用的模拟人类浦肯野氏细胞和心室细胞电生理的计算模型,见表3.2。

表3.2 人类浦肯野氏细胞和心室细胞电生理计算模型

年份	细胞模型	细胞类型	种属
1975	McAllister et al.	浦肯野氏细胞	动物
1985	DiFrancesco and Noble	浦肯野氏细胞	动物
2009	Stewart et al.	浦肯野氏细胞	人
1998	Priebe & Beuckelmann	心室细胞	人
2003	Sachse et al.	心室细胞	人
2004	Ten Tusscher et al.	心室细胞	人
2004	Iyer et al.	心室细胞	人
2006	Ten Tusscher et al.	心室细胞	人
2006	Xia et al.	心室细胞	人
2008	Bueno-Orovio et al.	心室细胞	人

1975年,McAllister[24]发表的细胞模型是第一个浦肯野氏细胞计算模型。1985年,DiFrancesco和Noble[25]发表了包含钠钙交换电流和钠钾泵的新的浦肯野氏细胞模型(简记为D-N模型)。2009年,Stewart等人[14]根据收集1989~2007年最新的人类实验数据,建立了符合最新的浦肯野氏细胞的离子通道动力学和动作电位形态的细胞模型。目前,心室电传导系统模型多用D-N模型,或者修改心室模型。前两个模型多基于动物(羊)实验数据而且不符合目前离子通道研究进展。浦肯野氏细胞与心室细胞在离子通道构成、动作电位间期和传导速率等方面差异很大,因此修改心室模型方法也不适合。所以,本书采用Stewart模型[14]作为浦肯野氏细胞模型。

1998年,Priebe & Beuckelmann[26]发表的细胞模型是第一个心室细胞计算模型。2003年,Sachse等人[27]建立力-电耦合的计算模型。2004年,Ten Tusscher等人[28]和Iyer等人[29]分别发表基于Hudgkin-Huxley模型和基于Markov-Chain模型的人类心室细胞。2006年,Ten Tusscher等人[30]和Xia等人[31]分别改进了2004年的Ten Tusscher模型,增加了Ca^{2+}动力学和I_{NaL}动力学[28]。2008年,Bueno-Orovio等人发表了Mini人类心室细胞模型[32]。Priebe & Beuckelmann模型多根据Luo-Rudy豚鼠模型[33],只有少量人类心室细胞数据。Sachse模型主要解决力-电耦合的模型。Tusscher模型有16个左右的变量,I_{yer}模型大约有67个变量。从数值计算方面,Tusscher模型可以使用较大的积分时间步长(>0.02 ms),而I_{yer}的模型则需要0.00002 ms的计算时间步长才能稳定,对于大尺度三维模型来说时间开销巨大,仿真实验无法接受。Bueno-Orovio的Mini人类心室细胞模型,只是以缩短时间开销为目的的理论模型,不包括离子通道动力学模型,也不适合电生理仿真研究。所有模型中 2004 年 Ten Tusscher 模型是目前学术界广泛认可和应用的模型(引用次数大于 240)。结合本章研究需要,以 2004 年 Ten Tusscher 模型为基础,并加入 Xia 模型中的 I_NaL 动力学公式。

2. 组织计算模型

心肌组织由心肌细胞通过低电阻的闰盘连接而成,在空间上整个容积可看成一个合胞体。而包围心肌组织的是组织间隙体液,同样可视为一个合胞体。因此 1969 年 Schmitt[34] 提出了双域模型,如图 3.20 所示。双域模型将这两个合胞体视为被心肌细胞膜分开,但可"相互渗透"的独立空间。

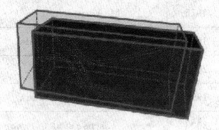

图 3.20　由细胞膜分离的内外域双域模型示意图[22]

由欧姆定律

$$J = -\sigma \nabla \varphi \tag{3.4}$$

可得细胞内和细胞外两个域,可以得到

$$J_i = -\sigma_i \nabla \varphi_i \tag{3.5}$$

$$J_e = -\sigma_e \nabla \varphi_e \tag{3.6}$$

式中,J_i、J_e 分别为细胞内外的电流密度,φ_i、φ_e 分别为细胞膜内外电位,σ_i、σ_e 分别为细胞内外电导率。

跨膜电流可看作是从细胞内空间渗透出并形成组织间隙等幅值的电流源,且除此之外,细胞内及组织间隙没有别的电流源,于是有

$$\nabla \cdot J_i = -A_m I_m, \nabla \cdot J_e = A_m I_m \tag{3.7}$$

式中,A_m 为细胞膜表面积和体积的比率,I_m 则为单位面积上的跨膜外向电流。

在心脏封闭的情况下,任何离开某个区域的电流必定流向另外一个区域,所以在每个区域中电流强度的变化与另一个区域的变化大小相等而方向相反,并且每个区域中电流强度的改变必定等于穿过细胞膜的电流,于是又有

$$\nabla \cdot J_i = -\nabla \cdot J_e = -A_m I_m \tag{3.8}$$

根据 Hodgkin-Huxley 模型理论,跨细胞膜 I_m 等价于与时间有关的电容电流和离子电流

$$I_m = C_m \frac{\partial V_m}{\partial t} + I_\text{ion} \tag{3.9}$$

式中,V_m 为跨膜电位,C_m 为单位膜面积的电容,I_ion 为由单细胞模型计算出的所有离子电流和,代入公式(3.7)得

$$\nabla(\sigma_i \nabla V_i) = A_m (C_m \frac{\partial V_m}{\partial t} + I_\text{ion}) \tag{3.10}$$

$$\nabla[(\sigma_i \nabla(V_i - V_e) + \nabla(\sigma_i \nabla V_e)] = A_m (C_m \frac{\partial V_m}{\partial t} + I_\text{ion}) \tag{3.11}$$

跨膜电位等于细胞膜内外电势差 $V_m = V_i - V_e$,代入公式(3.11)得

$$\nabla(\sigma_i \nabla(V_m)) + \nabla(\sigma_i \nabla V_e) = A_m(C_m \frac{\partial V_m}{\partial t} + I_{ion}) \tag{3.12}$$

细胞外区域通常被假设为无穷远处,其电势为 $V_e = 0$,此时有

$$\nabla(\sigma_i \nabla(V_m)) = A_m(C_m \frac{\partial V_m}{\partial t} + I_{ion}) \tag{3.13}$$

进一步变换得

$$\frac{\partial V_m}{\partial t} = -\frac{I_{ion}}{C_m} + \frac{\sigma_i}{A_m C_m} \nabla^2 V_m \tag{3.14}$$

令 $D_{global} = \frac{\sigma_i}{A_m C_m}$,代入公式(3.14)得

$$\frac{\partial V_m}{\partial t} = -\frac{I_{ion}}{C_m} + \nabla(D_{global} \nabla V_m) \tag{3.15}$$

式中,V_m 为跨膜电位,t 为时间,C_m 为跨膜电容,D_{global} 为扩散系数,∇ 为梯度算子,I_{ion} 为跨膜离子流总和。

心肌细胞可以近似看作一个狭长的圆柱体。由于心肌细胞形态的正交和旋转对称性,因此一般生理学研究只测量其长轴传导速率 δ_L 和短轴传导速率 δ_T,单心肌细胞坐标系内传导张量矩阵 $\boldsymbol{D}_{local}$ 可以记作

$$\boldsymbol{D}_{local} = \begin{vmatrix} \delta_L & 0 & 0 \\ 0 & \delta_T & 0 \\ 0 & 0 & \delta_T \end{vmatrix} \tag{3.16}$$

由于三维心室模型需要计算细胞与细胞之间的电传导,所以需要将传导张量矩阵从单细胞的局部坐标系 $\boldsymbol{D}_{local}$ 转化到心室三维结构的全局坐标系 $\boldsymbol{D}_{global}$:

$$\boldsymbol{D}_{global} = \boldsymbol{A} \boldsymbol{D}_{local} \boldsymbol{A}^T \tag{3.17}$$

这里 $\boldsymbol{A}$ 是坐标旋转矩阵,它由 3.3.1 节求的单细胞所在纤维方向和心室三维结构的全局坐标系(图 3.21)与 $x-y$ 平面的螺旋角 θ 和与 $x-z$ 平面的横角 φ 得到:

$$\boldsymbol{A}_{xz} = \begin{pmatrix} \cos\theta & 0 & \sin\theta \\ 0 & 1 & 0 \\ -\sin\theta & 0 & \cos\theta \end{pmatrix}$$

$$\boldsymbol{A}_{xy} = \begin{pmatrix} \cos\varphi & \sin\varphi & 0 \\ -\sin\varphi & \cos\varphi & 0 \\ 0 & 0 & 1 \end{pmatrix}$$

$$\boldsymbol{A} = \boldsymbol{A}_{xy} \cdot \boldsymbol{A}_{xz} \tag{3.18}$$

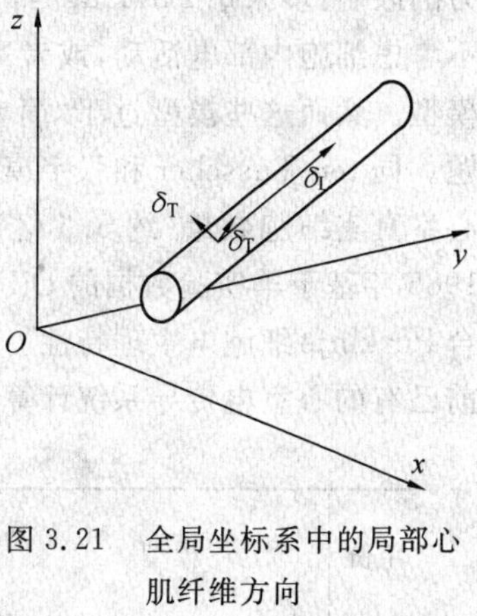

图 3.21 全局坐标系中的局部心肌纤维方向

由公式(3.17)和(3.18)得到

$$\boldsymbol{D}_{global} = \begin{pmatrix} \cos\theta\cos\varphi & \cos\theta\sin\varphi & \sin\theta \\ -\sin\varphi & \cos\varphi & 0 \\ -\sin\theta\cos\varphi & -\sin\theta\sin\varphi & \cos\theta \end{pmatrix} \begin{pmatrix} \delta_L & 0 & 0 \\ 0 & \delta_T & 0 \\ 0 & 0 & \delta_T \end{pmatrix}$$

$$\begin{pmatrix} \cos\theta\cos\varphi & -\sin\varphi & -\sin\theta\cos\varphi \\ \cos\theta\sin\varphi & \cos\varphi & -\sin\theta\sin\varphi \\ \sin\theta & 0 & \cos\theta \end{pmatrix} \tag{3.19}$$

这里根据 Tusscher 模型得到长轴传导速率 δ_L 和短轴传导速率 δ_T 分别为 0.001 54 cm²/ms

和 0.000 77 cm^2/ms。

综上,根据心室三维解剖结构的组织分类,不同的组织细胞在其对应的体素位置赋予相应的细胞计算模型,细胞与细胞之间通过与纤维走向相关的各向异性电导连接,本章最终建立了包含 His-Purkinje 网络,具有心室细胞分布非均匀性和纤维走向相关的电传导非均匀性的三维心室电传导系统计算模型,如图 3.22 所示。

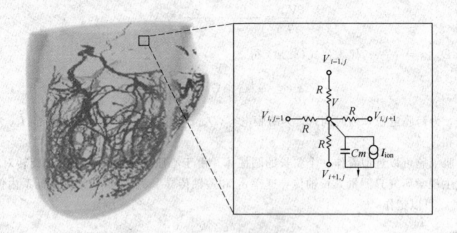

图 3.22 本章构建的心室传导系统示意图

本章构建的模型从细胞计算模型和三维心室计算模型的角度再次与其他已建立的心室电传导系统计算模型进行比较,见表 3.3。2007 年以前的心室电传导系统计算模型,由于计算能力的限制,多采用 FitzHugh-Nagumo[35] 和 Cellular Automata[4] 模型,只模拟细胞间电传导,不考虑细胞内部电活动,或者采用早期离子通道较少的 DiFrancesco-Noble 和 Beeler-Reuter 模型。然而这些模型过于"简单",只能探索性地研究,不能够"真实"探讨心室电传导活动问题。同 ten Tusscher 和张宇模型相比,本章建立的心室电传导系统计算模型分辨率更高,接近心室真实细胞数量(约 3.6 亿)。由于本章采用了基于人类实验数据的新 Purkinje 模型,比 1985 年基于羊实验数据的 DiFrancesco-Noble 模型和修改的 ten Tusscher 心室细胞模型更符合 Purkinje 细胞电生理特性。综上,从细胞计算模型和三维心室计算模型,本章的模型优于目前已有的心室电传导系统计算模型。

表 3.3 所有心室电传导系统的比较

年份	模型	Purkinje 细胞模型	心室 细胞模型	心室细胞数目	细胞分类 非均匀性	电传导 非均匀性
1987	Aoki & wei	CA	CA	50 000	否	否
1991	Pollard & Barr	F-N	—	—	否	否
1996	Berenfeld	F-N	F-N	211 494	否	否
2001	Simelius	CA	CA	2 000 000	否	是
2007	Vigmond & Clements	D-N	B-R	30 621	否	否

续表 3.3

年份	模型	Purkinje 细胞模型	心室 细胞模型	心室细胞数目	细胞分类 非均匀性	电传导 非均匀性
2008	tenTusscher	Tusscher 改	Tusscher	1 700 000	是	是
2009	张宇	D-N	Tusscher	80 492	是	是
2010	袁永峰等人	Stewart	Tusscher	33 000 000	是	是

注：D-N 为 DiFrancesco-Noble 模型，F-N 为 FitzHugh-Nagumo 模型，CA 为 Cellular Automata 模型，B-R 为 Beeler-Reuter 模型

3.4.2 心室电传导系统仿真模型的计算方法

目前双域模型的数值计算方法有很多，如前向、后向欧拉（Euler）方法、2 阶和 4 阶龙格－库塔（Rouge-Kutta）法、紧式方向交替法等[36]。虽然其他方法在时间步长、稳定性以及精度方面优于前向欧拉方法，但由于细胞在去极化阶段跨膜电位 V_m 随时间变化剧烈，所以仿真时间步长不宜过大（一般小于 0.05 ms），进而在稳定性以及精度方面差异也较小。因为在不影响精度的前提下，时间开销是大规模心室三维模型计算最重要的问题，前向欧拉方法在计算时间上相对其他方法较快，所以本章选择前向欧拉方法为数值求解方法。

1. 前向欧拉数值计算方法

细胞计算模型由多个常微分方程和偏微分方程组成。对于任意门控变量 n 的常微分方程有如下形式：

$$\frac{dn}{dt} = \alpha_n(V_m) \cdot (1-n) - \beta_n(V_m) \cdot n \tag{3.20}$$

根据 Rush 和 Larsen 方法[37]，令 $n_\infty = \dfrac{\alpha_n(V_m)}{\alpha_n(V_m) + \beta_n(V_m)}$，$\tau_n = \dfrac{1}{\alpha_n(V_m) + \beta_n(V_m)}$ 代入公式 (3.20) 中可得

$$\frac{dn}{dt} = \frac{n_\infty - n}{\tau_n} \tag{3.21}$$

对式 (3.21) 两边进行积分可得出 n 的解为

$$n(t) = n_\infty - (n_\infty - n_0) \cdot e^{-\frac{t}{\tau_n}} \tag{3.22}$$

采用前项欧拉法求式 (3.22) 的数值解，其有限差分公式为

$$n(t+\Delta t) = n_\infty - (n_\infty - n(t)) \cdot e^{-\frac{\Delta t}{\tau_n}} \tag{3.23}$$

细胞计算模型中的偏微分方程（见公式 (3.15)），其三维模型和扩展边界条件如下：

$$\begin{cases} \dfrac{dV_m(\zeta,t)}{dt} = -\dfrac{I_{ion}(\zeta,t)}{C_m} + D\dfrac{\partial^2 V_m(\zeta,t)}{\partial \zeta^2} \\ \dfrac{dV(0,t)}{dt} = V(\zeta_1,t), \dfrac{dV(\zeta_L,t)}{dt} = V(\zeta_{L-1},t) \\ \dfrac{dV(\zeta,0)}{dt} = V_r(\zeta) \end{cases} \tag{3.24}$$

式中，ζ 为空间位置函数 $f(x,y,z)$，$V_r(\zeta)$ 为静息电位，L 为最大边界；于是其前向欧拉有限差分求解公式如下：

$$\begin{cases} V_{\mathrm{m}}(i,j,k,t+\Delta t) = -\dfrac{I_{\mathrm{ion}}(i,j,k,t)}{C_{\mathrm{m}}} + \\ \Delta t (D_x \dfrac{V_{\mathrm{m}}(i-1,j,k,t) - 2V_{\mathrm{m}}(i,j,k,t+\Delta t) + V_{\mathrm{m}}(i+1,j,k,t+\Delta t)}{2\Delta x} + \\ D_y \dfrac{V_{\mathrm{m}}(i,j-1,k,t) - 2V_{\mathrm{m}}(i,j,k,t+\Delta t) + V\mathrm{m}(i,j+1,k,t+\Delta t)}{2\Delta y} + \\ D_z \dfrac{V_{\mathrm{m}}(i,j,k-1,t) - 2V_{\mathrm{m}}(i,j,k,t+\Delta t) + V_{\mathrm{m}}(i,j,k+1,t+\Delta t)}{2\Delta z}) \\ V(i_0,j,k,t+\Delta t) = V(i_1,j,k,t+\Delta t), V(i_{Lx},j,k,t+\Delta t) = V(i_{Lx-1},j,k,t+\Delta t) \\ V(i,j_0,k,t+\Delta t) = V(i,j_1,k,t+\Delta t), V(i,j_{Ly},k,t+\Delta t) = V(i,j_{Ly-1},k,t+\Delta t) \\ V(i,j,k_0,t+\Delta t) = V(i,j,k_1,t+\Delta t), V(i,j,k_{Lz},t+\Delta t) = V(i,j,k_{Lz-1},t+\Delta t) \\ V(i,j,k,0) = V_r(i,j,k) \end{cases}$$

(3.25)

式中,i,j,k 分别是小于其最大边界 L_x, L_y, L_z 的正整数。

根据前向欧拉差分方程的稳定条件为

$$\Delta t \leqslant \dfrac{\Delta \zeta^2}{2^3 D}$$

(3.26)

式中,ζ 为空间最小分辨率 0.2 mm,D 代表最大的电导率 0.001 54 cm^2/ms,所以仿真迭代时间步长 $\Delta t <$ 0.032 ms,才能达到稳定,故模型最大步长 $t_{\max}$ 为 0.032 ms。

2. 并行运算方法

本章建立的心室三维模型含有 33 011 733 个细胞计算模型单元,每个计算单元包括 100 多个浮点运算,每次迭代运算需要存储 30 多个参数状态信息,因此内存开销至少需要 11 GB。一个完整的心跳周期仿真最少需要 500 ms。如果以 0.01 ms 作为仿真时间步长,大约需要 50 000 次时间迭代,基于 2.0 GHz 处理器串行方式整个三维模型完成每次迭代计算,定步长 $\Delta t=$ 0.01 ms 算法平均计算时间约为 11.52 min。一个完整的心跳周期仿真时间约为 400 天。如采用 $\Delta t=$ 0.03 ms 变步长加速算法(见式(3.34))采用迭代次数约减少一半,每次迭代计算时间最少需要约 6 min,一个完整的心跳周期仿真时间也至少需要 200 天,所以必须采用并行计算方法。

本章使用的运行环境是英国曼彻斯特大学的 Horace 高性能服务器中共享内存式子系统:共享内存 120 GB,8 个计算节点,每个计算节点使用双核 Intel 至强 2.0 GHzCPU。基于 OpenMP 并行程序设计方法,对三维模型计算进行加速。加速后定步长,每次迭代计算平均时间约为 1.44 min,仿真一个完整心跳周期计算时间约为 50 天,加速比约为 8。Reumann[38] 等人采用 IBM 超大规模计算机蓝色基因(Blue Gene)计算,计算约 4 000 万个细胞模型组成的三维模型,采用 OpenMP+MPI 混合并行方法仿真 100 ms 心跳活动,512 个处理器需要时间约 87 min,8 192 个处理器需要时间约 11 min。由此可见,本章所建立的心室三维模型在并行计算方面还有很大的提升空间,可以满足大规模仿真研究的需要。虽然受当前设备和并行计算技术的限制,目前无法继续提升运算效率,但就心室三维模型初步研究来说,50 天左右的仿真时间是可以忍受的。

3.4.3 心室电传导系统计算模型的有效性

1. 心室兴奋传导序列仿真

心室兴奋传导序列（又称心室激动序列）是指兴奋波在心室组织内的传播随时间变化的过程。它对维持心室兴奋与收缩功能达到最适状态有重要意义，是研究心室生理活动、ECG形态和心律正常与失常相关问题的基础。仿真正常的心室兴奋传导序列是检验心室电传导系统计算模型能否用于心脏相关生理和病理仿真研究的前提条件。因此，本章建立心室电传导系统计算模型也必须通过仿真心室兴奋传导序列来验证模型的有效性。

目前心室兴奋传导序列实验方面最全面也是最权威的实验数据，仍然是 1977 年 Durrer[6] 用 879 个探针测量的人心室兴奋传导序列，如图 3.23 所示。几乎所有的心室三维计算模型[2,8-12,39,40]都是通过与其对比来验证其模型仿真心室生理活动的可靠性。

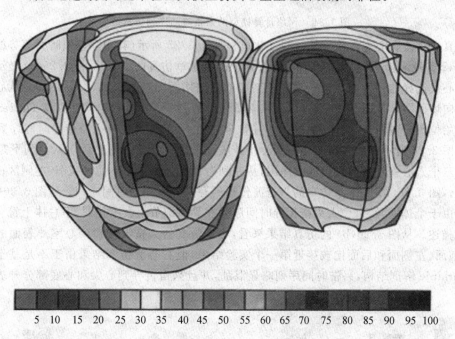

图 3.23 Durrer 的人心脏兴奋时间序列三维等势图

Durrer 的实验研究发现人的左心室有三个区域在 0～5 ms 内先兴奋，分别是：
(1) 平行室间隔低于在三尖瓣间索的心前区部分。
(2) 室间隔中间心内膜区。
(3) 平行室间隔从心尖到心底的三分之一处心后区域。

5～10 ms 之间大部分心室内壁兴奋，10～25 ms 之间除心尖前区，左侧壁中部和心底后部，其余部分都兴奋，30 ms 后除心底后部都开始兴奋。

右心室在左心室兴奋 5～10 ms 后开始兴奋，兴奋开始区域是前乳突肌与右心室交接的心内膜区域，20 ms 后兴奋波透过右心室壁到达外表，最后 60～70 ms 之间右心底部兴奋。而室间隔左侧开始兴奋渐渐从左向右，从心尖向心底传播。

本章采用 Stewart 的 Purkinje 细胞模型仿真的 His-Purkinje 网络兴奋序列如图 3.24 所示。为了仿真左右心室兴奋时间上的先后差异，His-Purkinje 网络模型中右支束刺激时间比左支束晚 5 ms。从图 3.24 中颜色变化表示兴奋序列时间上的差异，可以看出左心室整个 His-Purkinje 网络在 1～8 ms 内全部兴奋，右心室整个 His-Purkinje 网络在 9～17 ms 内全部兴奋。

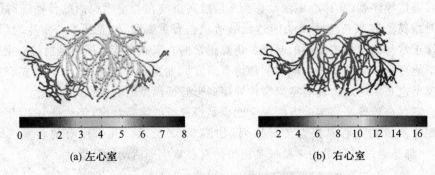

(a) 左心室　　　　　　　　　　　　(b) 右心室

图 3.24　网络计算模型的兴奋时间序列仿真结果

仿真兴奋波在心室内传导随时间变化过程如图 3.25 所示（其中颜色偏暗有等势线标记的为 Durrer 实验记录，颜色发亮没有等势线标记的是本章仿真的结果）。图 3.25(a) 显示的是从心尖到心底选择的四个与 Durrer 实验相对应的横向切面图。图 3.25(b) 所示的是从心尖到心底的纵向切面图。从图 3.25 中可以看出本章仿真的心室兴奋传导时间序列与 Durrer 实验在兴奋起始位置、传播过程大体上一致，并且符合前面 Durrer 实验的兴奋传导时间序列的定性描述。图 3.26 所示的是兴奋波传播到心室外表面的序列图。图 3.26(a) 从上到下是 Durrer 实验中三个人心室外表面兴奋波测序图，从左到右依次是每个心室前区视图、左侧区视图和后区视图。图 3.26(b) 是本章仿真的兴奋波传播到心室外表面的时间序列。从图 3.26(a) 中可以看出由于个体差异，每个人兴奋传导时间序列在具体细节上大不相同，但总体上符合 Durrer 的定性描述。从图 3.26(b) 的仿真结果来看，本章仿真的兴奋波传播到心室外表面的时间序列，从前面、左侧面和后面比较接近第一个实验结果，但右心室仿真结果由于不是基于真实的 His-Purkinje 解剖结构，兴奋时间序列略显混乱，并且兴奋传导到心尖和心底部分外表面时过快。

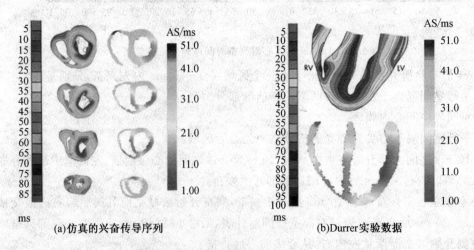

(a) 仿真的兴奋传导序列　　　　　　(b) Durrer 实验数据

图 3.25　仿真的兴奋传导序列与 Durrer 实验数据比较

在 3.1 节提到 Simelius，Vigmond 和 Clements，ten Tusscher 和张宇等人已经建立了基于

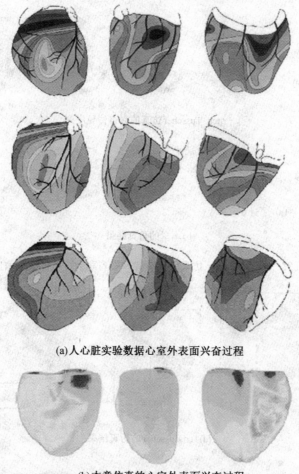

(a) 人心脏实验数据心室外表面兴奋过程

(b) 本章仿真的心室外表面兴奋过程

图 3.26　心脏实验数据与本章仿真的心室外表面兴奋过程比较

解剖结构的心室电传导系统计算模型。本章与目前已建立的心室兴奋传导计算模型进行比较，但 Vigmond，Clements 和张宇的文献中只提供概念性或只有一个切片的仿真结果，不足以用于仿真比较。Simelius 提供了心室不同部位多个横切面的仿真结果，但只有颜色表达的序列先后关系，缺少颜色相关时间信息，也不能作为比较对象。因此只有 ten Tusscher 的仿真结果适合作为本章的比较对象。图 3.27(a) 和 3.27(b) 分别是 ten Tusscher 和本章仿真的兴奋传导序列横面和额面的比较结果。ten Tusscher 仿真的整个兴奋传导序列时程接近 100 ms，比较接近 Durrer 给出的图像实验数据，本章仿真的整个兴奋传导序列时程为 51 ms，略快于 Durrer 的图像实验数据，但符合其文中定性描述的范围。但同 Durrer 的实验数据相比（图 3.23），ten Tusscher 仿真的兴奋传导序列存在明显不符合 Durrer 定性描述的心室首先激动区域（图 3.27(a) 中实线和虚线矩形标记的区域），而本章没有明显不符合的激动区域。

图 3.28(a) 和 (b) 分别是 ten Tusscher 和本章仿真的心室外表面兴奋传导序列的比较结果。图 3.28(a) 中实线矩形和虚线矩形分别对应图 3.27(a) 中实线矩形和虚线矩形标记的激动明显不符区域，由于心室内膜激动过早造成心室外膜兴奋时间异常。图 3.28(b) 中本章仿真的心室外表面兴奋传导序列除虚实线矩形标记的右心室整体兴奋过快外，基本符合 Durrer 实验数据。

(a)ten Tusscher仿真的兴奋传导序列

(b)本章的仿真结果

图 3.27　ten Tusscher 仿真的兴奋传导序列和本章的仿真结果比较

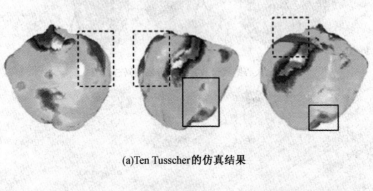

(a)Ten Tusscher的仿真结果

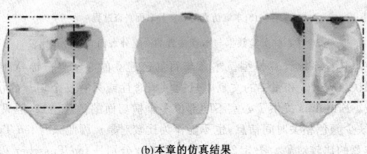

(b)本章的仿真结果

图 3.28　ten Tusscher 仿真的和本章仿真的心室外面兴奋传导序列比较

2. 伪心电图仿真

在现实生活中,除了手术,否则不可能打开心脏来测量兴奋序列,因此人们通过测量体表电势变化(即心电图)来推测心脏内部的电兴奋传导情况。模拟正常心电图是检验心室电传导系统计算模型有效性的另一个重要指标。仿真体表心电图需要有人体躯干模型,在体表放置若干电极后对体表电势场进行求解。建立人体躯干模型和伪心电图仿真同建立心室电传导模型一样,也是一个十分复杂并且耗时耗力的工作,目前只有 Simelius[9] 和张宇[12] 的心室电传导模型有伪心电图仿真研究的结果,因为他们所在研究团队在模型和心电图仿真方面有 20 年以上的研究积累,已经建立了人体躯干模型。本书的研究中暂时没有人体躯干模型,因此本书只能给出一个基于假设电极的伪心电图仿真结果。

根据心脏解剖学知识,将心脏长轴斜行与圆平面垂直线成 45°角,心尖指向左前下方,心底朝向后上方放置。做距心外侧约 2 cm 大小的圆,在圆左半圆均等放置 6 个电极来模拟胸前六导联电极位置,如图 3.29 所示。

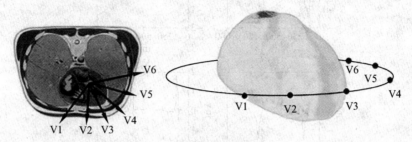

图 3.29　V1～V6 导联在体表和本书模型中的位置示意图

真实的心脏胸前六导联心电图和本章仿真的伪心电图分别如图 3.30 和图 3.31 所示。因为心电图是心脏内部兴奋传导过程在体表的反映,本章所建立的心室电传导系统计算模型可以正确地模拟心室兴奋传导序列,所以也可以顺理成章地模拟出体表心电图中 V1～V6 导联心电图的 QRS 波群和 T 波主要特征。虽然形态和幅值细节上有差异,但是从模拟的正常心电图的基本特征,即 V1～V6 导联伪心电图中可以看到清楚的 QRS 波群和正立 T 波,因此证明本章所建立的心室电传导系统计算模型将来可以用于伪心电图仿真研究。

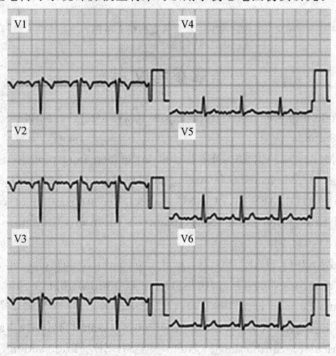

图 3.30　V1～V6 导联上的真实心电图

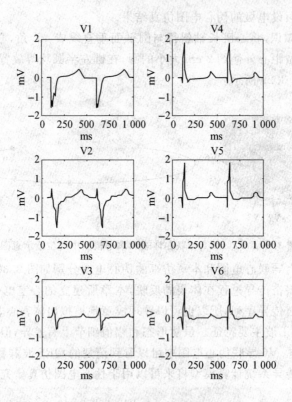

图 3.31 本章仿真的伪心电图

本章参考文献

[1] NOBLE D. Modelling the heart:from genes to cells to the whole organ [J]. Science, 2002,295:1678-1682.

[2] HUNTER P,SMITH N,FERNANDEZ J,et al. Integration from proteins to organs:the IUPS Physiome Project [J]. Mechanisms of Ageing and Development,2005,126:187-192.

[3] SCOLLAN D F,HOLMES A,ZHANG J,et al. Reconstruction of cardiac ventricular geometry and fiber orientation using magnetic resonance imaging [J]. Ann Biomed Eng,2000,28(8):934-944.

[4] WEI D,OKAZAKI O,HARUMI K,et al. Comparative simulation of excitation and body surface electrocardiogram with isotropic and anisotropic computer heart models [J]. IEEE Trans Biomed Eng,1995,42(4):343-357.

[5] POLLARD A E,BARR R C. The construction of an anatomically based model of the human ventricular conduction system [J]. IEEE Transactions on Biomedical Engineering,1990,37(12):1173-1185.

[6] DURRER D,VANDAM R T,FREUD G E,et al. Total excitation of the isolated human heart [J]. Circulation,1970,41(6):899-912.

[7] LORANGE M,GULRAJANI R M. A computer heart model incorporating anisotropic propagation:I. Model construction and simulation of normal activation [J].

J Electrocardiol,1993,26(4):245-261.

[8] BERENFELD O,JALIFE J. Purkinje-muscle reentry as a mechanism of polymorphic ventricular arrhythmias in a 3-dimensional model of the ventricles [J]. Circ Res,1998, 82(10):1063-1077.

[9] SIMELIUS K,NENONEN J,HORACEK M. Modeling cardiac ventricular activation [J]. Int. J. Bioelectromagn,2001,3:51-58.

[10] VIGMOND E J,CLEMENTS C. Construction of a computer model to investigate sawtooth effects in the Purkinje system [J]. IEEE Trans Biomed Eng,2007,54(3): 389-399.

[11] TEN TUSSCHER K H W J,PANFILOV A V. Modelling of the ventricular conduction system [J]. Prog Biophys Mol Biol,2008,96(1-3):152-170.

[12] 张宇. 虚拟心脏解剖及电生理数学建模 [D]. 浙江:浙江大学,2009.

[13] DUN W,BOYDEN P A. The Purkinje cell:2008 style [J]. J Mol Cell Cardiol,2008, 45(5):617-624.

[14] STEWART P,ASLANIDI O V,NOBLE D. Mathematical models of the electrical action potential of Purkinje fibre cells [J]. Philos Transact A Math Phys Eng Sci, 2009,367(1896):2225-2255.

[15] TRANUM-JENSEN J,WILDE AA,VERMEULEN J T,et al. Morphology of electrophysiologically identified junctions between Purkinje fibers and ventricular muscle in rabbit and pig hearts [J]. Circ Res,1991,69(2):429-437.

[16] ANSARI A,HO S Y,ANDERSON R H. Distribution of the Purkinje fibres in the sheep heart [J]. Anat Rec,1999,254(1):92-97.

[17] MASSING G K,JAMES T N. Anatomical configuration of the his bundle and bundle branches in the human heart [J]. Circulation,1976,53(4):609-621.

[18] SCHEINMAN M M. Role of the His-Purkinje system in the genesis of cardiac arrhythmia [J]. Heart Rhythm,2006,9(7):1050-1058.

[19] CATES A W,WILLIAM S M,RAYMOND E I. Purkinje and ventricular contributions to endocardial activation sequence in perfused rabbit right ventricle [J]. Am J Physiol Heart Circ Physiol,2001,281(2):H490-505.

[20] GIMA K,RUDY Y. Ionic current basis of electrocardiographic waveforms:a model study [J]. Circ Res,2002,90(8):889-896.

[21] NIELSEN P M,LEGRICE I J,SMAILL B H. Mathematical model of geometry and fibrous structure of the heart [J]. Am J Physiol,1991,260(4):H1365-1378.

[22] KELLER D. Detailed anatomical and electrophysiological modeling of the human ventricles based on Diffusion Tensor MRI data [D]. German:the Karlsruhe University,2006.

[23] ZHANG H,HANCOX J C. Insilico study of action potential and QT interval shortening due to loss of inactivation of the cardiac rapid delayed rectifier potassium current [J]. Biochem Biophys Res Commun,2004,322:693-699.

[24] MCALLISTER R E,NOBLE D,TSIEN R W. Reconstruction of the electrical activity

of cardiac Purkinje fibres [J]. J. Physiol,1975,251:1-59.

[25] DIFRANCESCO D,NOBLE D. A model of cardiac electrical activity incorporating ionic pumps and oncentration changes [J]. Philos. Trans. R. Soc. London B,1985,307: 353-398.

[26] PRIEBE L,BEUCKELMANN D J. Simulation study of cellular electric properties in heart failure [J]. Circ. Res,1998,82:1206-1223.

[27] SACHSE F B,GLÄNZEL K G,SEEMANN G. Modeling of protein interactions involved in cardiac tension development [J]. Int. J. Bifurc. Chaos,2003,13(12): 3561-3578.

[28] TENTUSSCHER K H W J,NOBLE D,NOBLE P J. A model for human ventricular tissue [J]. Am. J. Physiol. Heart Circ. Physiol,2004,286(4):H1573-1589.

[29] IYER V,MAZHARI R,WINSLOW R L. A computational model of the human left ventricular epicardial myocyte [J]. Biophys. J,2004,87:1507-1525.

[30] TENTUSSCHER K H W J,PANFILOV A V. Cell model for efficient simulation of wave propagation in human ventricular tissue under normal and pathological conditions [J]. Phys Med Biol,2006,51(23):6141-6156.

[31] XIA L,ZHANG Y,ZHANG H. Simulation of Brugada syndrome using cellular and three dimensional whole-heart modeling approaches [J]. Physiological Measurement, 2006(27):1125-1142.

[32] BUENO-OROVIO A,CHERRY E M,FENTON F H. Minimal model for human ventricular action potentials in tissue [J]. J. Theor. Biol,2008,253(3):544-560.

[33] LUO C H,RUDY Y. A dynamic model of the cardiac ventricular action potential. I. Simulations of ionic currents and concentration changes [J]. Circ. Res,1994,74(6): 1071-1096.

[34] SCHRNITT O H. Biological information processing using the concept of interpenetrating domains [M]. Heidelberg Germany:Springer Verlag Press,1969.

[35] FITZHUGH R. Impulses and physiological states in theoretical models of nerve membrane [J]. Biophys. J,1961,1:445-465.

[36] 李荣华. 偏微分方程数值解法[M]. 北京:高等教育出版社,2005.

[37] RUSH S,LARSEN H. A practical algorithm for solving dynamic membrane equations [J]. IEEE Trans. Biomed. Eng. ,1978,25:389-392.

[38] Reumann M,Fitch B G,Rayshubskiy A. Large scale cardiac modeling on the blue gene supercomputer [C]//Conf Proc IEEE Eng Med Biol Soc. Vancouver,Canada:IEEE & EMB,2008:577-580.

[39] ZHANG X,RAMACHANDRA I,LIU Z. Noninvasive three-dimensional electrocardiographic imaging of ventricular activation sequence [J]. Am J Physiol Heart Circ Physiol,2005,289(6): H2724-2732.

[40] XIA L,HUO M,WEI Q. Analysis of cardiac ventricular wall motion based on a three dimensional electromechanical bi-ventricular model [J]. Phys. Med. Biol. ,2005,50: 1901-1917.

第4章 心室浦肯野系统的三维重构方法研究

4.1 引 言

心脏是人体重要器官,发生在心脏部位的疾病严重威协着人类的健康。因此探索心脏的生理病理特征对诊断治疗研究乃至延长人的生命具有至关重要的意义。其中,心室是心脏病的多发区,大多数心室疾病都是由于心室中的传导系统发生异常所致。

心室中的传导系统一般包括左、右束支和浦肯野纤维(Purkinje Fibers),本章将这一部分传导系统称为浦肯野系统。

医学和电生理学实验证明,浦肯野系统的异常在产生和维持室性心律不齐与心室纤颤这两种疾病中扮演着很重要的角色,实验证实这两种疾病正是导致心肌梗死的两大罪魁[1]。因此,探索浦肯野系统的电兴奋传导路径,对于研究心脏的宏观生命活动具有重要意义[2],揭示浦肯野系统的空间几何结构,为研究在心室中电兴奋的传导乃至在生理、病理状态下心室的电生理活动奠定重要的基础。

4.1.1 浦肯野系统数值重建研究综述

自 1845 年 Purkinje 发现了心内膜下的心室纤维[3],人们对于心室的关注开始集中到了浦肯野系统。浦肯野系统分布不均,在心室的心尖和室间隔的中下部比较密集,心底和室间隔的上半部十分稀疏,兴奋从心尖经心室的游离壁传向心底。除了少部分的纤维分支浮于心内膜的表面之外,大多分支都嵌入心室的内膜层中。由于浦肯野系统的特殊性,完整的浦肯野系统,特别是嵌入在心内膜的部分,很难通过 CT 或 MRI 等成像技术扫描到,人们一直在寻求可以充分显示其空间结构的方法。

早期的3D心室模型,如由 Miller 和 Geselowitz 建立的模型[4,5],并没有将特定的传导系统整合进来,但该模型包含了由 Durrer 等[6] 最早测得的可产生兴奋序列的兴奋点。Miller-Geselowitz 模型由大约 4 000 个网格点组成,空间分辨率根据方向不同各异,在 3.75～4.64 mm 的范围内,该模型用于重建由普通的刺激和局部缺血刺激下的心电图 ECG。

近期的研究主要是集中在修正浦肯野系统中从起始端经束支直到没入心肌的终端部分的三维结构上面。

Vigmond 和 Clement[7] 以兔心室模型[8] 为基础,开发了基于解剖的兔心室的浦肯野系统模型。模型用来模拟正常的心室电兴奋序列,并研究在外界刺激下可能发生在浦肯野系统的锯齿波效应。他们运用多维尺度方法将心室的心内膜进行处理,之后将浦肯野系统按照解剖学的文本描述,结合分形生长的原理建立生长树,手工绘制到心室内膜面上,并将浦肯野纤维网的末端点插入心室壁。

Ten Tusscher 和 Panfilov[9] 用与 Simelius 等人[10] 相似的方法,以解剖学书籍等文献资料[11-14] 为基础绘出该传导系统的形态。该模型主要仿真正常激活模式以及由束支阻滞和折返造成的异常激活模式。Cherry 和 Fenton[15] 采用分形方法较为成功地表示出狗的右心室的浦肯野系统的 2D 平面图。etingül 等[16]提出以高分辨率磁共振成像 MRI 来追踪浦肯野系统的方法,可识别出局部的纤维组织。但当纤维组织密集、追踪部位曲率较大或有噪声干扰时,该方法将失效。

图 4.1 展示了几个有代表性的新研究成果。

(a)Vigmond和Clement　　(b)Tusscher和Panfilov　　(c)Çetingiil等

图 4.1　近期各单位的研究成果

从上述分析可以看出,在心脏浦肯野系统的形态空间结构研究中,一部分模型使用了近似的方法:或者根据解剖书籍或相关材料以手工绘制的途径得到,或者以纤维附近的大片心内膜或其他方式的相似结构来代替,或者以分形生长的方式表示浦肯野系统;另外一部分可以检测到浦肯野系统的某一部分但不是全部。因此,已有研究对于人们从宏观上认识浦肯野系统的几何形态有较大的帮助,但始终未能以解剖结构为基础将整个浦肯野系统描述完全,限制了人们对浦肯野系统形态的深入了解和把握。

4.1.2　数据来源

本章研究的是在带有浦肯野系统的狗左心室的剖切展开图数据的基础上完成狗左心室的浦肯野系统的重构过程。目前最具有说服力的结果仍然以医学解剖数据为基础。曼彻斯特大学电生理研究小组获得一组该系统的解剖数据,该数据来源于一只狗左心室标本,以卢戈氏溶液进行染色,之后选择浦肯野系统分布较稀疏的部分对其进行剖切,展开后可以看到狗左心室的心内膜层和心外膜层,本章研究的浦肯野系统便位于心室的心内膜层。根据浦肯野系统与心室肌分子结构和对染色剂显影效果的差别将浦肯野系统区分出来。

本章研究的另一数据来源于康奈尔大学在网上公开发表的狗心室肌的几何模型。该模型包含狗左、右心室的几何结构,作为要重构三维模型的框架。由于浦肯野系统主要分布在心室肌的内膜层,因此本书将重点介绍位于内膜层的浦肯野系统的数值重建。图 4.2 为康奈尔大学的狗心室肌几何模型,本章作者对这一模型经过图形处理后分离出的左心室内膜层的几何模型,如图 4.3 所示。

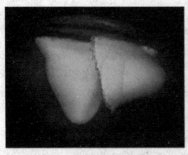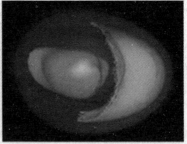

图 4.2　无传导系统的狗心室肌三维几何模型

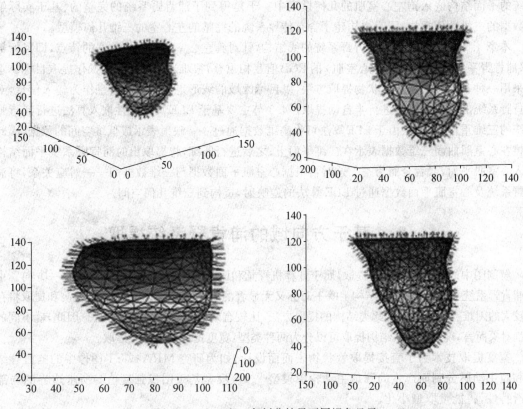

图 4.3　左心室三角剖分结果不同视角显示

4.1.3　本章研究内容及结构

本章主要内容是对浦肯野系统的三维结构进行数值重建,将复杂的心室解剖学、几何学和电生理学特征集成至一个交互式的可视化计算机模型中,为心室类疾病的发病机理及相关药物反应等研究提供基础理论和核心技术支持。

本章研究的浦肯野系统包括由房室束进入心室的左、右束支,及浦肯野纤维网两部分,这两部分承担着将房室结部位的电兴奋传向心室,并在心室中传播到与浦肯野纤维网相连的心室肌细胞等重要作用。浦肯野系统是心室中重要的传导系统之一。其中,在左心室的部分包括左束支及分布在左心室内的浦肯野纤维网;在右心室的部分包括右束支及分布在右心室内的浦肯野纤维网。由于左心室与右心室的浦肯野系统的重构原理相同,因此在后面的部分将以左心室为例来研究其中的浦肯野系统的三维重构方法。另外,在本章研究中,由于对心室的三维重构需要将标本进行特殊化学试剂处理,无法直接对人体进行操作,因此选择了较容易取得的动物标本——狗。由于物种差异,对狗的研究结论不能完全应用于人,但由于同样是哺乳动物,因此对狗的研究结果仍然可以为研究人提供较大的借鉴作用和重要的参考价值。

狗左心室浦肯野系统的三维几何重构,与传统意义上的三维重构不同:传统的三维重构是指由目标的一幅或多幅二维投影图来恢复三维景物图像;而本章的研究侧重于通过二维解剖图恢复浦肯野系统的三维几何结构,包括曲面几何形状和线状结构的宽度信息。

总体来说,本章利用已公开发表的狗心室肌的几何模型为框架,将左心室浦肯野系统从数据来源之一的解剖平面图中提取出来,再根据曲面与平面之间的对应关系,利用特征点等将浦肯野系统的平面结构嵌入狗左心室肌的几何模型中。于是得到了浦肯野系统的完整的、基于实际解剖数据的三维数值重构,同时也构建了含有传导系统的完整的左心室的三维几何模型。

本章4.2节主要介绍了浦肯野系统的线结构,针对狗左心室解剖图像数据的特点,即目标部分(浦肯野系统)与背景区域(心室肌)的RGB值互相重叠,很难通过阈值相关操作提取目标。本书采用一种基于方向域的管状物提取方法,以目标区域的线形走向和宽度信息作为输入信息,对浦肯野系统的平面线结构进行半自动提取。4.3节主要基于LLE局部线性嵌入算法进行浦肯野系统的三维重构,该方法由LLE算法可将高维数据通过一一映射表示成低维空间的数据,因此可将左心室肌曲面三维数据表示在二维平面上;之后进行匹配,将提取出的浦肯野系统平面结构嵌入心室肌平面,二者合而为一。这时再根据心室肌平面数据与三维数据的一一对应关系,将浦肯野系统及心室肌平面数据通过LLE算法的逆映射,重构到三维几何空间。

4.2 基于方向域的浦肯野系统提取

解剖图中的浦肯野系统的提取,属于计算机视觉和医学图像处理中管状物提取这一方向。由于浦肯野系统呈网状分布,且结构上既不对称又无显著的规律,直接在全局尺度上检测和提取将存在较大的困难。对于目标为此类结构的提取方法,比较有效的是管状物提取方法。因此,就不同的分割对象而言,现有的管状结构提取可以分为两种类型:宽度提取和中心线提取。

宽度提取技术为了直接提取管状物表面而设计,如为研究MRA或CT图像中的脑血管结构和腹主动脉分割而产生的测地主动轮廓模型[17],该模型基于图像强度值与所求边界的局部光滑特性,将能量取最小化。

与基于轮廓或表面的技术相反,中心线提取方法仅提取中心线,因此要求进一步处理来获得3D表面或形状。通过假设中心线对应于一种最小成本路径的中心线,来设计基于寻找路径的步骤[18,19]。

4.2.1 局部尺度和方向检测模型

本节将宽度提取与中心线提取方法作了综合考虑。通过使用不同方向和不同尺度的线结构局部检测子,将输入参数提升到基于方向域的4D空间。4D域包括局部方向和尺度信息,浦肯野纤维分支由4D域上的最短路径来计算;之后提出网络提取算法,作为所有纤维的合并。经过对整幅图像的检测和提取,最终得出了令人满意的提取结果[20]。

1. 局部纤维模型

心室解剖图可以看成是2D函数:$I:[0,1]^2 \to \mathbf{R}$。纤维的局部几何由纤维模型表示:$M(x) \in \mathbf{R}$,对于$x=(x_1,x_2) \in \Lambda=[-\Lambda_1,\Lambda_1] \times [-\Lambda_2,\Lambda_2]$。该模型为2D模式且集成了关于纤维交叉部分及常规部分的先验知识。

交叉点处的先验知识考虑了$M(x_1,x_2)=m(x_2)$模型,仅依赖于1D投影m。常规部分的先验知识对应于模型水平维度和垂直维度的比率Λ_1/Λ_2。

纤维交叉处的模型:对于浦肯野系统而言,从整体上来说,由于纤维分支比较多而且存在局部区域分布密集的特点,因此建立局部纤维模型的时候,应将局部纤维的宽度占该处模版宽度的比例设置稍大些,这样更适用于检测出分布更集中的区域的细微分支。其1D投影定义如下:

$$m(x_2)=\begin{cases}1, & |x_2|>2\Lambda_2/3 \\ \exp(-\alpha\sqrt{(2/3)^2-(x_2/\Lambda_2)^2}), & \text{其他}\end{cases} \quad (4.1)$$

令纤维内某点的图像强度由与该点所在处纤维宽度成比例的点的光线吸收率导致,这里取 $\alpha \approx 0.01$。

常规挑选:模型维度比率 Λ_1/Λ_2 是典型的血管常规部分的先验知识。应用于纤维中,是对纤维弯曲程度的表示:纤维越弯曲,Λ_1/Λ_2 的值就越小。对噪声图像的鲁棒性需要使用足够大空间 $\Lambda_1 \times \Lambda_2$ 的模型。$(\Lambda_1,\Lambda_2)=(1,2)$ 的值用在数值实验中,它在管状物提取方法[21]中被证明可在一系列样本图像中得到最好的管状物提取结果。为克服 2D 检测问题固有的困难,引入尺度和方向域,以增加对纤维的检测能力。

2. 旋转和尺度模型

模式 $M(x)$ 经旋转和缩放以后与纤维变化的方向和宽度匹配。除了模式交叉部分 m 和模型 $M(x)$ 的维度 $\Lambda_1 \times \Lambda_2$,以半径 r 线性缩放模型维度 $\Lambda(r)=r\Lambda$。这样,可以通过对小颗粒的相关分析来检测比较细的纤维结构。

变形后的模型 $M_{r,\theta}(x)$,当 $x \in \Lambda(r,\theta) = R_\theta \Lambda(r)$ 时定义如下:

$$\forall x \in \Lambda(r,\theta), M_{r,\theta}(x) \stackrel{\text{def.}}{=} M(R_\theta(x/r)) \quad (4.2)$$

式中,R_θ 是 θ 在平面上的旋转。

图 4.4 显示了不同方向和尺度下的血管模型和本书模型。两种模型根据式(4.2)进行旋转和缩放。图 4.4(a) 为血管模型,图 4.4(b) 为本书提出的浦肯野纤维模型。

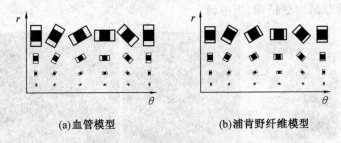

图 4.4　不同方向和尺度下的血管模型和本书模型

3. 缩放／方向提升

目标图像通过增加尺度和方向维度提升到了 4D 空间。令 Ω 由下式定义:

$$\Omega \stackrel{\text{def.}}{=} [0,1]^2 \times [R_{\min}, R_{\max}] \times [0,\pi) \quad (4.3)$$

称为提升函数 F,由图像与局部模型(4.2)的规范化的交叉进行相关计算得出

$$\forall \omega = (x,r,\theta) \in \Omega, F(\omega) \stackrel{\text{def.}}{=} NCC_{\Lambda(r,\theta)}(M_{r,\theta}(\cdot), I(x+\cdot)) \quad (4.4)$$

式中,$I(x+\cdot)$ 是由 x 平移得到的图像,$A=\Lambda(r,\theta)$,则 $NCC_A(f,g)$ 是 f 和 Ω 之间在域 A 上的规范化交叉点,定义如下:

$$NCC_A(f,g) \stackrel{\text{def.}}{=} \frac{\int_A (f-\bar{f})(g-\bar{g})}{\sqrt{\int_A (f-\bar{f})^2} \sqrt{\int_A (g-\bar{g})^2}} \quad (4.5)$$

式中,$\bar{f}=(\int_A f)/|A|$,$|A|$ 为 A 的面积。

$F(x,r,\theta)F(x,r,\theta)$ 的值从 -1 变化到 1,并且度量了在给定位置的某点 x 处观察到的纤维宽度为 r,方向是 θ。检测子的规范化使得由于增加纤维变量或成像系统的不完备而在图像中产生的强度变化保持不变。增加尺度维度便于对半径和纤维中心线进行鲁棒的、规范的估计。图 4.5 显示了将一幅脑皮层图像进行方向提升的结果,可以看出方向提升对于不同方向之间的局部识别起到非常关键的作用。

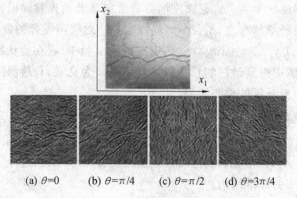

(a) $\theta=0$　　(b) $\theta=\pi/4$　　(c) $\theta=\pi/2$　　(d) $\theta=3\pi/4$

图 4.5　经方向提升后的图像

数值计算:对图像的处理要求在离散的网格中进行,网格含有 $n\times n$ 个像素点。4D 提升由平均分布于 $[r_{\min},r_{\max}]$ 的半径 n_r,以及平均分布于 $[0,\pi]$ 的方向 n_θ,其中在实验中 $n_r=15,n_\theta=15$。需要的计算复杂度为 $o((r_{\max}n)^2n^2n_\theta)$,并要求 $r_{\max}\ll 1,n_r,n_\theta\ll 1$。

图 4.6 显示了对于同一幅脑皮层图,由血管模型和本模型检测得到的结果。可以看出,由本模型检测出的管状结构更精细、更准确。

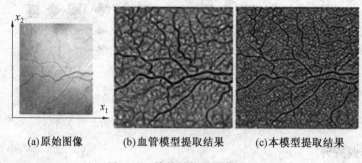

(a)原始图像　　(b)血管模型提取结果　　(c)本模型提取结果

图 4.6　管状结构检测及对比

4.2.2　4D 测地线

1. 提升的度量标准

在式(4.4)中显示出了对图像输入参数 4D 的提升,下面在 4D 域 Ω 上定义了一个等方的度量 ρ:

$$\forall \omega \in \Omega, \rho(\omega)=\max(1-F(\omega),\varepsilon) \tag{4.6}$$

参数 ε 使得该公式的值不为 0,在数值测试中设为 $\varepsilon=10^{-3}$。

2. 距离映射

被提升的曲线 $\gamma:[0,1]\to\Omega$ 的长度在被提升域定义如下:

$$L_F(\gamma)\stackrel{\text{def}}{=}\int_0^1\rho(\gamma(t))\|\gamma'(t)\|\,\mathrm{d}t \tag{4.7}$$

其中,速度向量的长度 $v=\gamma'(t)=(v_x,v_r,v_\theta)$ 为

$$\|v\|^2\stackrel{\text{def}}{=}v_x^2+\lambda v_r^2+\mu v_\theta^2 \tag{4.8}$$

(λ,μ) 是规范化常量,控制着图像中沿着纤维走向的尺度和方向变化的损失。在数值实验中将其设为 $\lambda=0.5,\mu=0.1$。在实践中该设定呈现出较强的鲁棒性。

假设种子点的一个集合 $A\subset\Omega$,端点集合 $B\subset\Omega$,连接 A 与 B 的最短提升曲线 $\gamma^*(t)\subset\Omega$ 定义为度量标准 L_F 的最短路径

$$\gamma^*(A,B)=\underset{\gamma\in\pi(A,B)}{\arg\min}L_F(\gamma) \tag{4.9}$$

其中 $\pi(A,B)$ 是所有 $\gamma(0)\in B$ 且 $\gamma(1)\in A$ 的曲线 γ 的集合。对应的测地距为 $d_F(A,B)=L_F(\gamma^*)$。该定义可以特殊化为一个单独的开始点 $A=\{\omega_0\}$ 和单独的结束点 $B=\{\omega_1\}$ 以定义在点之间或集合之间的测地距离,如 $d_F(\omega_0,\omega_1)\stackrel{\text{def}}{=}d_F(\{\omega_0\},\{\omega_1\})$

在实践中,γ^* 由下面估计得到[22]:到种子点 A 的距离是测地动作映射,$U_A(\omega)=d_F(A,\omega)$ 是短时矩方程的独特的黏性解

$$\forall\omega\in\Omega,\|\nabla U_A(\omega)\|=\rho(\omega),\text{且}\forall\omega\in A,U_A(\omega)=0 \tag{4.10}$$

其中

$$\nabla U_A=(\frac{\partial U_A}{\partial x},\lambda\frac{\partial U_A}{\partial\theta},\mu\frac{\partial U_A}{\partial r})^T$$

3. 改进的快速步进算法

令 B 中的点 $\omega_1\in B$ 到 A 的距离最小,A 和 B 之间的测地线 γ^* 可由 U_A 的梯度降低得到

$$\frac{d\gamma^*}{dt}(t)=-\nabla U_A(\gamma^*(t))\text{ 且 }\gamma(0)=\omega_1 \tag{4.11}$$

数值计算:对 U_A 的数值计算在 $N\stackrel{\text{def}}{=}n^2n_\theta$ 个 4D 点的离散网格上完成。算法的时间复杂度为 $O(N\log(N))$,在时间效率方面没有降低,但对于线状结构的提取效果明显好于使用经典快速步进算法,这将在实验分析部分给出比较结果。

下面将详细介绍经典快速步进算法(FMM)和改进的快速步进算法:

Sethian 经典 FMM:FMM 是对水平集函数(Level Set)的改进,水平集函数将二维曲线转化为三维曲面演化。

图像中的一条封闭曲线可将平面分为内部和外部,设有符号距离函数,即水平集函数为 $\varphi(x,y,t)$;曲线上点以速度 F 运动,运动方向为点的法线方向,则曲线演化过程表示为

$$\begin{cases}\varphi_t-F|\nabla\varphi|=0\\ \varphi_{(x,y,t=0)}=\pm d\end{cases} \tag{4.12}$$

其中 $|\nabla\varphi|$ 为水平集函数梯度,F 为运动速度,初始的 $\varphi_{(x,y,t=0)}=\pm d$,$d$ 为常数。曲线演化问题经上式表达后就转为求解偏微分方程的问题。

快速步进方法是对水平集方法的改进,描述如下:考虑界面运动速度恒为正的情况,即运动界面只能进行扩张,不能收缩。假设 $T(x,y)$ 是经过某点 (x,y) 的时间,则 $T(x,y)$ 满足

$$|\nabla T(x,y)|F=1 \tag{4.13}$$

因此到达时间梯度与传播前沿的速度成反比。Sethian 指出,求式(4.13)中的到达时间 $T(x,y)$ 等同于求解如下二次方程

$$[\max(D_{ij}^{-x}T,0)^2+\max(D_{ij}^{+x}T,0)^2+\max(D_{ij}^{-y}T,0)^2+\max(D_{ij}^{+y}T,0)^2]^{1/2}=\frac{1}{F_{ij}} \tag{4.14}$$

D^- 和 D^+ 分别是向后和向前差分,$D_{ij}^{-x}T=\frac{T_{ij}-T_{(i-1)j}}{2}$,$D_{ij}^{+y}T=\frac{T_{i(j+1)}-T_{ij}}{2}$;通常速度函

数定义为 $F=e^{-\alpha|\nabla G_\sigma \times I(x,y)|}$,其中 $I(x,y)$ 为初始图像,$\nabla G_\sigma \times I(x,y)$ 表示对初始图像进行高斯平滑。

由于快速推进法在演化时速度只能沿一个方向不能后退,但浦肯野纤维分支横向和纵向的边界梯度不一致,即由于其线状结构,口径细小且相对纵深较长,曲线运动的过程中,当一部分传递波到达横向边缘、传递速度很慢时,另一部分却在线形的纵向方向快速地向更深处传递,这样,在目标边界点存在速度不接近 0 的一些点,演化界面在这些地方将出现泄漏现象,演化结果将存在较大误差。

因此,下面将同时结合时间梯度和灰度先验知识对传播速度进行制约,以适用于心室解剖图。将选用 Sigmoid 型模糊隶属度函数[23] $\mu(x,y)=(1+\exp(-20(I(x,y)-\gamma)))^{-1}$ 描述浦肯野纤维灰度的可能性,并根据实际情况取 $\gamma=0.6$。按上述考虑修正推进速度为:$F'(x,y)=\mu(x,y) \cdot F(x,y)$。而将式(4.13)中的速度 F_{ij} 修正为 $F'_{ij}=\mu \cdot F_{ij}$。这样大大降低了在浦肯野纤维分支以外区域的传播速度,进而减少了在梯度较小的边界处出现泄漏的可能。

4. 最短路径和 4D 曲线

在点 $x,x' \in [0,1]^2$ 之间的 4D 曲线 $c(x,x')$,作为集合 $A(x)$ 和 $A(x')$ 之间,Ω 上的一个 4D 测地线由式(4.15)定义

$$A(x^{(')}) \stackrel{\text{def}}{=} \{(x^{(')},r,\theta) \backslash r \in [r_{\min},r_{\max}], \theta \in [0,\pi)\} \quad (4.15)$$

则 4D 曲线定义为

$$c_{x,x'} \stackrel{\text{def}}{=} \operatorname*{argmin}_{\gamma \in \pi(\omega,\omega'), \omega^{(')} \in A(x^{(')})} L(\gamma) \quad (4.16)$$

该 4D 曲线包含了三个部分:$c_{x_1,x_2}(t)=(\tilde{x}(t),r(t),\theta(t))$。路径 $\tilde{x}(t) \subset [0,1]^2$ 是图像平面的实际中心线,而 $\theta(t)$ 和 $r(t)$ 提供了管状结构的方向和局部宽度,在计算纤维走向时非常重要。图 4.7 即为对曲线进行提取操作时对应的 $\theta(t)$ 和 $r(t)$ 的变化。

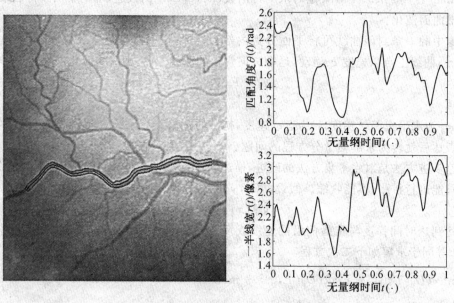

图 4.7 曲线提取及 $\theta(t)$、$r(t)$ 变化曲线

4.2.3 曲线网络提取算法

对于浦肯野纤维网络来说,主要通过迭代的联结方式,即每一条纤维分支通过用户输入种子点后被程序提取出来,都要联结到已提取的网络中,构成新的网络。再接收新的种子点继续求取下一条分支,直到所有分支被提取出来,则算法停止。图 4.8 中显示了提取多处浦肯野系统网络的中间过程。

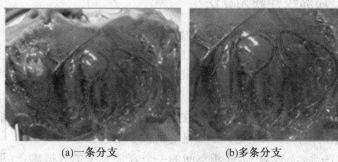

(a)一条分支　　　　　　(b)多条分支

图 4.8　提取浦肯野系统网络的中间过程

4.2.4 实验结果

应用本书的方法对狗左心室的剖切平展图提取浦肯野纤维分支,最终结果如图 4.9、图 4.10 所示,可以清晰地看到浦肯野系统纤维分支的位置和宽度。

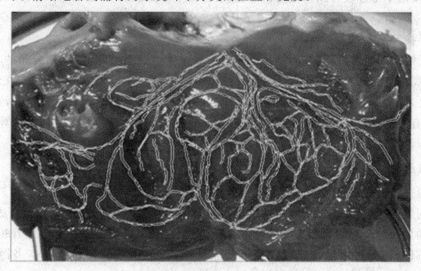

图 4.9　提取浦肯野系统网络的最终状态

4.3　基于 LLE 算法的浦肯野系统的三维重构

本章所讲的三维重构与传统意义有所区别:侧重于以心室肌的三维结构为框架,将心室解剖图中的浦肯野系统提取出来,并将其嵌入三维结构中从而获得浦肯野系统的三维重构结果[24-26]。

将左心室肌模型的数据点集由曲面映射到平面,涉及数据集的降维这一领域。通常可以用于表示数据集的最小维数小于或远远小于其真实的维数。找出数据集的本征维数,不仅可以更简便、清晰地表示该数据集,也降低了对数据集操作时的计算复杂度。LLE 算法采用的降维映射是一一映射,即高维数据点与低维数据点具有一一对应的关系,因此,虽然 LLE 算法不存在显式的逆映射,但仍可根据映射关系将这些低维数据点恢复到高维空间,并且这种映射不存在任何精度损失。

4.3.1 LLE 局部线性嵌入算法

LLE 算法,即局部线性嵌入算法,是一种流形学习的经典算法。

自黎曼开始关于延展性、维数等讨论之时起,他给这些多度延展的量定义了一个名称,德文写作 Mannigfaltigkeit,英文翻译为 Manifold,英文字面意思可以理解为"多层",中国代数拓扑学的开拓者江泽涵将其翻译为"流形"。

流形学习建立的基础是:强调数据分布在弯曲的流形或近似分布在弯曲的流形上这一假定,更强调保持数据的局部邻域结构。下面是它的数学描述:

设 $X=\{x_1, x_2, \cdots, x_N\} \subset \mathbf{R}^D$ 为高维空间的一个容量为 N 的数据集合,并且进一步假设这些样本点近似地位于一个潜在的低维流形 L 上,$L \subset \mathbf{R}^d$,集合 $Y=\{y_1, y_2, \cdots, y_N\}$ 是 $d(d \ll D)$ 维空间 $\mathbf{R}^d$ 中的一个数据集。则流形学习问题就是:基于 $\mathbf{R}^D$(观察空间)上的一个给定的观察数据集$\{x_i\} \subset \mathbf{R}^D$ 去重构 L 和 f,使得 $f: L \subset \mathbf{R}^d \rightarrow \mathbf{R}^D$,光滑嵌入,$x_i = f(y_i) + \varepsilon_i$,$i=1, 2, \cdots, N$,$\varepsilon_i$ 表示独立噪声。

因此,流形学习过程可以归结为:找到流形的一个参数表示 f;由 $x_i = f(y_i) + \varepsilon_i$ 中的 f 和 $\{x_i\}$ 确定$\{y_i\}$;由$\{y_i\}$构成流形 L,使得 f 是 $L \subset \mathbf{R}^d \rightarrow \mathbf{R}^D$ 的一个光滑嵌入。流形学习所研究的问题是寻找流形 L 的表示 f。

相对低维空间而言,高维空间是稀疏的。当数据维数显著增加时,高斯分布的 3σ 法则不再适用,即高维空间的大多数数据,将不再分布于高斯函数的中间位置,而是集中在边界。

简言之,流形学习通过获取数据集内所蕴含的几何信息进行数据分析,因此,流形学习可定义为:由有限样本点集计算嵌入在高维观察空间的低维流形的问题[22],从而计算出新样本的低维坐标。

1. 算法原理

科学研究中的许多领域依赖于数据分析和形象化。对大规模多变量数据分析的需求导致了降维的问题的产生:如何发现高维数据的压缩表示。对于局部维度的减少,该方法是将输入数据映射到单独的全局的低维坐标系统中,其优化过程不包含局部最小。通过开拓线性重构的局部对称性,LLE 可以学习非线性流形的全局结构,如由人脸图像或文本书档产生的结构。

与之前的流形学习方法不同,LLE 可从局部线性输入中恢复全局非线性结构,并且不必在广泛分散的数据点间估计点对间距。

LLE 算法,如图 4.10 所总结,是基于简单的几何直觉。

假设 N 个实值向量 $\mathbf{X}_i$,每一维度 D。期望每个数据点及其邻域点都位于或近似位于流形的局部线性的碎片上。通过线性系数描述这些碎片的局部几何关系,线性系数可以通过数据点的邻域点重构该数据点。重构误差由成本函数 $\varepsilon(W)$ 来测量:

$$\varepsilon(W) = \sum_i \left| \mathbf{X}_i - \sum_j W_{ij} \mathbf{X}_j \right|^2 \tag{4.17}$$

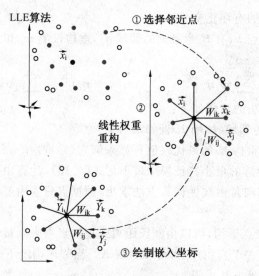

图 4.10 LLE 算法示意图

该函数累加所有数据点及它们的邻域之间的平方距离。权重 W_{ij} 体现了第 j 个数据点对第 i 个数据点的重构贡献。为计算权重 W_{ij}，在遵循以下两个约束条件的前提下，最小化成本函数：

第一，每个数据点 X_i 只能由它邻域点重构：如果 X_j 不属于 X_i 的邻域，则令 $W_{ij}=0$。这里，各数据点的邻域集不固定，可由很多方法得到：选取 K 个欧氏距离与之最近的邻域点，或考虑固定半径的某个球面上的所有数据点，或使用先验知识等。要注意的是，由于邻域点个数是确定的，LLE 可用来重构的嵌入维数的最大值 d 严格小于邻域点的数目 K。

由于 LLE 算法是建立在如下假设的基础上：数据点与其邻域之间满足局部线性关系。因此如果 K 取值太大，则违背了这一假设。

第二，权值矩阵每行上各列的加和为 1，即 $\sum_j W_{ij} = 1$。

以上约束下，由最小二乘法可以得到最优化的重构权值矩阵 W_{ij}。对于某些特定的应用，为保证各点的重构位于其邻域的一个凸包中，需限制权值为正数。能够最小化重建误差并由以上约束限制的权值遵循如下重要的对称性：对于任意特定的数据点，该点与其邻域点间的权值具有旋转、缩放、平移不变性。重构权值矩阵描述了各邻域点的内在几何性质，完全不依赖于特定的参照系，这进一步表明了重构权值能够反映样本点与邻域点之间的本质关系。权值重构矩阵 W_{ij} 反映了数据在进行以上变化时的固有几何性质。事实上，LLE 不要求原始数据在单独的坐标系中，只是每个数据点与其邻域点要在同一坐标系中。

假定数据位于或近似位于 d 维光滑的非线性流形上（$d \ll D$），为了更好地近似，存在一个线性映射——包含平移、旋转和缩放——将各邻域点的高维坐标映射到流形的总体固有坐标上。在算法的最后步骤中，每一个高维观察量 X_i 被映射成低维空间里表示总体固有坐标的低维向量 Y_i，具体的实现方法是，选择 d 维坐标 Y_i 来最小化嵌入成本函数：

$$\Phi(Y) = \sum_i \left| Y_i - \sum_j W_{ij} Y_j \right|^2 \tag{4.18}$$

这里，嵌入成本函数与前面的成本函数相同，均基于局部线性重构误差，但最小化坐标 Y_i 时固定权值矩阵 W_{ij}。式（4.18）中的嵌入成本定义了向量 Y_i 的二次形。受约束条件限制，通过求解 $N \times N$ 的稀疏矩阵的特征值问题，可最小化嵌入成本。特征值末端的 d 个非零特征值提供了以初始数据为中心的有序正交坐标。

考虑某个特定的数据点 x，有 K 个最近的邻域 η_j，重构权值 w_j 和为 1，可以写出重构误差为

$$\varepsilon = \left| x - \sum_j w_j \eta_j \right|^2 = \left| \sum_j w_j(x - \eta_j) \right|^2 = \sum_{jk} w_j w_k G_{jk} \qquad (4.19)$$

图 4.11 显示 LLE 算法的步骤如下：

分配每个数据点 X_i 的邻域（如用 K 近邻法）；

计算可从邻域中线性重构 X_i 的最优权值 W_{ij}，求解式(4.17)中有约束的最小二乘问题；通过寻找式(4.19)中稀疏矩阵的最小特征模来最小化式(4.18)，计算由 W_{ij} 最优重构出的低维嵌入向量 Y_i。尽管权值和向量由线性代数方法求出，数据点只能由邻域重构的约束保证了高度非线性嵌入。

数据点由其 K 个邻域点重构，可以由欧氏距离或正则点乘来测量邻域点。

LLE 的实现过程只有一个自由度，即邻域数目 K。当邻域确定下来，最优化权值 W_{ij} 及 Y_i 的坐标可由线性代数的标准方法求得。

2. 算法特点

LLE 的本质流形维度 d，并不要求用嵌入空间的离散网格表示。如需加入嵌入空间更多的维度，则已有维度不需要改变，因此在计算更高维度的嵌入时 LLE 不必重新运算。与主曲线和表面方法或附加成分模型不同，LLE 不限于极端低维或余维数的流形实践。固有数值 d 可通过分析成本函数的倒数而作自估计，成本函数中的重建权从嵌入向量 Y_i 中得到用于构建 X_i。LLE 经过对相互重叠的局部邻域的正确分析，可以得到全局几何关系的信息。

将 LLE 算法与其他经典的降维算法作以比较，包括 MDS、PCA、Isomap、Hessian LLE、Laplacian Eigenmaps、Diffusion Map 和 LTSA 等算法，在不同数据集空间上，给出不同算法的结果和计算时间，以证明 LLE 算法在保持原有数据集中各点的空间关系上具有较大的优势。

测试的数据集中，双子峰和转角平面用于测试均匀分布的流形；带孔球体用于测试非均匀分布的流形。

分析结果可知，所选择的 LLE 算法，既能保持原始数据的空间特征，又有较小的计算成本。因此，该算法是完成曲面重建过程最好的选择。

4.3.2 左心室肌曲面到平面的映射方法

由上一节的讨论，LLE 算法具有保持点集局部线性关系的特点，且具有较小的计算量，较低的时间成本，因此 LLE 算法将作为本节将左心室肌曲面映射到平面的方法。

1. 左心室的曲面映射

如前所述，解剖数据是将心室进行剖切展平后拍摄的图片。对于狗的左心室模型，仍希望可以在计算机上模拟将其展平这一过程。使用 LLE 算法将瑞士卷由曲面映射到平面，实际上就是一个将其展平的过程。由于 LLE 算法以其局部邻域点保持线性关系的特点，通常应用于不封闭的几何图形如瑞士卷等，而狗的左心室是半封闭的器官，仅在与心房相连的地方有开口，其他地方都是封闭的，那么，直接应用 LLE 算法是否能达到效果，将是一个很大的挑战。这里有必要进行如下追踪边界的实验。

直接离散化狗的左心室模型的已构建曲面，取曲面上的 N 个点（为尽可能多地体现不同曲率下的点，这里取 $N=500$）作为初始点集 $\{1 \leqslant i \leqslant M \mid X_i\}$，由于该映射是从曲面到平面，因

此观察空间为曲面,维度为 $D=3$,流形空间为平面 $d=2$,由于 LLE 算法要求 $k>D$,但不能过大或过小,因此可以取 $k=6,\cdots,40$ 等不同的值。将曲面由 LLE 映射到平面之后,由于观察空间与流形空间中的数据点一一对应,因此可以由生成的平面图形的边界追踪其所对应的原始曲面图形的点。由结果可知,在 [6,40] 范围内无论 k 的取值如何,LLE 算法均有效,但并不是将曲面完全展开、展平,而是将其东半部和西半部压扁到一个平面,并重叠在一起。这样的结果显然不符合要求。图 4.11 显示了 $k=12$ 的结果。

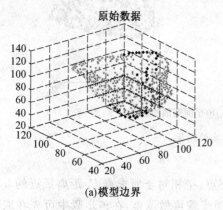
(a) 模型边界

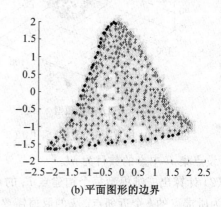
(b) 平面图形的边界

图 4.11　追踪边界实验结果

其原因,仍然与 LLE 的局部线性特征密切相关。因为算法尽可能地保持每个点与其他点之间的局部线性关系,而狗的左心室是一个近乎封闭的系统,每个点与周围的点都密不可分,因此经 LLE 算法映射之后,只能将东、西半部的数据点压到一个平面上,才能保证不损失任意一点与周围邻域的线性关系。

因此,在应用 LLE 算法之前,需要对三维左心室模型进行预操作,以达到映射后展平曲面的目的。对左心室的特定几何构型,只须在适当的位置切开一条有一定宽度的缝隙,即将其变为不封闭的几何构型便可达到目标;切开的缝隙可以有很多种,但为了与解剖的位置一致,将沿如图 4.12(a) 所示位置在三维模型上切开一条缝,即将原始模型中位于这条缝的所有点去掉。这样处理的优点有两个:第一,将心室的三维模型由半封闭变为不封闭,符合 LLE 算法的应用条件;第二,与解剖模型相符合,这样在计算机上就可以模拟解剖的结果,为最后将解剖数据的线状结构与计算机模型的平面图形进行匹配和嵌入准备条件。

这样,缝隙一边的点到另一边任意点的距离可看成是无穷大,即缝隙一边的点的局部邻域不包含另一边的点。于是,该半封闭的模型变成了不封闭的曲面,符合 LLE 算法的应用条件。在图中这条缝以"+"表示其中的一条边,"·"表示另一条边。为了清晰起见,将模型上该缝对面的点以黑色实心"·"表示。图 4.12(b) 是将图 4.12(a) 经过 LLE 算法映射到平面之后的结果。此处具体的算法如下:

利用高低维空间中相邻点间具有同样的相邻或者密切相关的位置关系,应用局部线性嵌入(LLE)算法,将左心室的内膜层数据点集 O 映射到二维平面点集。

(1) 将左心室近似成半球,则从心尖的点到房室交界处可以画出无数条近似于母线的线,在所有线中,浦肯野系统分布较稀疏的线即可作为切开的缝隙,因为在解剖的时候也是按照这样的原则,找到浦肯野系统分布最稀疏的位置切开的。在后文剖切位置分析中将有更进一步的讨论。另外,第 2 章中已给出狗的左心室的解剖图,从解剖图里也可以看出浦肯野纤维在该缝隙处分布非常稀疏。令切开缝隙之后剩下的心室模型点形成点集 F,而缝隙处的点形成点

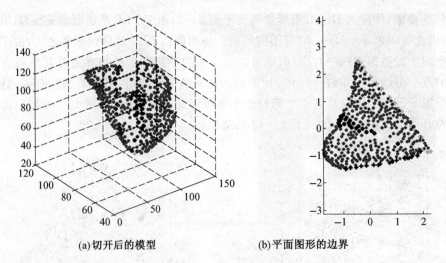

(a) 切开后的模型　　　　(b) 平面图形的边界

图 4.12　追踪边界实验结果

集 S,设点集 F 中点的数目为 M。

(2) 计算出三维模型每个构建点 F_i 的 k 个近邻点,把相对于所求点 F_i 距离最近的 k 个点规定为所求点的 k 个近邻点。k 的取值需要根据后面步骤再做调整,在该步骤中可先在取值范围内任取一值(由研究工作可知,取值在 $k \subset [6,18]$ 比较合理,因此这里暂时取 $k=12$)。

(3) 根据 LLE 算法计算出点集 F 的局部重建权值矩阵 W。

定义一个误差函数:

$$\min \varepsilon(W) = \sum_{i=1}^{M} \Big| x_i - \sum_{j=1}^{k} w_j^i x_{ij} \Big|^2 \tag{4.20}$$

式中,$x_{ij}(j=1,2,\cdots,k)$ 为 x_i 的第 j 个近邻点;w_j^i 为 x_j 与 x_i 之间的权值,且要满足 $\sum_{j=1}^{k} w_j^i = 1$ 条件,在求取局部重建权值矩阵 W 时应使式(4.20)值达到最小,即构造一个 $k \times k$ 的局部协方差矩阵

$$Q_{jm}^i = (x_i - x_{ij})^T (x_i - x_{im}) \tag{4.21}$$

用于求取 W 矩阵,其中 $m \in [1,k]$,为正整数。

对于式(4.20),结合 $\sum_{j=1}^{k} w_j^i = 1$,并采取拉格朗日乘子法,即可求出局部最优化重建权值矩阵

$$w_j^i = \sum_{m=1}^{k} (Q^i)^{-1}_{jm} \Big/ \sum_{p=1}^{k} \sum_{q=1}^{k} (Q^i)^{-1}_{pq} \tag{4.22}$$

通常,式(4.22)中的 Q^i 是一个奇异矩阵,其中 $p,q \in [1,k]$,为正整数。必须对 Q^i 进行正则化,引入一个正则化参数 r,则

$$Q^i = Q^i + rI \tag{4.23}$$

式中,I 为 $k \times k$ 的单位矩阵,将所有的样本点映射到低维空间的数据,并使输出数据在低维空间中保持原有的拓扑结构,为此,需构造一个损失函数,映射过程中必须使损失函数值达到最小,即

$$\min \varepsilon(Y) = \sum_{i=1}^{M} \Big| y_i - \sum_{j=1}^{k} w_j^i y_{ij} \Big|^2 \tag{4.24}$$

式中,y_i 为 x_i 的输出向量;$y_{ij}(j=1,2,\cdots,k)$ 为 y_i 的 k 个邻近点,且满足条件:$\sum_{i=1}^{M} y_i = 0$,$\frac{1}{M}\sum_{i=1}^{M} y_i y_i^T = I$,其中 I 为 $M \times M$ 的单位矩阵;然后求取的最优解 y_i 应使式(4.24)值达到最小,$w_j^i(i=1,2,\cdots,M)$ 可以存储在 $M \times M$ 的稀疏矩阵 W 中,当 x_j 是 x_i 的近邻点时,$W_{ij} = w_j^i$;否则,$W_{ij} = 0$,则式(4.24)可重写为

$$\min \varepsilon(Y) = \sum_{i=1}^{M}\sum_{j=1}^{M} G_{ij} y_i^T y_j \tag{4.25}$$

式中,G 为一个 $M \times M$ 的对称矩阵,其表达式为

$$G = (I-W)^T(I-W) \tag{4.26}$$

由式(4.25)可知,要是损失函数值达到最小,则取 Y 为 M 的最小 m 个非零特征值的特征向量。

(4) 将所有的数据点 F_i 映射到表示内部全局坐标的低维流形向量 P_i 上。

获取 P 中的边界点集 Pb,利用三维数据点集 F 与二维数据点集 P 具有一一对应关系,获得与 Pb 对应的狗的左心室内膜层的三维边界点集 Fb,具体步骤如下:获取 P 中的边界点 Pb,利用三维数据点集 F 与二维数据点集 P 具有一一对应关系,获得与 Pb 对应的狗左心室内膜层的三维边界点集 Fb。

a. 建立极坐标,将三维数据点集的几何中心确定为新坐标原点 (x_0, y_0)。

$$(x_0, y_0) | x_o = \sum_{i=1}^{M} x_i/M, y_o = \sum_{i=1}^{M} y_i/M \tag{4.27}$$

此处,由于 F 集合中点的数目为 M,则 P 集合中点的数目也为 M。

b. 将直角坐标转换为极坐标。以上一步求得的 (x_0, y_0) 为新的坐标原点,将点集中的各点 $P_i(P_i \in P, P_i = (x_i, y_i))$ 相对于新坐标原点进行极坐标化,获得各点对应的辐角 α_i 和半径 r_i

$$\alpha_i = \arctan((y_i - y_0)/(x_i - x_0))$$
$$r_i = \sqrt{(x_i - x_0)^2 + (y_i - y_0)^2} \tag{4.28}$$

c. 由于 $\alpha_i \in [-\pi/2, \pi/2]$,将区间 $[-\pi/2, \pi/2]$ 进行细分,取每个小区间内极半径最大的点作为边界点。由于二维点集 P 分布在 (x_0, y_0) 的四周,对于任意的 $P_i \in P$,满足 $\alpha_i \in [-\pi, \pi]$,将区间 $[-\pi, \pi]$ 进行 n 等分,对于第 i 个小区间

$$A_i = \left\{P_j \in P \middle| -\pi + \frac{2(i-1)}{n}\pi \leqslant \alpha_j \leqslant -\pi + \frac{2i}{n}\right\}$$

内的点数为 m_i,则取每个小区间内极半径最大的点作为该区间的边界点,记为

$$Pb_i = \max_{1 \leqslant j \leqslant m_i}\{r_j | P_j \in A_i\} \tag{4.29}$$

d. 由于二维数据点集 P 的分布具有不规则性,使得一部分小区间包含的点过少,因此,并不是 C 中获得的所有小区间的边界点都是点集真正的边界点,故设置区间个数评判数 t,当区间点数 $m_i < t$ 时,将这一小区间 A_i 与下一个区间 A_{i+1} 合并,即

$$A_i = A_i \cup A_{i+1}$$
$$m_i = m_i + m_{i+1} \tag{4.30}$$

且直至满足判断条件 $m_i \geqslant t$。

e. 因为 LLE 方法将三维数据点集 F 映射成二维数据点集 P,$L: F \to P$,满足 $F \leftrightarrow P$,且有

$L(F_i)=P_i, i=1,\cdots,M$,因此获得二维数据点集边界 Pb 的同时,得到了三维数据点集 F 的边界 Fb。

2. 剖切位置分析

切开的缝隙并不是随意的,而是旨在选取浦肯野系统分布较为稀薄的地方。图 4.13 所示的由 C 经 E 到 D 的曲线是最终选择的缝隙。图 4.13 中显示了左、右心室在房室交界处的切平面。取两室平面的中心点 A,B,将两点连线贯穿两室心内膜于 C,D,E,H。其中 C,D 为左心室内膜上的点。而 Q 为左心室的几何中心,则平面 CQD 与左心室腔的交线 DM 即为所切开的缝隙的中心线。

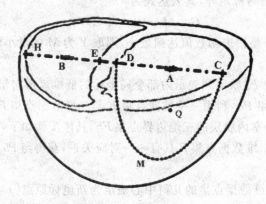

图 4.13 剖切俯视图

为确保 LLE 算法在数据集上的合理应用,缝隙需要有一定的宽度,使得缝隙两边任意两点间的距离与其中某一点到其邻域的距离相比,可看作无穷大。

如前所述,已讨论对于三维心室模型,如何做处理可以应用 LLE 模型将曲面展成平面;同理,在左心室解剖结构的数值重建时,也需要在对应的位置进行处理,才可以保证经过匹配后将基于解剖数据的浦肯野系统的数值结构嵌入三维心室模型中。

3. 参数取值的分析

LLE 算法本身共有 3 个参数需要设置,即近邻点的个数 k、输出维数 m 和正则化参数 r。因为流形空间是 2 维平面,输出维数取 2;正则化参数 r 在算法里默认取 0.001。这样,只需要对 k 值进行选择即可。k 的选取在算法中起到关键作用,如果 k 取值太大,LLE 不能体现局部特性;反之,LLE 不能保持样本点在低维空间中的拓扑结构。同时 k 的取值决定着二维数据点集 F 的空间分布,因此需要在后面的工作对 k 的取值作进一步的修正。

4.3.3 平面到曲面的重构

由前面可知:左心室肌曲面的初始点集为 O,有 N 个数据点;切掉 $N-M$ 个数据点后,变成含有 M 个点的左心室肌曲面点集 F,运用 LLE 算法之后,曲面点集 F 映射为平面点集 P,该点集与 F 中的点一一对应;从彩色平面图中提取浦肯野系统的线状结构,所提取数据点构成一个集合称为 C,经 LLE 算法将左心室肌曲面数据 F 映射成平面数据 P。进行三维重构的数据已经具备。

因此,本节的主要内容是将 C 嵌入 P 中形成数据集 H,并将 H 经逆映射回到三维观察空间,得到数据集 R;再将 M 个被切掉的三维数据点补回数据集 R 中得到数据集 R'。

将 C 嵌入 P 中形成数据集 H,这一步工作的前提是:假设浦肯野系统的平面解剖数据来源即狗左心室标本与狗左心室肌三维模型来自于同一只狗标本。但实际上这两个数据来源分别是两只不同的狗左心室标本,即使是同一只狗左心室标本,在经过了染色、剖切和展平的处理之后,也有可能发生非弹性形变导致匹配时两者出现差异。因此在嵌入并匹配的过程中,二者存在不能完全吻合的可能,因此这也从另一个角度说明,最终的匹配结果不必完全匹配。

下面是三维重构的过程,包括:LLE 参数的确定,浦肯野纤维的平面嵌入,以及基于 LLE 算法的逆映射 3 个步骤。

1. LLE 参数的确定

对于本书的研究问题,LLE 的参数中只有邻近点个数 k 的值是不确定的。因此,需要确定 k 值以完成本书的重构过程。其中,曲面到平面的映射步骤,确定了该值的范围;通过上一节平面嵌入的过程,最终确定 k 的值为 $k=12$,如图 4.14 所示。

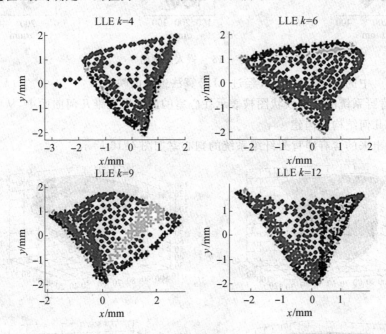

图 4.14 k 取不同值的特征点匹配结果

2. 浦肯野纤维的平面嵌入

在本书的研究中,匹配的过程实质上是将数据集 C 嵌入 P 的过程,这里,由于数据集 C 中含有较多的点,而 P 中的点数相对较少,将通过调整数据集 P 来完成嵌入的过程,嵌入后的结果如图 4.15 所示。

3. 基于 LLE 的逆映射

事实上,当选定了曲面到平面的映射方法时,几乎等同于选定了平面到曲面的映射,因为这只是曲面到平面的逆映射。所选择的 LLE 算法,因其观察空间点集与流形空间点集一一对应的关系,因此平面到曲面的映射过程不会产生新增误差。

再一次运用 LLE 算法的思想,通过数据点间的局部线性关系,将 H 中的数据点映射回到三维结构中。H 中的数据点包括:点集 P 中的点及点集 C^* 中的点;由于 P 中的点已经是由三维结构点集 F 映射过来并且与之一一对应的,因此 P 中的点不需要再做映射,该处的映射只是

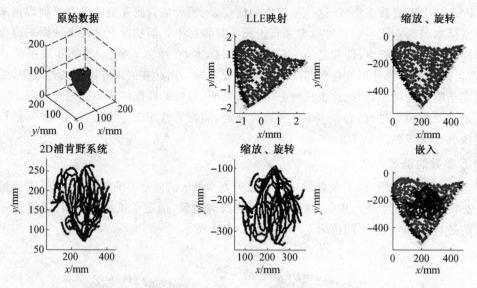

图 4.15 嵌入过程图

H 里面点集 C^* 中的点,即点集 C^* 经过 LLE 算法进行的映射。

这样,浦肯野系统的二维线状图被表示在心室的内膜层三维几何曲面中,从而完成了浦肯野系统的三维几何结构的构建。

最终重构出来的含有浦肯野纤维系统的狗心室如图 4.16 所示。

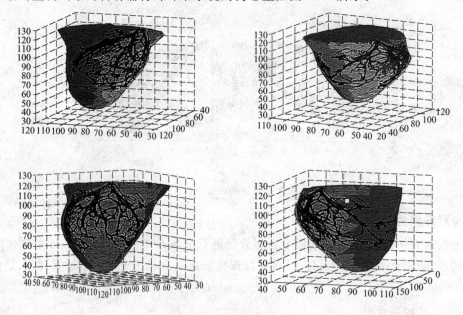

图 4.16 狗左心室及浦肯野系统三维重构结果

本章参考文献

[1] 彭虎,杨基海,张俊霞. 动作电位建立的一种新方法及其对 ECG 信号仿真影响的研究 [J]. 中国科学技术大学学报,1998,28(2):230-234.

[2] LI J,WANG K,ZWO Z,et al. Mathematical models of the Purkinje fibre cell and simulations[C]//The 2nd International Conference on Bio Medical Engineering and Informatics (BMEI'09). TianJiang,China:IEEE & ENB,2009:358-361.

[3] PURKINJE J E. Mikroskopisch-neurologische beobachtungen [J]. Archiv für Anatomie, Physiologie und wischenshaftliche Medicin. 1845,12:281-295.

[4] MILLER W T,GESELOWITZ D B A. Simulation studies of the electrocardiogram [J]. I. The Normal Heart,Circulation Research,1978,43:301-315.

[5] MILLER W T,GESELOWITZ D B B. Simulation studies of the electrocardiogram [J]. II. Ischemia and Infarction. Circulation Research,1978,43:315-323.

[6] DURRER D,VAN DAM R T,FREUD G E. Total excitation of the isolated human heart [J]. Circulation,1970,41:899-912.

[7] VIGMOND E J,CLEMENTS C. Construction of a computer model to investigate sawtooth effects in the purkinje system [J]. IEEE Transactions on:Biomedical Engineering,2007,54(3):389-399.

[8] VETTER F,MCCULLOCH A. Three-dimensional analysis of regional cardiac function:a model of rabbit ventricular anatomy[J]. Progress in Biophysics and Molecular Biology,1998,69:157-183.

[9] TENTUSSCHER K H W J,PANFILOV A V. Modelling of the ventricular conduction system[J]. Progress in Biophysics and Molecular Biology,2008,96:152-170.

[10] SIMELIUS K,NENONEN J,HORACEK M. Modeling cardiac ventricular activation [J]. Internal Journal of Bioelectromagn,2001,3:51-58.

[11] BERENFELD O,JALIFE J. Purkinje-muscle reentry as a mechanism of polymorphic ventricular arrhythmias in a 3-dimensional model of the ventricles [J]. Circulation Research,1998,82:1063-1077.

[12] KULBERTUS H,DEMOULIN J C. Pathological basis of concept of left Hemiblock[M]. Heidelberg Germany:Springer-Verlag Press,1982.

[13] DURRER D,VAN DAM RTH,FREUD G E,et al. Total excitation of the isolated human heart [J]. Circulation,1979,41:899-912.

[14] TAWARA S. The conduction system of the mammalian heart [M]. London:Imperial College Press,2000.

[15] CHERRY E M,FENTON F H. Visualization of spiral and scroll waves in simulated and experimental cardiac tissue [J]. New Journal of Physics,2008,10:125016.

[16] ETINGÜL H S,GERNOT P,NATALIA A T,et al. Estimation of multimodal orientation distribution functions from Cardiac MRI for tracking Purkinje fibers through branchings [C]//IEEE International Symposium on Biomedical Imaging: From Nano to Macro,Boston:IEEE,2009:839-842.

[17] LORIGO L,FAUGERAS O,GRIMSON W,et al. CURVES:Curve evolution for vessel segmentation [J]. Medical Image Analysis,2001(5):195-206.

[18] WINK O,NIESSEN W,VIERGEVER M. Multiscale vessel tracking [J]. IEEE Transactions on Medical Imaging,2004(23):130-133.

[19] BOUIX S,SIDDIQI S,TANNENBAUM S. Flux driven automatic centerline extraction [J]. Medical Image Analysis,2005(9):209-221.

[20] LI J,WANG K,ZUO W,et al. Semi-automated extraction of canine left ventricular Purkinje Fiber Network[J]. Computer in Cardiology 2010,2010,37:337-340.

[21] MICKAEL PÉCHAUD,RENAUD KERIVEN,GABRIEL PEYRÉ. Extraction of tubular structures over an orientation domain [C]//IEEE Computer Society Conference on Computer Vision and Pattern Recognition. Miami,USA:IEEE,2009: 328-335.

[22] SETHIAN J A. Level set methods and fast marching methods:evolving interfaces in computational geometry,fluid mechanics,computer vision,and materials science [M]. Cambridge:Cambridge University Press,1999.

[23] HANMANDLU M,VERMA O P,KUMAR N K. A novel optimal fuzzy system for color image enhancement using bacterial foraging [J]. IEEE Transactions on Instrumentation and Measurement,2009,58(8):2867-2879.

[24] LI J,WANG K,ZUO W,et al. Construction of 3D realistic Purkinje system:a locally linear embedding-based method[J]. Journal of Biological Systems,2010,18:133-147.

[25] LI J,WANG K,ZUO W,et al. Canie left ventricular Purkinje fiber network construction using manifold learning[J]. Computer in Cardiology (cinc 09),2009, 465-468.

[26] LI J,WANG K,ZUO W,et al. Locally linear embedding for the construction of the Purkinje System[C]//International conforence on Biomedical Engineering and Computer Science(ICBECS 10). Wuhan,China:IEEE,2010:206-209.

[27] UDUPA J K,LEBLANC V R,SCHMIDT H. Methodology for evaluating image segmentation algorithms [C]//Medical Imaging 2002:Image Processing. San Diego, USA:SPIE,2002:266-277.

第 5 章 心脏钠离子通道病建模与仿真研究

5.1 引 言

人类心肌细胞膜上的钠离子通道是 Nav1.5。多数钠离子通道瞬间开放,引起细胞膜外的 Na^+ 内流,改变细胞膜两侧电位的极性,从而造成去极化过程,即钠离子瞬时电流(transient sodium current, I_{NaT})。然而仍有少量的 Na^+ 通道在整个细胞动作电位平台期保持开放状态,缓慢地失活,即晚 Na^+ 电流,又称持续性钠离子电流(persistent or late sodium current, I_{NaL})。

早在 1967 年 Dudel 等人[1]发现浦肯野纤维细胞(purkinje fiber)在动作平台期存在 Na^+ 电流,即 I_{NaL}。由于 Na^+ 电流很小,长期以来 I_{NaL} 一直被当作 Na^+ 背景电流,然而随着技术进步和知识积累,越来越多的证据[2,3]显示 I_{NaL} 是在细胞动作电位平台期激活的一个独立的电流,而且 I_{NaL} 动力学的改变会引发先天性疾病 Brugada 综合征(brugada syndrome, BrS)、第三类长 QT 间期综合征(long QT syndrome type 3, LQT3)、进行性心肌传导缺陷和原发性心室纤颤等多种心脏病。2008 年以来,多个高影响因子杂志发表综述文章认为 I_{NaL} 在细胞电生理活动中扮演重要角色,将其作为新一代抗心律失常药物靶点[4,5], I_{NaL} 以及抗心律失常药物研究成为当前心脏疾病研究领域热点问题。

虚拟心脏计算模型为心脏生理实验研究提供了一个强有力的研究手段,进行一些目前从生理实验角度还无法进行的研究,增加心脏生理知识,为生理实验提供指导。本章将借助一维、二维计算模型和仿真分析,由点(亚细胞级)到面(组织级),由已知(生理实验数据)到未知(潜在的作用机理)来研究、解释与钠离子通道相关的心脏生理问题。

心脏电生理仿真研究过程如图 5.1 所示,首先依据已知相关钠离子通道实验数据,建立离子通道、细胞到整个心脏组织的数学模型;然后通过与实验数据相关曲线和重要参数比较来验证模型有效性;模型有效验证通过后,进行动作电位、有效不应期、兴奋性与心室组织模型的时间和空间易感性等一系列定性、定量的模型仿真分析,并根据相关生理机制探讨所研究的变异基因或化学物质引起通道动力学改变是否与心脏疾病存在直接关联,给予相应的分析和解释,最后为实验研究提供指导意见。

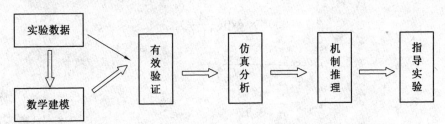

图 5.1 心脏电生理仿真研究过程

5.2 溶血磷脂胆碱与钠离子通道病

根据世界卫生组织的报告,心脏节律失常导致的心脏猝死直到2020年依然是人类健康的头号杀手[6]。约75%～80%心脏猝死与心肌缺血(myocardial ischemia,MI)有关,然而目前人们还没有完全掌握心肌缺血产生和维持的机制,逆转心肌缺血依然是心脏治疗方面未解决的关键问题之一。最新的研究[6]发现磷脂水解代谢的产物——溶血磷脂胆碱(lysophosphatidylcholine,LPC)在心肌缺血早期快速积累,这种快速积累导致钠离子通道功能改变(I_{NaT}的最大电流强度降低,缓慢失活;而I_{NaL}相反,电流强度增大)。但从生理实验角度,当前还无法确定LPC快速积累导致的钠离子通道功能改变是否与心肌缺血引发的心律失常有关。因此,本章拟通过基于真实LPC生理实验数据的计算模型来分析、解释LPC快速积累导致的钠离子通道功能改变是否与心肌缺血引发的心律失常存在直接关联。

5.2.1 计算模型的建立

1. 单细胞计算模型与LPC引起的钠离子通道改变

本章采用的人心室细胞计算模型,是2004年ten Tusscher等建立的TNNP计算模型[8]。它是目前比较成熟的,与人的相关离子通道和动作电位实验数据吻合较好的模型,并且它考虑了心室组织动作电位的特异性,即对心室心内层细胞、中间层细胞和心外层细胞分别建立模型,具有较好的稳定性,适合组织级的心律失常研究[9]。因为I_{NaL}是最近兴起的研究热点问题,所以TNNP模型本身没有包括I_{NaL}。本章根据Xia等人建立的人的I_{NaL}模型[10]和Zygmunt等人[11]测定的犬类的三种心室肌细胞I_{NaL}最大电导率特异性实验数据,建立心室特异性的I_{NaL}模型,并集成到TNNP模型中。模型定义如下:

$$I_{NaL} = G_{NaL} m_L^3 h_L (V_m - E_{Na})$$
$$E_{Na} = \frac{RT}{F} \times \ln(\frac{[Na^+]_o}{[Na^+]_i}) \tag{5.1}$$

式中,G_{NaL}为I_{NaL}通道的最大电导率,EPI细胞取值为0.006 5 nS/pF,ENDO细胞为0.007 5 nS/pF,M细胞为0.011 nS/pF。E_{Na}为Na^+电流的平衡电位,由Nernst方程求得,其中细胞膜外的Na^+浓度$[Na^+]_o$值为140 mmol/L,细胞膜内的Na^+浓度$[Na^+]_i$值为5 mmol/L,m_L为激活门控变量,如下定义:

$$\alpha_{m_L} = \frac{0.32 \times (V_m + 47.13)}{1 - \exp(-0.1 \times (V_m + 47.13))}$$
$$\beta_{m_L} = 0.08 \times \exp(\frac{-V_m}{11.0})$$
$$m_L \infty = \frac{\alpha_{m_L}}{\alpha_{m_L} + \beta_{m_L}} \tag{5.2}$$
$$\tau_{m_L} = \frac{1}{\alpha_{m_L} + \beta_{m_L}}$$
$$\frac{dm_L}{dt} = \frac{m_L \infty - m_L}{\tau_{m_L}}$$

h_L为失活门控变量,如下定义:

$$h_L\infty = \frac{1}{1+\exp((V_m+91)/6.1)}$$

$$\tau_{hL} = 600 \text{ ms}$$

$$\frac{dh_L}{dt} = \frac{h_L\infty - h_L}{\tau_{hL}} \tag{5.3}$$

Gautier 等人[7]LPC 对 Na^+ 通道电流(I_{Na}，包括 I_{NaT} 和 I_{NaL})的电压钳实验结果如图 5.2 所示。图 5.2(a) 表示正常(control)和 LPC 情况下 I_{NaT} 和 I_{NaL} 最大电导率的不同，右图表示钳制电压 -140 mV，测试电压 -40 mV 的电压钳刺激下正常(实三角表示)和 LPC(空心圆表示)的 I_{Na} 失活过程。同正常条件(I_0)相比，在 LPC 灌注细胞 6 min 后(I)I_{NaT} 最大电导率减少 37%，而 I_{NaL} 增加 150%，I_{Na} 失活过程变缓慢。为研究 LPC 对 Na^+ 通道的作用，根据 Gautier 实验数据，调整 Na^+ 通道动力学模型参数(表 5.1)，模拟在钳制电压 -140 mV 和测试电压 -40 mV 的电压钳刺激下的 I_{Na} 随时间变化情况，如图 5.2(b) 所示，实线表示正常情况，虚线表示 LPC 情况。从幅值和变化趋势上来看，模拟结果与实验结果基本一致。

表 5.1 溶血磷脂胆碱计算模型参数值

	正常	LPC
G_{NaT}	100%	63%
G_{NaL}	100%	250%
τ_{hL}	100%	200%

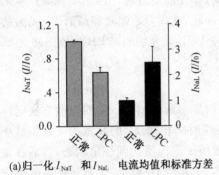

(a) 归一化 I_{NaT} 和 I_{NaL} 电流均值和标准方差

(b) 从 -140 mV 到 -40 mV 电压刺激的实验记录数据和仿真结果

图 5.2 正常和 LPC 情况下 Na^+ 通道电压钳刺激下电流变化情况

2. 心室组织模型

根据第 2 章多细胞组织建模方法，一维透壁心室纤维模型由 100 个"细胞"(TNNP 模型)串联而成。每个"细胞"空间长度 150 μm(实际人心室细胞长度约为 50~100 μm)，模拟透壁心室纤维长度 15 mm(实际人心室透壁心室纤维长度约为 4~14 mm)。根据 Luo-Rudy 和 Zhang 等人研究结果[12,13]，心室细胞比例的 EPI：M：ENDO 为 40：35：25，除了 M-EPI 交界区域，组织间电导率 D 设为 0.054 mm^2/ms，其产生的模拟兴奋波的传导速率为 0.48 m/s(实际人心室电传导速率约为 0.3~0.8 m/s)。由于心室组织的保护作用，M-EPI 交界区域电传导速率突变，D 减少为原来的 1/5，所以 M-EPI 交界区域，D 设为 0.011 mm^2/ms。

二维透壁心室切片组织是若干一维纤维对齐平行排列而成。一维纤维方向作为二维组织的 x 方向(透壁方向)，800 根一维纤维沿 y 方向并排平行排列。x 和 y 方向空间分辨率均为

0.15 mm，所以模拟的心室组织大小为 15×120 mm^2。

3. 数值计算方法

由于模型方程是隐式方程，所以需要数值计算方法来求方程近似解。又因为模型公式多，迭代次数多，而计算精度要求不是非常高，为了提高计算效率，本章采用计算复杂度小的前向欧拉法解模型中的偏微分方程，采用 Rush-Larsen 方法[14]解模型中常微分方程。所有仿真在 CPU Inter Duo 2.0 GHz 和内存 4 GB 的计算机上运行，数值计算的时间步长均为 0.02 ms 和空间步长均为 0.15 mm。

5.2.2 模型仿真分析方法

1. 有效不应期

有效不应期即产生可传导兴奋波的连续刺激最小响应间期，它反应细胞的响应连续兴奋刺激和传导连续兴奋刺激的能力。一般认为在相同的刺激下，产生的动作电位幅值小于正常动作电位幅值的 80%，兴奋波就无法传导到整个组织。建立 BCL 与 ERP 的关系图是研究细胞的响应兴奋刺激和传导兴奋波的能力的直接方法。本章采用标准电流刺激方法来测定 ERP。标准电流刺激方法由一组固定的 S1 刺激（30～50 个刺激）和一个可变的 S2 刺激组成。测定 ERP 时，S1 刺激和 S2 刺激的强度和持续时间相同，S1 采用固定刺激周期（Basic Cycle Length, BCL），而 S2 刺激周期可变。首先对细胞模型施加一系列 S1 刺激使细胞模型达到稳定状态，然后在最后一个 S1 刺激后间隔一个可变刺激周期施加一个 S2 刺激，并测定 S2 刺激产生的动作电位幅值，逐步缩小 S2 与 S1 刺激周期，重复前面过程，直到 S2 刺激产生的动作电位幅值小于 S1 刺激产生的动作电位幅值的 80% 为止，此时，S2 刺激和最后 S1 刺激的时间间隔即为 ERP，最后从小到大（250～2 500 ms）改变 BCL 并分别测定 ERP，最终建立 BCL 与 ERP 的关系图。

2. 细胞兴奋能力

细胞兴奋能力表示使细胞产生可传导兴奋需要的最小阈值刺激。它的刺激方法同样采用标准刺激法，不同的是 S1 和 S2 的刺激周期与刺激持续时间相同，S2 的刺激强度逐步减小。同测定 ERP 相似，首先对细胞模型施加一系列 S1 刺激使细胞模型达到稳定状态，然后在最后一个 S1 刺激后间隔一个刺激周期施加一个强度减少的 S2 刺激，并测定 S2 刺激产生的动作电位幅值，逐步减小 S2 激强度，重复前面过程，直到 S2 刺激产生的动作电位幅值小于 S1 刺激产生的动作电位幅值的 80% 为止，此时，S2 刺激强度即最小细胞兴奋刺激（excitability），最后从小到大（250～2 500 ms）改变 BCL 并分别测定最小细胞兴奋刺激，建立 BCL 与兴奋刺激的关系图。

3. 电兴奋传导速率

电兴奋传导速率（简称电传导率，Conduction Velocity，CV），反应兴奋波在心室组织内传导的快慢，CV 和 ERP 共同决定兴奋波长的大小。同样采用标准刺激法测定 CV，只是 S1 刺激和 S2 刺激的周期、强度和持续时间全部相同。在一维纤维模型心内膜 ENDO 端施加 S1 刺激和 S2 刺激，测定 S2 刺激施加后，心内膜 ENDO 端动作电位达到峰值和心外膜 EPI 端动作电位达到峰值的时间间隔，二者之间的距离除以该时间间隔，即为所求的 CV。

4. 时间易感窗口

时间易感性（Temporal Vulnerability），反应心室组织在时间方面产生兴奋波传导异常的可能性大小。由有效不应期和心室组织特异性可知,在一维心室组织局部施加的一个阈上电兴奋刺激可能有三种情况:a. 刺激点周围的组织没有从复极状态完全恢复,处于绝对不应期,兴奋不能在组织内传导,如图5.3(a)所示;b. 刺激点周围的组织一部分从复极状态完全恢复,另一部分没有,则兴奋在组织内单向传导,如图5.3(b)所示;c. 刺激点周围的组织从复极状态完全恢复,则兴奋在组织内双向传导,如图5.3(c)所示。兴奋波双向阻断和双向传导都不同产生异常兴奋传导,而只有单向传导时,有可能会产生一种自发维持的兴奋波。时间易感性测定仍然采用标准刺激法,S1刺激和S2刺激的强度和持续时间相同,S1采用固定刺激周期1 000 ms,S2刺激采用可变周期。在一维纤维模型心内膜ENDO端施加一系列S1刺激使模型稳定,在最后一个S1刺激后,间隔一个可变刺激周期在纤维上(除ENDO端与EPI端,每个细胞)施加S2刺激,求产生单向传导的可变刺激周期时间范围,即易感窗口(Vulnerable Window,VW)。这个时间窗口越大,心室组织内产生兴奋波传导异常的可能性越大。

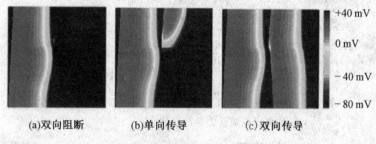

(a)双向阻断　　(b)单向传导　　(c)双向传导

图5.3　一维纤维响应S2刺激的三种结果

5. 兴奋波长

兴奋波长(Wave Length,WL),根据波的物理定义,WL由ERP和CV的乘积决定,反应心室组织在空间方面产生兴奋波传导异常的可能性大小。然而根据心室组织的特异性,不易确定ERP的大小,一般用平均APD的时间周期70%(APD_{70})来近似[15],所以WL等于$APD_{70} \times CV$。APD_{70}的刺激方法与CV测定方法一样,S1刺激和S2刺激的周期、强度和持续时间全部相同,在一维纤维模型心内膜ENDO端施加S1刺激和S2刺激,测定S2刺激施加后,纤维上每个细胞AP达到峰值到AP复极到AP最大幅值的70%的时间间隔,所有细胞取平均值即为APD_{70}。

6. 折返波的激发方法

折返波指心肌组织中兴奋波自发地、周而复始地进入以前兴奋过的区域,使组织不能响应正常兴奋传导。折返波被认为是导致致命性房颤和室颤的根本原因。计算模型产生折返波的方法是在二维心室肌组织心内膜ENDO端施加一系列S1刺激使模型稳定,在最后一个S1刺激后,延迟VW内的一个时间间隔后,垂直心室跨膜方向(x方向)某一局部区域施加S2刺激。S2刺激强度和持续时间与S1相同,刺激区域大小为x方向上宽度为0.75 mm,在y方向上长度7.95 mm(约为整个组织长度的2/3)。

5.2.3　计算模型的仿真结果

1. LPC对钠离子通道与细胞动作电位的影响

以M细胞为例,LPC对心室细胞AP的影响,如图5.4(a)所示,图中实线、虚线分别为正常和LPC情况下AP,通过二者比较可以看出在LPC情况下AP平台期显著增加,APD延长,

AP 峰值减小。细胞 AP 变化同 LPC 对钠离子通道调控有直接联系,从图 5.4(b) 可以看出,LPC 情况下 I_{NaT} 的最大强度减少对应细胞 AP 峰值减小,I_{NaL} 在平台期的增加对应细胞 AP 平台期的延长。EPI 和 ENDO 细胞也出现这种现象,三种心室细胞在正常和 LPC 情况下细胞 AP 的详细变化,见表 5.2,包括动作电位间期 APD_{90}(细胞 AP 从去极化至复极到其最大幅值的 90% 需要时间),最大去极化速率 dV/dt_{max},动作电位最大电压 AP_{max},I_{NaT} 峰值 I_{NaTmax}。从图 5.5(a) 和 5.5(b) 可以得出,LPC 对三种心室肌细胞 APD 影响是不同的,同时细胞间的 APD 差异也增加,即细胞间的特异性增加。

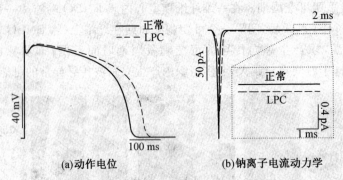

图 5.4 模拟在正常和 LPC 情况下中间层细胞的动作电位和钠离子电流动力学的变化

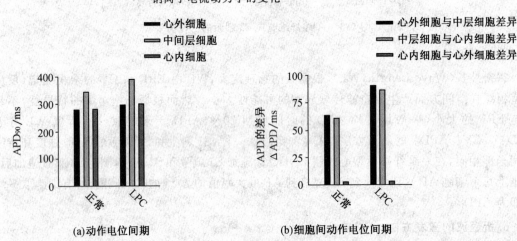

图 5.5 在正常和 LPC 情况下仿真的三种心室细胞模型动作电位间期以及细胞间动作电位间期差值的比较

表 5.2 三种心室细胞在正常和 LPC 情况下动作电位主要参数的比较

	正常				LPC			
	APD_{90} /ms	dV/dt_{max} /(V·s^{-1})	AP_{max} /mV	I_{NaTmax} /(pA·pF^{-1})	APD_{90} /ms	dV/dt_{max} /(V·s^{-1})	AP_{max} /mV	I_{NaTmax} /(pA·pF^{-1})
EPI	279.46	340.97	37.60	−341.15	296.18	253.77	38.12	−264.13
M	344.10	342.96	37.75	−343.12	387.26	254.89	38.33	−264.47
ENDO	282.42	342.63	38.70	−343.12	300.58	265.13	39.66	−265.2

2. 有效不应期的比较

LPC对心室细胞有效不应期的影响如图5.6所示,图中实线、虚线分别为正常和LPC情况下有效不应期与BCL关系。从图5.6中可以看出有效不应期同BCL大小有关,BCL越大即心率慢,细胞可以充分复极,因此有效不应期增加;反之,BCL越小即心率快,细胞不能充分复极,因此有效不应期减少。LPC使三种心室细胞心外细胞、中层细胞和心内细胞的有效不应期也显著增加,而且有效不应期的增加不是均匀的,中层细胞与心外细胞和心内细胞间有效不应期差异也显著增加,心外细胞与心内细胞的有效不应期差异增加较小。

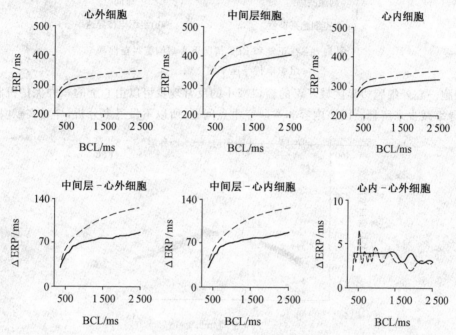

图5.6 在正常和LPC情况下仿真的三种心室细胞模型有效不应期以及细胞间动作电位间期差值的比较

3. 细胞兴奋性与传导速率比较

图5.7显示的是LPC对细胞兴奋能力和电传导速率的影响。图5.7(a)中显示细胞兴奋能力随SI变化情况(SI为S2刺激与S1刺激的时间间隔),从图中可以看出,整个SI的范围内,虚线表示的LPC的最小刺激阈值均大于实线表示的正常的最小刺激阈值,换句话说,LPC使细胞兴奋能力降低需要更大的刺激才能产生可传导的兴奋波。同细胞的兴奋能力降低对应的是LPC也导致心室组织的电传导速率减小,如图5.7(b)所示,整个SI的范围内,LPC(虚线)情况下的电传导速率均大于正常(实线)情况下的电传导速率。

4. 心室组织时间易感性比较

为了分析心室组织产生心律失常的可能性大小,用一维心室纤维模型对心室组织的时间易感性进行分析。一维心室纤维各细胞上的VW大小如图5.8所示(图中只显示VW大于时间步长0.02 ms的位置)。从图5.8中可以看出由于LPC情况下有效不应期相对control条件有效不应期增加,所以LPC情况下的VW开始时间迟于control情况下VW开始时间,在心内细胞和心外细胞区域LPC(灰色)情况下的VW同正常(黑色)情况下的VW相比窗口大小明显增加,更容易发生心律失常,而M-EPI边界区域相反窗口大小减小,不容易发生心律失常

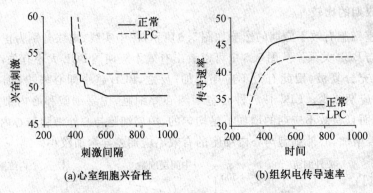

(a) 心室细胞兴奋性　　　　(b) 组织电传导速率

图 5.7　在正常和 LPC 情况下心室细胞兴奋性和
组织电传导速率的比较

(中层细胞—心外细胞边界区域 VW 的窗口减小的反常现象可以由心脏的一种保护机制,在区域电传导率减少来解释。因该内容非本研究重点问题,所以不做过多分析,详见文献[16])。

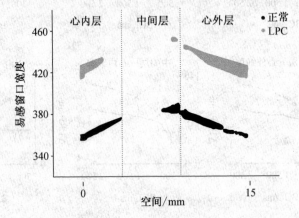

图 5.8　在正常和 LPC 情况下易碎窗口大小的比较

5. 兴奋波长的比较

兴奋波长是发生心律失常的心室组织产生折返波需要的最小空间距离,反应心室组织的空间易感性。兴奋波长等于平均 APD_{70} 与 CV 的乘积。APD_{70} 和 WL 随 S2 与 S1 刺激时间间隔的变化分别如图 5.9(a) 和 5.9(b) 所示。在整个 SI 范围内,同正常条件相比,LPC 情况下 APD_{70} 增加,WL 长度相比却减少,即受 LPC 影响的心室组织产生折返波需要的最小空间距离要小,更容易发生心律失常。

6. 折返波的比较

通过心室组织的时间与空间易感性模型分析,可以发现同正常条件相比 LPC 情况下更容易发生异常的兴奋传导(即产生折返波)。这个结论是否成立呢?本书用二维心室组织模型"实际"地比较在两种情况下激发的折返波情况,如图 5.10 所示。采用标准刺激法,在最后一个 S1 刺激后,分别延迟 348 ms 和 386 ms(正常和 LPC 的 VW 窗口时间)施加 S2 刺激(如图 5.10(a) 和 (e)),产生单向传导激发折返波。最后一个 S1 刺激后 1 000 ms,没有任何外界刺激情况下正常和 LPC 情况下的心室组织中仍然存在自维续的折返波,如图 5.10(b) 和 (f) 所示,而 2 000 ms 后正常情况下的心室组织中自动折返波消失,而 LPC 情况下的心室组织中仍然存

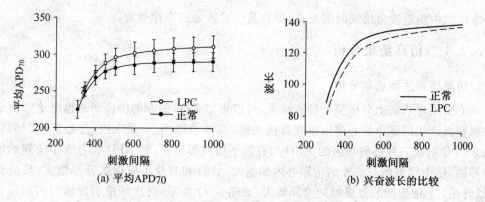

图 5.9 在正常和 LPC 情况下波长的比较

在自维续的折返波,如图 5.10(c) 和 (g) 所示。分别记录在正常和 LPC 情况下心室组织中同一位置细胞的动作电位,LPC 情况下折返波的自维续时间大于正常情况下折返波的自维续时间 2 倍以上,如图 5.10(d) 和 (h) 所示。上述仿真结果可以得出:由于 LPC 情况下心室组织的易感性增加,在时间和空间上都更容易产生折返波,所以 LPC 情况下折返波的自维续时间远长于正常情况下折返波的自维续时间,发生心律失常的可能性大大增加。

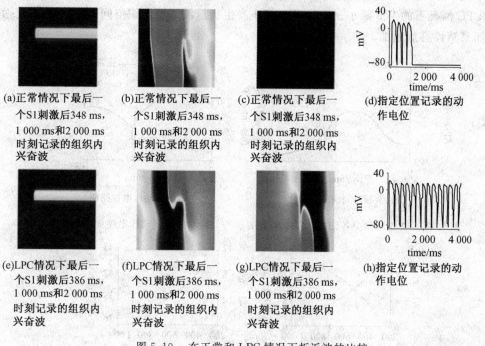

图 5.10 在正常和 LPC 情况下折返波的比较

所有仿真结果,可以概括为以下三个点:

(1) LPC 引起的钠离子通道电流动力学改变(I_{NaT} 的最大电流强度降低,缓慢失活;而 I_{NaL} 电流强度增大)会导致 AP 平台期显著增加,APD 与有效不应期延长,并且三种心室细胞的 APD 和有效不应期的增加是非均等的,细胞间 APD 和有效不应期差异增大。

(2) LPC 引起的 I_{NaT} 的最大电流强度降低,导致 AP 的最大去极化速率降低,使细胞兴奋能力减弱,进而使组织内电兴奋传导速度也降低。

(3) LPC 导致心室组织的时间和空间易感性增加,表现为 VW 增大,WL 减小,使 LPC 情况下心室组织中折返波自维续时间更长,更容易引发致命的心律失常。

5.2.4 仿真结果分析

1. 仿真结果生理机制分析

从心脏生理机制上分析整个仿真结果,可以得出 LPC 引起的钠离子通道电流动力学改变与心肌缺血产生的致命性心律失常有直接关联,有两点原因:一是 LPC 使心室组织间特异性增加。LPC 引起三种心室细胞的 APD 与有效不应期都延长,但 APD 和有效不应期的增加是非均等的,使中层细胞与心外细胞和心内细胞间 APD 和有效不应期差异都增大,反应到组织(一维纤维)上细胞间的复极时间差异增大,如图 5.11 所示,再次响应刺激的时间间隔也会相应增加,因此导致 VW 增大,心室组织时间易感性必然增加;二是 LPC 使心室组织兴奋能力降低。兴奋波长由 APD_{70} 与 CV 共同决定。同正常条件相比,虽然 LPC 情况下 APD_{70} 增加,但 WL 长度却减小,如图 5.9 所示。进一步分析 LPC 与正常情况下的 WL 与 APD_{70} 和 CV 的差异(ΔWL 与 ΔAPD_{70} 和 ΔCV)的变化趋势,如图 5.12 所示,ΔWL(实线)与 ΔAPD_{70}(虚线)相反,而与 ΔCV(虚线)相同,因此 WL 的减小是由 CV 减小引起的。LPC 导致 I_{NaT} 的最大电流强度减小,使 AP 的最大去极化速率降低,细胞兴奋能力减弱,进而使组织内 CV 也降低,正可以解释 LPC 情况下的 WL 减小。因为 WL 越小产生折返波需要组织空间就越小,所以心室组织的空间易感性必然增加。

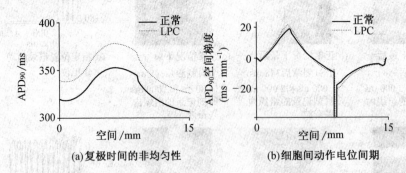

图 5.11 一维纤维上各细胞的复极时间的非均匀性与细胞间动作电位间期变化率

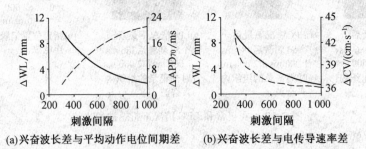

图 5.12 在正常和 LPC 情况下兴奋波长差分别与平均动作电位间期差和电传导速率差之间关系

2. 模型研究的局限性分析

本章的模型研究不可避免地存在一些局限性。从心脏生理学本身,对心脏从细胞到器官还没有完全认识清楚,远没有达到理想地步。到目前阶段,TNNP 模型是世界范围"最完备"的人心室细胞模型,但由于某些离子通道仍缺少人的相关实验数据,只能采用相近的哺乳类动物实验数据代替[8]。目前也没有人心室细胞 I_{NaL} 最大电导率的特异性实验数据,所以本章只能用狗的实验数据代替(狗和人的实验数据大体上比较接近。临床上常用狗、猪、兔和羊等动物做预实验和研究,然后再迁移到人体实验上)。在动作电位平台期 I_{NaL} 增大导致大量 Na^+ 内流,可能会引发细胞内 Na^+ 和 Ca^{2+} 的过载,使 $I_{Na^+/Ca^{2+}}$ 流向发生变化,产生迟后去极化(Delayed After Depolarization,DAD)现象。有研究表明 LPC 也能减少细胞之间的耦合,降低电传导率。受篇幅限制,本研究没有考虑 Na^+ 和 Ca^{2+} 的过载和 LPC 减少细胞之间的耦合。DAD 现象会使动作电位间延长更多,心室组织间特异性更复杂,细胞之间的耦合减少,会使组织传导兴奋的能力下降更多,传导速率更小,因此这些限制同本章主要结论 LPC 使心室组织间特异性增加和细胞传导兴奋的能力降低一致,并不影响本章得出的主要结论。

5.2.5 仿真研究结论

本研究在 Gautier 等人的心肌缺血代谢产物 LPC 对钠离子通道电流影响的生理实验基础之上进行拓展研究,根据其实验数据建立了心室细胞与组织计算模型并模拟其相关的心脏生理活动,通过有效不应期、细胞兴奋性、电传导速率、时间易感性与兴奋波长等方面仿真分析,发现 LPC 增加心室组织间特异性,降低细胞兴奋性使心室组织的时间与空间易感性增加,进而使致命性的折返波自维持时间更长,因此 LPC 引起的钠离子通道电流动力学改变与心肌缺血产生的致命性心律失常有直接关联。综上,本研究的建议是 LPC 影响的钠离子通道电流可以作为缓解心肌缺血症状的新的药物靶点之一。

5.3 E1784K 基因变异与钠离子通道病

在临床心电图诊断上 LQT3 综合征和 BrS 综合征是两种完全不同类型的心脏疾病,LQT3 的诊断特征之一是 QTc 间期大于 0.45 s,BrS 的诊断特征之一是右前胸导联 ST 段抬高。E1784K 是钠离子通道控制基因 SCN5A 上的一个位点突变。临床报道[17]发现 E1784K 基因变异的患者临床心电图同时出现 LQT3 综合征和 BrS 综合征的特征,即 QT 间期延长,同时右前胸导联 ST 段抬高,如图 5.13 所示。E1784K 基因变异的患者临床心电图表现上为什么会同时出现 LQT3 综合征和 BrS 综合征的交叠现象,其发病原因和生理机制目前还不清楚。临床上一般用治疗 LQT 的 IC 类抗心律失常药物——钠离子通道阻滞剂,它可以缩短 QT 间期,但使 ST 端抬得更高,即 BrS 综合征的特征更明显,诱发心脏病的可能性反而增加,达不到临床治疗目的。实验研究[18]发现 E1784K 基因突变会使 I_{NaT} 失活曲线向超极化方向发生很大偏移(负值方向),同时增加 I_{NaL} 电流强度。这种 E1784K 基因突变引起钠离子通道功能改变是否

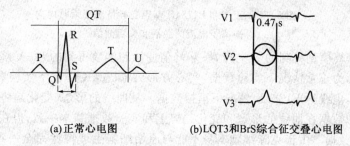

图 5.13　正常心电图与 LQT3 和 BrS 综合征交叠心电图比较

是产生 LQT3 综合征和 BrS 综合征的心电图特征交叠的原因呢?目前,从生理实验角度还无法给出确切的解释。因此,本章拟通过基于 E1784K 基因变异生理实验数据的计算模型和相关的心脏生理知识来分析、解释这个问题,并给出一个合理的假设。

5.3.1 计算模型建立

1. E1784K 基因变异导致钠离子通道动力学改变

本研究采用与同 5.2.1 节相同计算模型(加入了 I_{NaL} 的 TNNP 模型)。根据最新的 E1784K 基因变异实验数据,2008 年 Makita 等人[17]基于 E1784K 基因变异的人克隆细胞所做的钠离子通道动力学研究如图 5.14 所示,建立基因变异状况下的计算模型。Makita 等人研究发现同正常(空心圆)条件相比,E1784K 基因变异(实心方形)使 I_{NaT} 的激活与失活曲线分别向正负两端移动。根据三变元指数回归拟合方程

$$y = \frac{a}{1 + \exp(\frac{x - x_{1/2}}{b})^2} \tag{5.4}$$

结合图 5.14 中 I_{NaT} 的激活与失活曲线变化,分别调整 I_{NaT} 动力学模型的激活门控变量 m 和失活门控变量 h 的 $x_{1/2}$ 值($m_{1/2}$ 从 -56.86 mV 变到 -36.98 mV,$h_{1/2}$ 从 -71.55 mV 变到 -101.9 mV)来模拟 E1784K 基因变异对 I_{NaT} 的影响,正常和 E1784K 的拟合结果分别如图 5.14 中实线和虚线所示。

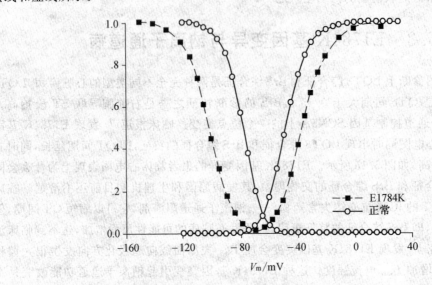

图 5.14 正常和 E1784K 基因变异情况下瞬时内向钠离子电流的激活和失活曲线

图 5.15 是计算模型得到的 I_{NaT} 的 $I-V$ 峰值曲线和实验得到的 $I-V$ 峰值曲线归一化比较结果,空心圆形为正常情况下实验数据,实心方形为 E1784K 情况下实验数据,实线为正常情况下模拟数据,虚线为 E1784K 情况下模拟数据。从曲线的形态、变化趋势以及变化范围比较可以看出,模拟数据在曲线的形态和变化趋势上和实验数据基本一致,但在曲线变化起止范围上要小于实验数据。由于克隆细胞本身不能与原始细胞生理特性完全一致,并且建立计算模型实验条件和环境与克隆细胞实验条件和环境会有差异(如温度、仪器),所以复制完全一样的实验条件是不现实的,实验数据之间本身会有误差,甚至有较大差异。从二者曲线的形态、

变化趋势以及 I_{NaT} 生理工作特性上来看，模拟结果和实验结果之间的误差可以接受，所以前面所提出的 I_{NaT} 计算模型有效。

Makita 等人研究还发现在测试电压 -20 mV 时，同正常条件相比，E1784K 基因变异使 I_{NaL} 电流强度增加 3.5 倍。为了模拟 E1784K 基因变异情况下 I_{NaL} 电流增加，式 5.1 中 G_{NaL} 增加 3.5 倍。

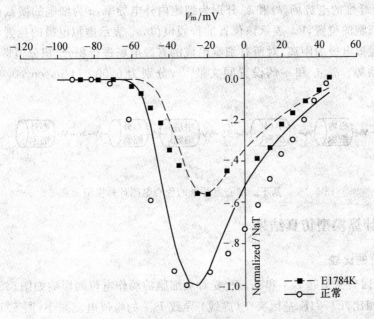

图 5.15 正常和 E1784K 基因变异情况下瞬时内向
钠离子电流-电压关系曲线

与 Brugada 综合征相关的钾离子通道和钙离子通道动力学变化实验研究[19]发现，Brugada 综合征在右前胸心电图上 ST 段抬高与心室右流出道心外膜细胞动作电位间期缩短有关，更深入的临床观察发现心外膜细胞动作电位间期缩短主要与 I_{To} 的增加和 I_{CaL} 减少有关。为了模拟与 Brugada 综合征对心外膜细胞动作电位的影响。本研究直接使用 TEN Tusscher 和 Panfilov 的 Brugada 综合征仿真模型[9]。

模拟 BrS 综合征情况下 I_{To} 动力学变化：I_{To} 的最大电导率 G_{To} 增加 27%，其激活门控变量 r 的激活曲线从 $+20$ mV 偏移到 $+2.5$ mV。

模拟 BrS 综合征情况下 I_{CaL} 动力学变化：I_{CaL} 的最大电导率 G_{CaL} 减少 35%。

5.3.2 模型的分析方法

1. 动作电位与有效不应期

由离子通道电流与动作电位关系可知，各阶段的离子通道电流综合作用，形成了具有 5 个相位特殊形态的动作电位波形。E1784K 基因突变引起 I_{NaT} 和 I_{NaL} 改变，这种改变对从细胞的动作电位形态和间期与有效不应期有何影响？如果增加模型的 I_{To} 或者减少模型 I_{CaL}，细胞的动作电位形态又该如何变化？通过前面采用的标准电流刺激方法，刺激模型产生新的动作电位形态，建立 BCL 与有效不应期的关系图来进行仿真分析。

2. 伪心电图计算

本研究要探讨 E1784K 基因突变引起钠离子通道功能改变是否是产生 LQT3 综合征和

BrS综合征的心电图特征交叠的原因。根据 Luo-Rudy 和 Zhang 等人的心电图仿真研究方法[12,13]，用 5.2.1 节建立的一维透壁心室纤维模型，在 EPI 端外侧 2 cm 处放置虚拟电极来模拟心电图，如图 5.16 所示。根据有源电场理论[20]，虚拟电极处的电势可由下式计算得出：

$$\Phi_e = \frac{a^2 \delta_i}{4 \delta_e} \int (-\nabla V_m) \cdot \frac{1}{|x-x_0|} dx \tag{5.5}$$

式中，Φ_e 为整个纤维的电势场，δ_i 和 δ_e 分别为细胞内外电导率，a 为细胞的横截面半径，x 为一维纤维中当前细胞的位置，V_m 表示该位置的跨膜电位，x_0 表示虚拟电极的位置，$|x-x_0|$ 表示当前细胞与虚拟电极的距离，对所有细胞组成的有源电场进行积分，积分值即为计算出虚拟电极位置的电动势。δ_i、δ_e 和 a 的设置同文献[13]，分别为 0.000 74 μs/cm，0.001 26 μs/cm，0.001 1 cm。

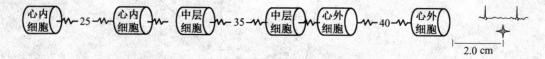

图 5.16　基于一维心室纤维的伪心电图计算模型示意图

5.3.3　计算模型仿真结果

1. 动作电位的比较

E1784K 基因突变引起 I_{NaT} 和 I_{NaL} 改变对从细胞的动作电位的影响如图 5.17 所示。同正常情况（实线）相比，E1784K 基因突变（虚线）导致 I_{NaT} 的峰值电流减小（图 5.17(a)），I_{NaL} 电流持续增大（图 5.17(b)）。引发的 I_{NaT} 和 I_{NaL} 的变化，使三种心室细胞在 E1784K 基因突变情况下（图 5.17(d)）比正常情况下（图 5.17(c)）动作电位幅值减小，动作电位间期延长，具体动作电位间期变化见表 5.3。

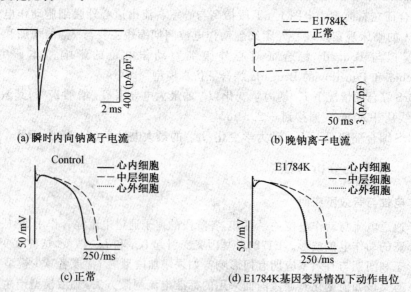

图 5.17　正常和 E1784K 基因变异情况下中间层细胞瞬时内向钠离子电流和晚钠离子电流，以及三种心室细胞在正常和 E1784K 基因变异情况下动作电位

表 5.3　E1784K 基因变异三种心室细胞动作电位的影响

APD$_{90}$	正常/ms	E1784K/ms
心外细胞	283.64	310.56
中层细胞	352.00	429.04
心内细胞	285.30	316.68

2. 有效不应期

图 5.18 显示的是三种心室细胞在正常（实线）和 E1784K 基因变异（虚线）情况下的 BCL 与 ERP 的关系，其中 A、B 和 C 曲线分别代表正常情况下中层细胞、心内细胞和心外细胞的 ERP 关系曲线，而 D、E 和 F 则代表的是 E1784K 基因变异情况下中层细胞、心内细胞和心外细胞的 ERP 关系曲线。从图中可以看出，在整个 BCL 范围内，E1784K 基因变异使三种细胞的 ERP 都增加，中层细胞增加的幅度大于心外细胞和心内细胞，即细胞间的特异性增加。

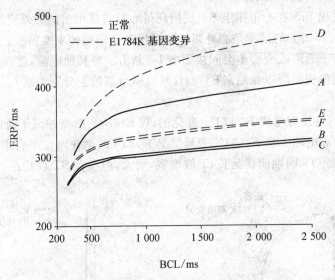

图 5.18　三种心室细胞在正常和 E1784K 基因变异情况下刺激周期与有效不应期关系图

3. 伪心电图

正常和 E1784K 基因变异情况下一维心室纤维模型伪心电图的仿真结果分别如图 5.19(a) 和 5.19(b) 所示，图中上半部分为一维纤维上各细胞动作电位随时间变化情况（纵轴从下往上表示由心内细胞到心外细胞一维纤维空间位置，横轴从左往右表示时间变化，不同颜色代表不同电势），下半部分为一维心室纤维模型仿真的随时间变化的伪心电图波形。同正常情况相比（图 5.19(a))，

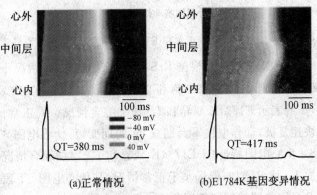

图 5.19　在正常和 E1784K 基因变异情况下基于一维纤维模型的伪心电图仿真

在 E1784K 基因变异情况下(图 5.19(b))细胞去极化和复极的过程变缓,整个复极时间变长,细胞间的复极时间差增加,使伪心电波形 QT 间期延长,T 波幅值增大,幅度增宽。

5.3.4 仿真结果分析

1. 仿真结果生理机制分析

由图 5.17 的仿真结果可以看出同正常情况相比,E1784K 基因突变导致 I_{NaT} 的峰值电流减小和 I_{NaL} 电流持续增大,会使细胞动作电位和 ERP 延长并且细胞间动作电位和 ERP 差异增大,这种变化使 E1784K 基因变异情况下伪心电波形 QT 间期延长,T 波幅值增大,幅度增宽,即只表现出 LQT3 的心电图临床特征,即 QT 间期延长,没有明显 ST 段变化,未出现 LQT3 和 BrS 交叠现象。换句话说,E1784K 基因突变导致钠离子通道改变与 LQT3 和 BrS 交叠现象并没有体现直接关联。为什么 E1784K 基因变异的患者会出现心电图 LQT3 和 BrS 特征交叠现象呢,又如何解释这种交叠现象呢?

有实验研究发现 BrS 在心电图上 ST 段抬高与心脏右流出道的心外膜细胞动作电位缩短有关[21],I_{To} 的增加和 I_{CaL} 的减少是心外膜细胞动作电位缩短的主要因素。可以猜想 E1784K 基因突变导致钠离子通道改变会不会间接影响 I_{To} 和 I_{CaL} 等其他电流,进而产生 LQT3 和 BrS 心电图特征交叠现象呢?所以在原来 E1784K 基因模型基础上分别考虑 I_{To} 增加和 I_{CaL} 减少的两个因素。

图 5.20 显示的是没有考虑 I_{To} 和 I_{CaL} 变化的,仅 E1784K 改变钠离子通道动力学对心外细胞动作电位和其伪心电图。在 E1784K 变异情况下,EPI 的动作电位平台期延长,总体形态无太大改变,伪心电图 QT 间期明显延长,T 波增宽,增大,但没有 ST 段抬高。

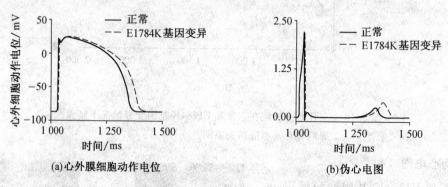

(a) 心外膜细胞动作电位　　(b) 伪心电图

图 5.20　正常和 E1784K 基因变异情况下心外膜细胞动作电位与伪心电图

图 5.21 显示的是根据 BrS 模拟方法增加 I_{To} 情况下的心外细胞动作电位与其伪心电图(仅心外细胞增加,中层细胞和心内细胞 I_{To} 不变),实线表示正常情况,点线表示只增加 I_{To} 情况,虚线表示 E1784K 变异和 I_{To} 增加综合情况。同正常情况相比,只增加心外细胞 I_{To} 会使细胞快速复极,动作电位平台期变小,间期变短,伪心电图 ST 段穹型抬高,但 QT 间期不延长(即 BrS I 型心电图特征)。E1784K 变异和 I_{To} 增加综合情况下,动作电位平台期和间期要比单一增加 I_{To} 情况增加,但远小于正常情况,其伪心电图 ST 段穹型抬高,同时 QT 间期延长,LQT3 和 BrS 心电图特征交叠现象。

图 5.22 显示的是根据 BrS 模拟方法减少 I_{CaL} 情况下的心外细胞动作电位与其伪心电图(仅心外细胞减少,中层细胞和心内细胞 I_{CaL} 不变),实线表示正常情况,点线表示只减少 I_{CaL}

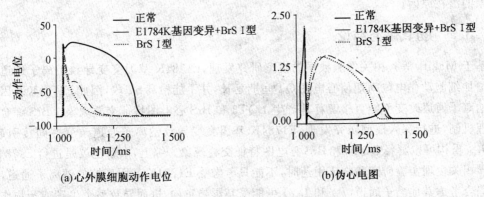

图 5.21　BrS Ⅰ,E1784K 基因变异和 E1784K 基因变异＋BrS Ⅰ
三种情况下心外膜细胞动作电位与伪心电图

情况,虚线表示 E1784K 变异和 I_{CaL} 减少综合情况。同正常情况相比,只减少 EPI 细胞 I_{CaL} 会使细胞快速复极,动作电位平台期变低,间期变短,伪心电图 ST 段马鞍型抬高,但 QT 间期也不延长(即 BrS Ⅱ型心电图特征)。E1784K 变异和 I_{To} 增加综合情况下,动作电位平台期比正常情况略有降低,但动作电位间期要比正常情况增加,其伪心电图 ST 段穹型抬高,同时 QT 间期延长,即 LQT3 和 BrS 心电图特征交叠现象。

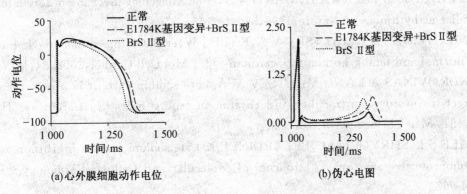

图 5.22　BrS Ⅱ,E1784K 基因变异和 E1784K 基因变异＋BrS Ⅱ
三种情况下心外膜细胞动作电位与伪心电图

综上仿真结果验证了本章的假设:E1784K 基因突变导致钠离子通道改变并引起 I_{To} 和 I_{CaL} 的重构(remodeling)可能是产生 LQT3 和 BrS 心电图特征交叠现象的根本原因。

2. 模型研究的局限性分析

本模型研究也不可避免地存在一些局限性。除前面提到的 TNNP 模型本身的局限性和 I_{NaL} 采用狗的特异性数据之外,本研究还存在以下两个局限性:一是计算模型模拟的 I_{NaT} 的 I-V 峰值曲线和实验得到的 I-V 峰值曲线归一化结果存在一定误差,由于缺少其他 E1784K 基因变异相关实验数据做参考,但无法"精确"地分析误差产生的原因,建立"精确"的 I_{NaT} 动力学模型;二是由于没有钠离子通道改变并引起 I_{To} 或者 I_{CaL} 重构相关的实验研究,本研究直接假定 E1784K 基因突变导致钠离子通道改变并引起 I_{To} 增加或者 I_{CaL} 减少,不能从钠离子通道改变并引起 I_{To} 或者 I_{CaL} 重构内在作用机制上予以更深入的分析。但这些局限性,并不妨碍本研究的主要结论:E1784K 基因突变导致钠离子通道改变与 LQT3 和 BrS 交叠现象并没有体现直接关联,钠离子通道改变并间接引起 I_{To} 或者 I_{CaL} 重构是产生 LQT3 和 BrS 心电图特征交叠现象的潜在原因。

5.3.5 仿真研究结论

基于 Makita 等人相关实验数据的模型研究发现，E1784K 基因突变导致钠离子通道改变只能增加细胞动作电位间期使心电图 QT 间期延长，并不能抬高 ST 段，因此 E1784K 基因突变导致钠离子通道改变不能直接解释其产生 LQT3 和 BrS 心电图特征交叠现象。BrS 综合征相关生理机制，进行深入模型研究发现：E1784K 基因突变导致钠离子通道改变并间接引起 I_{To} 或者 I_{CaL} 重构可以解释 LQT3 和 BrS 心电图特征交叠现象。综上，本章建议是进行 E1784K 基因变异相关生理实验研究和临床用药时，不能只考虑受 E1784K 基因调控的钠离子通道，同时需要综合考虑其他离子通道（I_{To} 和 I_{CaL}）可能受其影响重构，进而导致整个生理或药物作用机制发生变化。

本章参考文献

[1] DUDEL J, PEPER K, RUDEL R. Effect of tetrodotoxin on membrane currents in mammalian cardiac fibres [J]. Nature, 1967, 213: 296-297.

[2] BENNETT P B, YAZAWA K, MAKITA N, et al. Molecular mechanism for an inherited cardiac arrhythmia [J]. Nature, 1995, 376: 683-685.

[3] UNDROVINAS A I, MALTSEV V A, KYLE J W, et al. Gating of the late Na+ channel in normal and failing human myocardium [J]. J Mol Cell Cardiol, 2002, 34: 1477-1489.

[4] UNDROVINAS A I AND MALTSEV V A. Late sodium current is a new therapeutic target to improve contractility and rhythm in failing heart [J]. Cardiovasc Hematol Agents Med Chem. 2008, 6: 348-359.

[5] HALE S L, SHRYOCK J C, BELARDINEL L. Late sodium current inhibition as a new cardioprotective approach [J]. Journal of Molecular and Cellular Cardiology. 2008, 44: 954-967.

[6] MURRAY C J, LOPEZ A D. Alternative projections of mortality and disability by cause 1990-2020: Global Burden of Disease Study [J]. Lancet, 1997, 349: 1498-1504.

[7] GAUTIER M, ZHANG H, FEARON I M. Peroxynitrite formation mediates LPC-induced augmentation of cardiac late sodium currents [J]. J Mol Cell Cardiol, 2008, 44: 241-251.

[8] TEN TUSSCHER K H W J, NOBLE D, NOBLE P J. A model for human ventricular tissue[J]. Am. J. Physiol. Heart Circ. Physiol. 2004, 286(4): H1573~H1589.

[9] TEN TUSSCHER K H W J, PANFILOV A V. Alternans and spiral breakup in a human ventricular tissue model [J]. Am. J. Physiol. Heart Circ. Physiol. , 2006, 291: H1088-1100.

[10] XIA L, ZHANG Y, ZHANG H. Simulation of Brugada syndrome using cellular and three dimensional whole-heart modeling approaches [J]. Physiological Measurement, 2006, 27: 1125-1142.

[11] ZYGMUNT A C, EDDLESTONE G T, THOMAS G P. Larger late sodium

conductance in M cells contributes to electrical heterogeneity in canine ventricle [J]. Am J Physiol Heart Circ Physiol,2001,281:H689-697.

[12] GIMA K,RUDY Y. Ionic current basis of electrocardiographic waveforms:a model study [J]. Circ Res,2002. 90(8):889-896.

[13] ZHANG H,HANCOX J C. In silico study of action potential and QT interval shortening due to loss of inactivation of the cardiac rapid delayed rectifier potassium current [J]. Biochem Biophys Res Commun,2004,322:693-699.

[14] RUSH S,LARSEN H. A practical algorithm for solving dynamic membrane equations [J]. IEEE Trans. Biomed. Eng. ,1978,25:389-392.

[15] JACQUEMET V,VIRAG N,KAPPENBERGER L. Wavelength and vulnerability to atrial fibrillation:Insights from a computer model of human atria [J]. Europace,2005,7(Suppl2):83-92.

[16] CABO C,YAO J,BOYDEN P A,et al. Heterogeneous gap junction remodeling in reentrant circuits in the epicardial border zone of the healing canine infarct [J]. Cardiovasc Res. 2006,72:241-249.

[17] MAKITA N,BEHR E,SHIMIZU W,et al. The E1784K mutation in SCN5A is associated with mixed clinical phenotype of type 3 long QT syndrome [J]. J Clin Invest,2008,118(6):2219-2229.

[18] REMME C A,VERKERK A O,NUYENS D,et al. Overlap syndrome of cardiac sodium channel disease in mice carrying the equivalent mutation of human SCN5A-1795insD [J]. Circulation,2006,114(24):2584-2594.

[19] YAN G X,ANTZELEVITCH C. Cellular basis for the Brugada syndrome and other mechanisms of rhythmogenesis associated with ST-segment elevation [J]. Circulation,1999,100:1660-1666.

[20] MALMIVUO J,PLONSEY R. Bioelectromagnetism:principles and applications of bioelectric and biomagnetic fields [M]. New York:Oxford University Press,1995.

[21] Yan G X,Antzelevitch C. Cellular basis for the Brugada syndrome and other mechanisms of rhythmogenesis associated with ST-segment elevation [J]. Circulation,1999,100:1660-1666.

第6章 心肌缺血下折返性室性心律失常研究

6.1 引 言

近半个世纪以来,心脏病已成为威胁人类健康最严重的疾病之一。其中,心脏猝死造成的后果最为严重。大多数情况下,心脏猝死是由室性心律失常所导致的[1]。室速和室颤是室性心律失常的两大类症状,它们往往发生在心肌缺血期间[2],室速通常是稳定的折返波,而折返波的碎裂是导致室颤的最主要原因[3,4]。因此,探讨心肌缺血下导致室性心律失常的机制具有重要意义。

在临床上,心脏疾病的确诊主要依靠心电图。与传统临床医学相比,计算机模拟心脏电生理研究具有安全、稳定、直观等优点。此外,利用计算机仿真结果对心电图的各种异常波形的形成机制进行解释,可以更好地了解心脏病变的机理,为临床提供依据[5-7]。

目前国际上有关心肌缺血建模与仿真的研究大多基于动物的心室细胞模型[8-13]。由于动物无论在心脏大小、心率还是心肌细胞动作电位形态等方面都和人类有很大的差异,所以它们并不能真实准确地反映人类心肌缺血下心室细胞的电生理机制。同时,基于动物心肌缺血模型得出的结论是否适用于人类,目前仍无定论。

基于以上问题,我们考虑了人类心室细胞的电异质性,依据心室壁的真实结构特征建立了一个人体心室缺血组织模型,探讨心肌缺血下折返波的特性,并定量分析了人体心室心肌缺血下 ECG 的改变。

本章的具体内容如下:首先,建立了人体心室心肌缺血电生理模型;其次,探讨局部心肌缺血下折返波的特性以及缺血对折返波所造成的影响;然后,定量分析了人体心室心肌缺血下 ECG 的改变情况;最后,探讨全心缺血下折返波的特性以及缺血对折返波所造成的影响。

6.2 局部缺血下折返波研究

6.2.1 缺血模型的建立

在单细胞模型中,细胞动作电位(Action Potential, AP)可以写为如下公式:

$$\frac{\partial V_m}{\partial t} = -\frac{I_{ion} + I_{stim}}{C_m} \tag{6.1}$$

式中,V_m 为跨膜电位,t 为时间,C_m 为跨膜电容,I_{ion} 为离子电流总和,I_{stim} 为外部施加的刺激电流。

在多细胞组织模型中,为了描述心室组织的电生理特性,动作电位可以写为如下形式:

$$\frac{\partial V_m}{\partial t} = -\frac{I_{ion} + I_{stim}}{C_m} + \nabla \cdot (D \nabla V_m) \tag{6.2}$$

式中,D 为描述组织传导性的扩散张量。

本章使用 TNNP06 模型[14] 来描述与电压、时间有依赖关系的 I_{ion}。这里采用单域模型来模拟心肌细胞电兴奋的扩散活动,使用的人类心室肌细胞模型是 Ten Tusscher 等人于 2006 年提出的 TNNP06 模型[14],该模型在 TNNP04 模型[15] 的基础上,加入了更加详细的钙循环,在电生理特性上更加接近人体的真实情况。由于在本章实验中选取的心室组织并不包含纤维走向信息,因此设置 D 值为常数,$D=0.154 \text{ mm}^2/\text{ms}$。

心肌缺血时,引起的生理变化主要有三种情况:局部缺氧,酸液过多,高钾。我们通过设置不同缺血程度时对应的酸液环境和细胞外钾离子浓度($[K^+]_o$)值来模拟后两种情况。缺氧发生时,ATP 浓度降低,ATP 敏感性钾电流($I_{K(ATP)}$)通道被激活[16],其中

$$I_{K(ATP)} = \frac{g_{ATP}}{A_m}\left(\frac{[K^+]_o}{[K^+]_{o,control}}\right)^n \rho_0 f_M f_N f_T f_{ATP}(V_m - E_K) \tag{6.3}$$

这里,参考文献中报道的人类心肌细胞的大小(长度 74 μm,半径 12 μm)[18],我们设置 $g_{ATP}=195 \text{ ns}$,$A_m=5579 \text{ μm}^2$。ρ_0 是一个 $I_{K(ATP)}$ 通道在不考虑 ATP 情况下的开放概率,这里我们设置 $\rho_0=0.91$。f_M 和 f_N 是内部整流的无量纲因子,f_T 是随温度改变的无量纲因子,f_{ATP} 是开放的离子通道比,E_K 是钾离子流反转电位。

f_M 用来解释细胞内镁离子导致的内向整流,其表达式是一个希尔方程

$$f_M = \frac{1}{1+[Mg^{2+}]_i/K_{h,Mg}} \tag{6.4}$$

这里,$K_{h,Mg}$ 为

$$K_{h,Mg} = K^0_{h,Mg}([K^+]_o)\exp\left(-\frac{2\delta_{Mg}F}{RT}V_m\right) \tag{6.5}$$

其中,$\delta_{Mg}=0.32$,$K^0_{h,Mg}([K^+]_o)$ 可表示为如下形式:

$$K^0_{h,Mg}([K^+]_o) = 0.65/\sqrt{[K^+]_o+5} \tag{6.6}$$

f_N 用来解释细胞内钠离子导致的内向整流,其表达式是一个希尔方程,即

$$f_N = \frac{1}{1+([Na^+]_i/K_{h,Na})^2} \tag{6.7}$$

这里,$K_{h,Na}$ 为

$$K_{h,Na} = K^0_{h,Na}\exp\left(-\frac{2\delta_{Na}F}{RT}V_m\right) \tag{6.8}$$

其中,$\delta_{Na}=0.35$,$K^0_{h,Na}=25.9 \text{ mmol}$。

f_T 用温度效应如下

$$f_T(T) = Q_{10}^{(T-T_0)/10} \tag{6.9}$$

式中,Q_{10},T,T_0 分别表示温度系数、绝对温度、基准温度,且 $Q_{10}=1.3$,$T_0=36$ ℃。

f_{ATP} 也是一个希尔方程:

$$f_{ATP} = \frac{1}{1+([ATP]_i/K_m)^H} \tag{6.10}$$

其中,K_m 和 H 是 $[ADP]_i$ 的非线性函数

$$K_m = 35.8 + 17.9[ADP]_i^{0.256} \tag{6.11}$$

$$H = 1.3 + 0.74\exp(-0.09[ADP]_i) \tag{6.12}$$

反转电位 E_K 可以由 Nerst 方程给出

$$E_K = \frac{RT}{F}\log\left(\frac{[K^+]_o}{[K^+]_i}\right) \tag{6.13}$$

这里,具体的参数及公式详见参考文献[9]。

根据文献[8-13,17],在缺血区域内,我们定义轻度缺血下,缺血区域内[K^+]$_o$值为7.5 mmol,细胞内ATP浓度([ATP]$_i$)为6 mmol,细胞内ADP浓度([ADP]$_i$)为50 μmol,内向Na^+电流和L型Ca^{2+}电流都乘以系数0.90,用以初始化酸液环境;中度缺血下,缺血区域内[K^+]$_o$值为8.0 mmol,[ATP]$_i$为5.0 mmol,[ADP]$_i$为75 μmol,内向Na^+电流和L型Ca^{2+}电流都乘以系数0.80,用以初始化酸液环境;严重缺血下,缺血区域内[K^+]$_o$值为11.0 mmol,[ATP]$_i$为4.6 mmol,[ADP]$_i$为99 μmol,内向Na^+电流和L型Ca^{2+}电流都乘以系数0.80,用以初始化酸液环境。正常情况下,[K^+]$_o$值为5.4 mmol,[ATP]$_i$为6.8 mmol,[ADP]$_i$为15 μmol。

6.2.2　数据预处理以及缺血区域设置

为了研究在真实人体几何结构上的折返性室性心律失常机制,我们使用了从德国卡尔斯鲁厄理工学院获得的最新人体心室几何数据(使用核磁共振技术,对一个30岁的健康男性进行实体扫描后重构[19]),其空间矩阵大小为690×488×535,像素对应的空间距离为0.2 mm×0.2 mm×0.2 mm,包含24 155 281个细胞计算模型单元,如图6.1所示。

图6.1　3D人体心室几何结构

参照Streeter等人提出的方法[20],基于人体心脏真实纤维结构,心室纤维走向信息被构建并加入到该几何数据中,如图6.2所示。图6.3为对应的余纬角θ和经度角φ在2D心室组织中的分布。这里,θ和φ用于描述心肌纤维在全局坐标系下主轴的方向,其中,θ是心肌主轴和XZ平面的夹角,取值范围为0~180°;φ是心肌主轴和XY平面的夹角,取值范围同为0~180°。由这两个角度以及电传导率就可以构建出张量传导矩阵,来计算各向异性的电兴奋扩散。

图6.2　纤维走向可视化

同时,根据参考文献[21],通过对比64排心电图的QRS波群,心内膜刺激传导序列被构

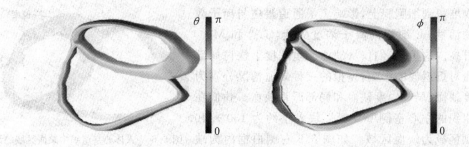

图 6.3　2D 心室组织中余纬角 θ 和方位角 φ 的分布

建出来并也被包含在数据中,如图 6.4 所示,右侧的线条表示心内膜刺激点的激活时间。

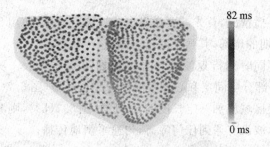

图 6.4　兴奋时序图

考虑到心室细胞的电异质性特点,依据内外边界距离比例,将心室壁从内向外分成三层异质结构:心内膜层(ENDO)、心中间层(M),以及心外膜层(EPI),各层所占的细胞比为 25∶35∶40[22,23],具体算法过程如下:

(1) 对于心室组织内的离散点,如果该点存在某个或某些临近点不属于心室组织,则定义其为边界点,找到心室组织内的所有内外边界点,并将它们分别存放在数组 A 和 B 中。

(2) 对于心室组织内的每一个离散点,分别计算其与数组 A 和 B 中边界点的最小距离 DA 和 DB。

(3) 如果 $DA/(DA+DB) \leqslant 25\%$,则我们设置该点属于心内膜细胞;如果 $DA/(DA+DB) > 25\%$ 且 $DA/(DA+DB) \leqslant 60\%$,则我们设置该点属于中间层细胞;如果 $DA/(DA+DB) > 60\%$,则我们设置该点属于心外膜细胞。

基于上述过程,一个人体心室异质结构的组织就被建立起来了。图 6.5 为该心室数据集沿 Z 轴方向涵盖信息量最大的一片心室组织的异质分层结构,其空间矩阵大小为 690×488,像素对应的空间距离为 0.2 mm × 0.2 mm,包含 79 179 个细胞计算模型单元。在这一章里将基于该 2D 心室组织进行局部缺血心律失常研究与心电图分析,同时由于仅针对兴奋波在局部缺血心室组织的传导情况进行讨论,因此未考虑纤维走向信息。

图 6.5　人体心室组织异质分层结构

当心脏处于异常状态如心肌缺血的情况下,电兴奋的传播过程将受到影响。心肌缺血是心脏最常见的局部病理改变,其取决于缺血面积、部位、严重性等因素。当心肌细胞缺血时,发生的生理和病理变化有[24]:a. 局部缺氧,ATP 水平下降,酸性代谢产物积累,细胞内外环境酸化;b. 因能量代谢障碍,膜离子泵功能下降,细胞外钾离子浓度($[K^+]_o$)增高;c. 胞内累积的脂质代谢物堆积到细胞膜上,影响离子通道蛋白与离子载体蛋白的活性;d. 细胞内离子浓度失衡,Ca^{2+} 和 Mg^{2+} 的浓度升高。这里,我们仅从缺血严重程度上探讨局部心肌缺血对折返波的影响,模拟的三种缺血情况分别为局部轻度缺血、局部中度缺血和局部严重缺血。我们在该心室组织的左心室侧壁设置一块大小约为 130×40 的不规则区域为缺血区域。如图 6.6 右侧白框内为缺血区域,白框为过度区域,其他部分为健康区域。

图 6.6 人体心室组织中缺血区域的设置

6.2.3 正常情况以及局部缺血情况下折返波仿真

要研究折返波的传播情况,首先就要激发出折返波。这里,使用 S1-S2 协议[25],其中,S2 刺激加在 S1 刺激不应期的尾部,其强度两倍于阈值。

正常心室组织内不同时刻折返波的传导过程如图 6.7 所示。从图中我们可以看到,在 400 ms 时,左心室前壁部分中间层和心外膜层尚未完全复极(图 6.7(a)),处于有效不应期,此时在左心室前壁心内膜区域施加一定长度的 S2 刺激(图 6.7(b)),则激发出折返波。可以观察到,在正常情况下,折返波没有遇到任何障碍,匀速平衡地传播。

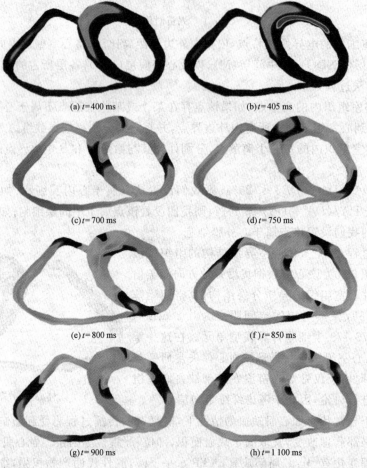

(a) $t=400$ ms (b) $t=405$ ms

(c) $t=700$ ms (d) $t=750$ ms

(e) $t=800$ ms (f) $t=850$ ms

(g) $t=900$ ms (h) $t=1100$ ms

图 6.7 正常心室组织内不同时刻的折返波形态

图 6.8～6.10 展示了不同缺血严重程度下相同时刻的折返波形态。

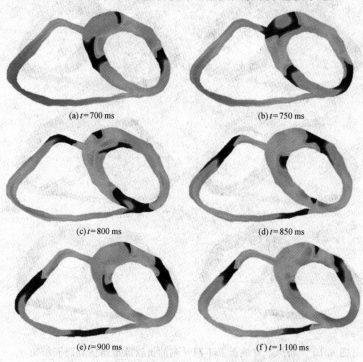

图 6.8　局部轻度缺血下不同时刻的折返波形态

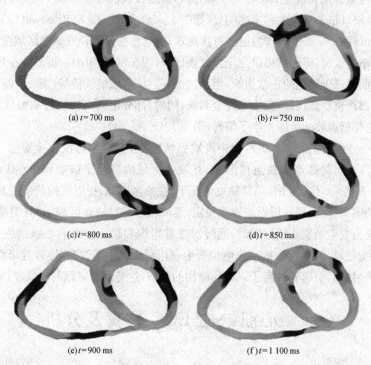

图 6.9　局部中度缺血下不同时刻的折返波形态

在 $t = 700$ ms 和 $t = 750$ ms 时,折返波波前已经到达缺血区域且出现了不同程度的缺口,这是由于在缺血区域内的折返波传导速度减慢导致的。缺血越严重,折返波在缺血区域内受到的阻滞

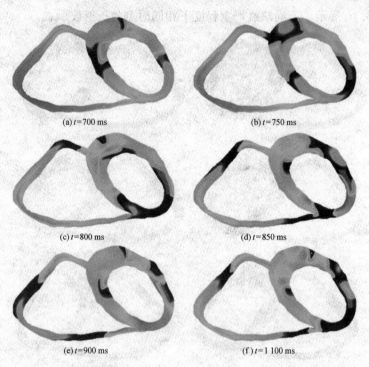

图 6.10　局部严重缺血下不同时刻的折返波形态仿真研究结论

也越强。局部轻度缺血的情况下(图 6.8(a) 和(b)),折返波波前仅仅出现了很小的缺口,随着缺血程度的增加,这个缺口越来越大也越来越明显(如图 6.9(a) 和(b),图 6.10(a) 和(b))。

在 $t = 800$ ms 和 $t = 850$ ms 时,通过对比发现,折返波在局部轻度缺血区域受到的影响不大,只是传导的速度略微放慢,但仍然可以完全穿过该区域(图 6.8(c)和(d));折返波在局部中度缺血区域内的传导速度明显慢于周围的正常组织,但仍试图穿过该区域继续传导(图 6.9(c) 和(d));折返波已经无法穿过局部严重缺血区域,发生了完全阻塞,同时,部分电兴奋波绕过缺血区域发生旋转,形成二次旋转波,这样折返波的传播发生了偏转(图 6.10(c) 和(d))。

在 $t = 1100$ ms 时,局部轻度缺血和中度缺血情况下,折返波再次完全穿过了缺血区域(图 6.8(f),图 6.9(f));而局部严重缺血情况下,在缺血区域内发生了破裂现象(图 6.10(f))。

对比上述仿真结果,不难看出,局部缺血情况下,在缺血区域,折返波的传播受到影响。缺血程度越严重,对波的阻塞越强,导致折返波越不稳定,最终很难穿过缺血区域,并且围绕缺血区域产生二次旋转波,甚至会发生断裂现象。同时,通过对正常组织和缺血组织的心肌细胞分析发现,即使折返波穿过了缺血区域,缺血组织的动作电位等生理指标也发生了改变,导致健康组织和缺血组织电生理的空间不一致性,引起各种离子以及代谢物的扩散,这是诱发室颤的本质原因。

6.3　心肌缺血 ECG 仿真及分析

6.3.1　心电图的建立

假设存在一个无限的容积导体,通过计算介质中所有的点相对于源极点跨膜电位的密度,可以得到心电图[26](pseudo-ECG) 如下:

$$\text{ECG} = \int \frac{D \nabla V_\text{m} \cdot \boldsymbol{r}}{r^3} \text{d}V \tag{6.14}$$

式中,V 为体积(整个心脏)或者是面积(二维组织切片),$\boldsymbol{r}$ 是介质中任一点到记录电极的向量,r 为介质中任意一点到记录电极的距离。这里,我们将记录电极放置在该心室组织切片左心室右侧中线位置距心外膜 2 cm 处,兴奋从心内传至心外。

6.3.2 缺血区域的设置

缺血心电图波形的表现多种多样,取决于缺血面积大小、缺血区域位置,以及缺血严重程度等因素。本章中,根据缺血区域位置的不同分别从心内膜下缺血情况和透壁缺血情况[23]探讨缺血严重程度以及缺血面积对 ECG 波形的影响。这里,为了明显区分仿真结果,只针对轻度缺血和严重缺血下 ECG 情况进行仿真与分析。首先按照前面提出的内外边界距离法将心室组织划分为均匀的 10 层结构,如图 6.11 所示。

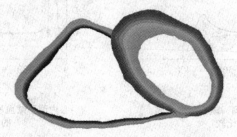

图 6.11 人体心室组织 10 层结构

由于心肌缺血大都发生在左心室,因此我们在左心室侧壁设置一块缺血区域,该区域长度固定为 130,宽度则以层为单位单调递增(每层宽度大约为 10),图 6.12(a) 和 (b) 为心内膜下缺血以及透壁缺血两种情况,大小约为 130×30 和 130×100。

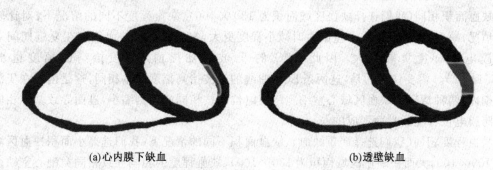

(a) 心内膜下缺血 (b) 透壁缺血

图 6.12 人体心室组织中缺血区域的设置。其中,深色为缺血区域,浅色为健康区域,之间的连接区域为过渡区

6.3.3 心肌缺血 ECG 仿真

心内膜下缺血情况时,ECG 的临床表现为 ST 段压低[27]。由于此类情况下心内膜缺血细胞动作电位时程(Action Potential Duration,APD)缩短,复极提前,且缺血细胞在复极期间对正向跨膜电位梯度贡献更大,因此 ECG 的 T 波提前,且 ST 段压低。

在缺血面积相同(我们选择缺血区域面积为 130×40)、缺血程度不同的情况下,对比轻度缺血情况,缺血细胞 APD 在严重缺血时减小程度更大,复极提前,且缺血细胞在复极期间对正向跨膜电位梯度贡献更大,因此 ECG 的 T 波更加提前且倒置的幅度更大,ST 段压低的幅度也更大(图 6.13(a))。

缺血程度相同(我们选择严重缺血)、缺血面积不同的情况下(我们选择小面积缺血区域面积为 130×30,大面积缺血区域面积为 130×40),大面积缺血时,由于缺血区域内涵盖的缺血细胞数量更多,在复极期间对正向跨膜电位梯度贡献更大,因此 ECG 的 T 波提前且倒置的幅度更大,ST 段压低的幅度也更大(图 6.13(b))。

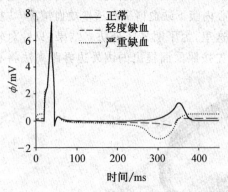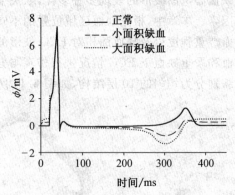

(a) 心内膜下缺血面积相同,缺血程度不同时的心电图比较

(b) 心内膜下缺血程度相同,缺血面积不同时的心电图比较

图 6.13 心内膜缺血情况下的心电图比较

透壁缺血情况时,ECG 的临床表现为 ST 段抬高[23]。由于此类情况下三类心室缺血细胞的 APD 均不同程度缩短,复极提前,且缺血细胞在复极期间对反向跨膜电位梯度贡献更大,因此 ECG 的 T 波提前,且 ST 段抬高。

缺血面积相同(我们选择缺血区域面积为 130×100)、缺血程度不同的情况下,对比轻度缺血情况,缺血细胞 APD 在严重缺血时减小程度更大,复极提前且缺血细胞在复极期间对反向跨膜电位梯度贡献更大,因此 ECG 的 T 波更加提前,ST 段抬高的幅度也更大(图 6.14(a))。需要注意的是,这两条 ECG 曲线的 T 波抬高幅度基本相同,这是由于在 T 波形成间期内,两种情况下缺血区域心室细胞跨膜电位均按相同的比例缩小,进而导致基本相同的反向跨膜电位梯度贡献而形成的。

缺血程度相同(我们选择严重缺血)、缺血面积不同的情况下(我们选择小面积缺血区域面积为 100×100,大面积缺血区域面积为 130×100),缺血程度的相同导致相同类型心室缺血细胞的复极时间相同,进而 ECG 的 T 波形成时间也近似相同。大面积缺血时,由于缺血区域涵盖的缺血细胞数量更多,在复极期间对反向跨膜电位梯度贡献更大,因此 ECG 的 T 波抬高的幅度更大,ST 段抬高的幅度也更大(图 6.14(b))。

这里需要说明的是,上述 ECG 的 ST-T 波随缺血区域面积改变而改变的情况是相对的而不是绝对的。选择心内膜下严重缺血为例,将缺血区域宽度固定为 130,缺血区域长度自内向外从第 0 层开始以层为单位线性递增至第 10 层,其对应的长度即为从 0 开始增至 100,此时心内膜下严重缺血已经扩大为透壁严重缺血。图 6.15(a) 和 (b) 的横坐标轴为 1 时表示缺血区域宽度为 10(1 层),为 2 时表示缺血区域宽度为 20(2 层),……,为 100 时缺血区域宽度为 100(10 层);纵坐标轴表示 T 波或 ST 段峰值与标准基准线的差。

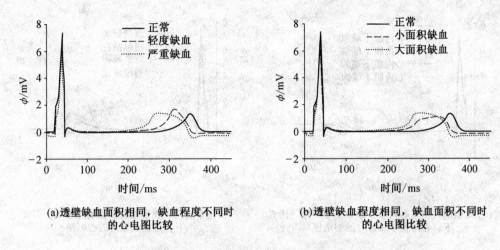

(a) 透壁缺血面积相同，缺血程度不同时的心电图比较

(b) 透壁缺血程度相同，缺血面积不同时的心电图比较

图 6.14　透壁缺血情况下的心电图比较

从图 6.15(a) 中我们看到，当心内膜下缺血区域较小时，T 波保持直立，随着缺血区域的逐渐扩张，T 波不断压低并倒置且倒置幅度逐渐增大，当缺血区域接近心室外壁时，T 波逐渐停止下降并开始回落，最终复 0 后保持正向直立。从图 6.15(b) 中我们看到，随着缺血区域的逐渐扩张，向心室外壁延展的过程中，ST 段逐渐下降，当缺血区域接近心室外壁时，ST 段逐渐停止下降并开始回落，最终复 0 后保持正向抬高。

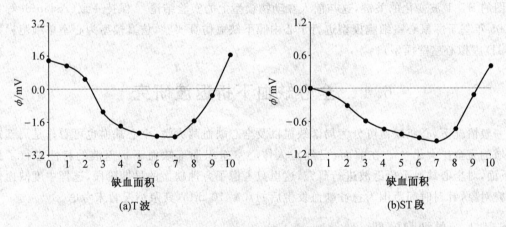

(a) T 波

(b) ST 段

图 6.15　心内膜下缺血时，T 波和 ST 段随缺血面积增大的变化情况

下面针对缺血的三个单一因素（高钾、酸性、缺氧）单独作用下对 ECG 波形的影响进行讨论。图 6.16(a) 和 (b) 分别是心内膜下严重缺血（选择缺血区域面积为 130×40）和透壁严重缺血（选择缺血区域面积为 130×100）的三个单一因素单独作用下的心电图。从图中发现，心内膜下严重缺血时，ECG 的 ST 段在这三个单一因素单独作用下都表现为压低状态，但是，与心内膜下严重缺血时的 T 波方向保持一致只有高钾作用下的 T 波；在透壁严重缺血时，T 波和 ST 段在三个单一因素单独作用下都表现为抬高状态，但是只有高钾作用下的 ST-T 波抬高幅度更大。

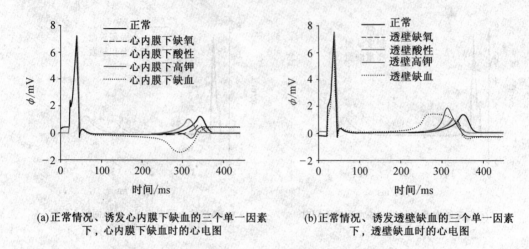

(a) 正常情况、诱发心内膜下缺血的三个单一因素下，心内膜下缺血时的心电图

(b) 正常情况、诱发透壁缺血的三个单一因素下，透壁缺血时的心电图

图 6.16 心内膜严重缺血和透壁严重缺血的三个单一因素单独作用下的心电图

6.3.4 仿真研究结论

结合前面的实验结果可以得出结论，心电图 ST-T 波的变化是由于心肌细胞 APD 空间分布的改变而导致的。在多数情况下，缺血区域面积越大，或者缺血程度越严重，心电图 ST-T 波变化越明显。在缺血的三个单一因素中，高钾是心肌缺血的主要诱因，也是影响缺血情况下心电图的 ST-T 波变化的关键，这与前人在动物模型上的实验结论[9]保持一致（Aslanidi 等人在 2005 年基于豚鼠心室细胞模型进行了心内膜下缺血仿真实验，仿真模型为心室单细胞模型以及 1D 虚拟心室壁模型）。

6.4 全心缺血下折返波研究

一般情况下，心肌缺血可分为局部缺血以及全心缺血两大类，全心缺血也可看作是局部缺血区域的完全扩大化[28]。在前面，已经对人体心室组织局部缺血下折返波的特性进行了探讨；下面，对全心缺血下折返波进行研究，这里只考虑了急性缺血的早期阶段，选择中度缺血作为研究对象，针对时间范围为急性缺血发生后的 5～10 min，其余情况暂未考虑。

6.4.1 单细胞模型

首先仿真了心室细胞在正常情况下和缺血情况下的动作电位以及动作电位时程曲线（Action Potential Duration Restitution，APDR），这里，选择的基本周期（Basic Cycle Length，BCL）为 800 ms，为了使得实验结果稳定，我们计算了 20 个基本周期，即在每个周期起始时，我们施加 1 个 S1 刺激，最后取得的第 20 个周期的动作电位作为我们的实验结果，如图 6.17 所示。我们可以看出，三种不同的心室细胞中，缺血均导致细胞 APD 缩短，静息电位升高，且动作电位的振幅（Action Potential Amplitude，APA）降低。

下面，针对心室细胞，讨论其 APDR 曲线情况。这里，动作电位时程被定义为动作电位自开始去极时至 90% 完全复极化（APD_{90}）的时间间隔。使用 S1-S2 协议来计算 APD，首先施加 20 个基本周期为 800 ms 的强度为阈值和持续时间为 1 ms 的 S1 刺激，在第 20 个 S1 刺激后的某个舒张间期（Diastolic Interval，DI）施加一个同样强度和持续时间的 S2 刺激。这里，舒张间

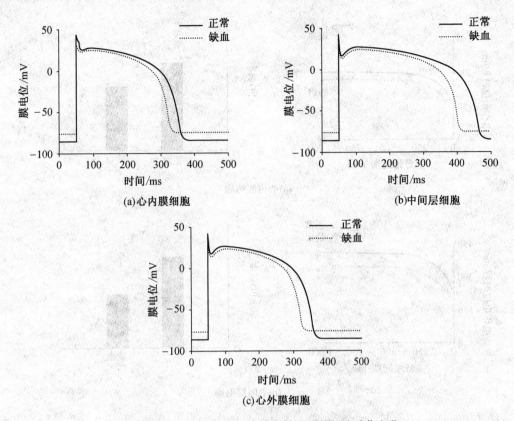

图 6.17 正常情况下和缺血情况下的细胞动作电位

期被定义为最后一个 S1 刺激后细胞恢复到不应期结束的时刻至之后施加 S2 刺激的时间间隔。通常这个时间间隔越大,细胞恢复得越好,S2 刺激的动作电位去极化幅度就越高,去极化的程度也越完整。去极化动作电位越高,产生的电势差就越高,诱发的刺激电流会比较大,更容易诱发快速的兴奋传导。反之,当舒张间期 DI 比较小时,S2 刺激诱发的动作电位就会非常弱,弱到不足以激发正常的兴奋传导。通过改变 DI 的大小,进而绘制出相应的 DI-APD 关系图,如图 6.18 所示。可以看出,随着 DI 的缩短,无论是正常情况下还是缺血情况下,三种心室细胞 APD 均不同程度地减小。通过计算各自曲线斜率发现,心内膜细胞正常情况下最大斜率为 1.424,而缺血情况下为 1.04;中间层细胞正常情况下最大斜率为 1.488,而缺血情况下为 0.886;心外膜细胞正常情况下最大斜率为 1.406,而缺血情况下为 0.984。缺血时 APDR 曲线斜率均小于正常情况下的 APDR 曲线斜率,即缺血时 APDR 曲线更加平整。由于缺血情况下中间层细胞和心外膜细胞的 APDR 斜率均小于 1(slope＜1),仅心内膜细胞的 APDR 斜率略大于 1,因此,可以推断,在缺血情况下,电兴奋传导更加稳定。

有效不应期(Effective Refractory Period,ERP),即产生可传导兴奋波的连续刺激的最小间期,它反映了细胞响应并传导连续兴奋刺激的能力。一般认为在相同强度和持续时间的刺激下,产生的动作电位幅值小于正常动作电位的 80% 时,电兴奋波就无法传导至整个组织。因此,BCL-ERP 关系图直接反映了细胞响应兴奋刺激和传导兴奋波的能力。这里,我们同样采用前面提到的 S1-S2 协议进行实验。其中,20 个 S1 刺激以某个 BCL 周期施加,在最后一个 S1 刺激后的某个可变周期内施加一个同样强度和持续时间的 S2 刺激,通过改变这个可变周期的大小,直至由这个 S2 刺激产生的动作电位幅值小于正常动作电位幅值的 80%,此时,这个可

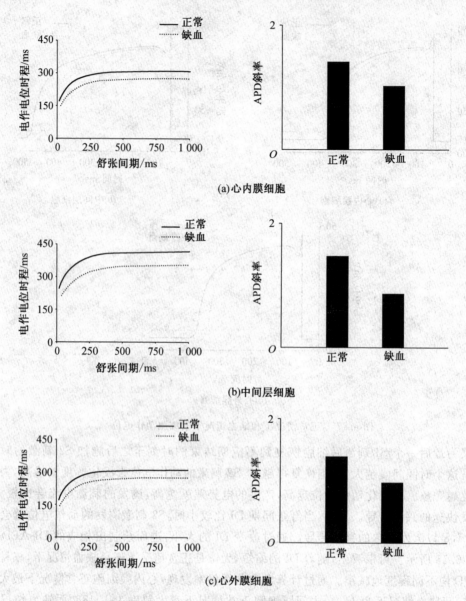

图 6.18 正常情况下和缺血情况下 APDR 曲线以及 APDR 曲线斜率大小比较

变周期即为 ERP。通过变换 BCL 的大小,可绘制出 BCL-ERP 关系图。图 6.19 是心室细胞在正常和缺血情况下的 BCL-ERP 关系图以及对应的斜率,其中 ERPR 曲线(Effective Refractory Period Restitution,ERPR)是基于 BCL 绘制的 ERP 值。从图中可以看出,随着 BCL 的减小,二者的 ERP 均不同程度地降低;缺血明显增大了 ERP,在整个 BCL 范围内,缺血情况下的 ERP 均大于正常情况下的 ERP,且 ERPR 曲线更加平整,即缺血降低了 ERPR 曲线斜率。因此,可以推断,缺血降低了组织的兴奋性。

图 6.20 为心室细胞在正常情况下、缺血的三个单一因素单独作用下,以及缺血情况下的动作电位曲线以及对应 50~60 ms 间期的局部放大视图。从图中可以看到,高钾、酸性和缺氧均在一定程度上缩短了心室细胞的动作电位时程,其中酸性作用的结果略大于高钾和缺氧作用的结果;只有高钾可以影响心室细胞的静息电位,酸性和缺氧的影响为 0。通过分析局部放大视图,可以看到,高钾更大程度影响了动作电位的上升支和 1 期,而酸性的影响略大于缺

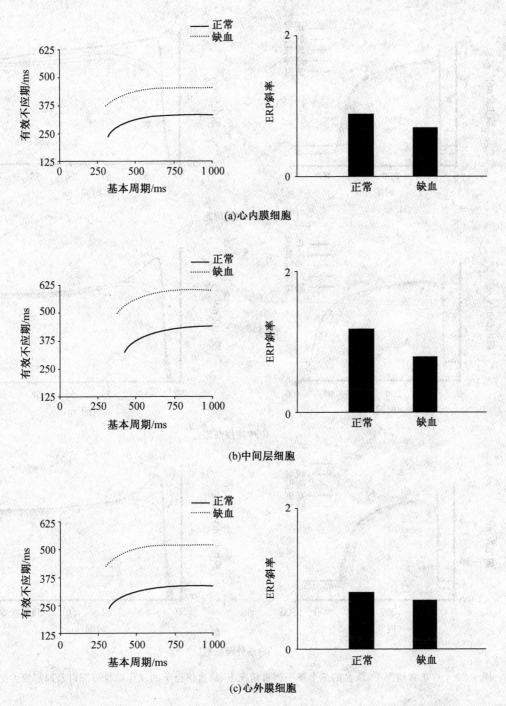

图 6.19　正常情况下和缺血情况下 ERPR 曲线以及 ERPR 曲线斜率大小比较

氧,尽管这种影响已经小到可以忽略不计了。经过进一步计算动作电位时程发现,缺血细胞动作电位时程的减少可以看作是缺血的三个单一因素分别单独作用下导致动作电位时程的减小的近似之和。

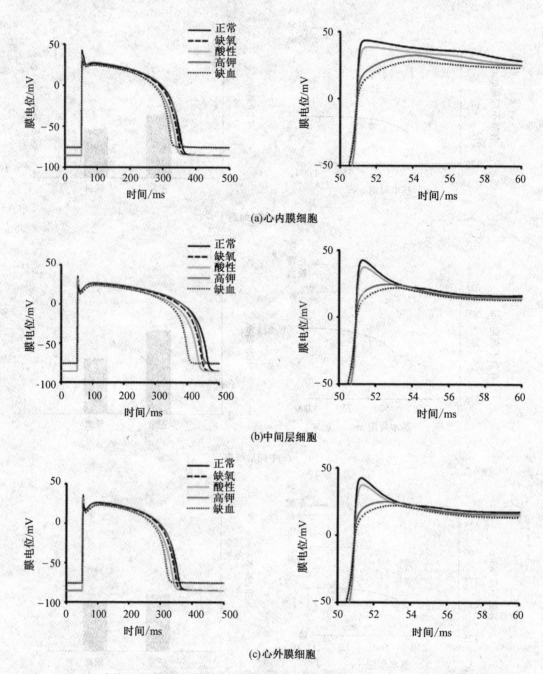

图 6.20 在正常情况下、缺血的三个单一因素情况下、缺血情况下的动作电位形态以及局部放大图

6.4.2 1D 虚拟心室壁模型

为了了解并分析全心缺血下电兴奋在心室壁上传导的特性,我们构建了一个 1D 虚拟左心室壁,这个心室壁取自透壁心室肌自由壁上的一块肌丝,是由心室单细胞模型整合而成的,其长度为 15 mm,包含 150 个心室肌细胞。同时,我们考虑了心室细胞的异质性,按照之前的报道[22,23],将这个 1D 组织由左自右分为心内膜层、心中间层和心外膜层,对应的细胞比例为 25∶35∶40。由于 1D 仿真中不存在纤维各向异性问题,因此我们设置扩散系数 $D =$

0.154 mm²/ms,且在中间层和心外膜层的交界处该扩散系数降低 5 倍。

图 6.21 为正常情况下和缺血情况下电兴奋波的传导时空图,表示该 1D 虚拟心室壁上各心室细胞动作电位随时间的变化情况。纵轴自下而上表示由心内膜层至心外膜层的延伸,横轴自左向右表示时间的变化。同正常情况相比(图 6.21(a)),在缺血情况下(图 6.21(b)),细胞静息电位已经提高,且细胞的去极化和复极化过程加快,心内膜细胞、中间层细胞和心外膜细胞的动作电位差异性减小。

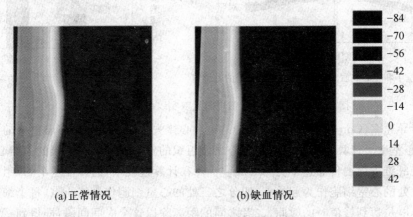

图 6.21　1D 虚拟心室壁上动作电位传导时空图

由有效不应期以及心室组织的特异性可知,在 1D 虚拟心室壁上的局部区域施加一个阈上刺激,会出现三种可能的情况

(1) 刺激点周围区域处于绝对不应期,兴奋无法在组织内传导,发生双向阻滞(图 6.22(a))。

(2) 刺激点周围一部分区域已经完全复极,另一部分区域没有,则此时兴奋在组织中单向传导(图 6.22(b))。

(3) 刺激点周围区域都已经完全复极,发生双向传导(图 6.22(c))。

因此,在 1D 传导模型中,基于上面的动作电位传导时空图,可以研究易感窗(Vulnerable Window,VW)问题,它是指组织上某个区域在某段时间内受到外部施加的阈上刺激后发生单向传导阻滞的时空范围。由于单向传导阻滞是心律失常发生的重要诱因,因此易感窗反映了折返波的发生概率,是一个用于描述心律失常发生概率的指标,易感窗口越大表示产生兴奋波传导异常的可能性越大。

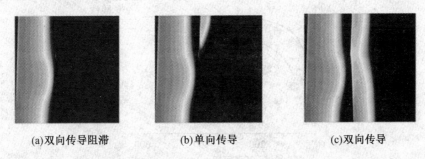

图 6.22　正常情况下 1D 虚拟心室壁上动作电位传导的三种情况

下面,计算该 1D 虚拟心室壁的易感窗。在缺血情况下,设置整个的 1D 组织为缺血区域,即此时发生全心缺血。如图 6.23,在这个 1D 组织的大部分区域,全心缺血情况下易感窗口宽

度明显增加,结果表明全心缺血增大了组织的易感性,因此更易诱发折返波。

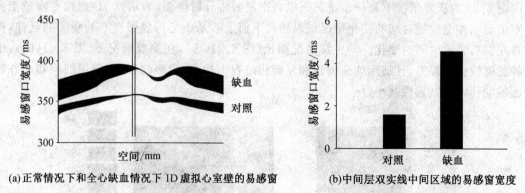

(a) 正常情况下和全心缺血情况下 1D 虚拟心室壁的易感窗
(b) 中间层双实线中间区域的易感窗宽度

图 6.23　虚拟心室壁和中间层双实线中间区域的易感窗

由于传导速率(Conduction Velocity,CV)在心律失常中也可能扮演着重要的角色,最后,在 1D 虚拟心室壁上计算了正常组织和全心缺血组织的传导速率。在健康的人类心室组织中,正常地沿着纤维方向的传导速率为 70 cm/s[29]。在计算过程中,选择在这个 1D 组织中自左向右三分之一处的心室细胞作为起始点,四分之三处的心室细胞作为终止点,每个细胞的激活时间为其动作电位达到峰值时的时间,二者之间的距离除以这个时间间隔,即得到 CV 值。

图 6.24 为该 1D 组织在正常情况、诱发全心缺血的三个单一因素、全心缺血下的 DI-CV

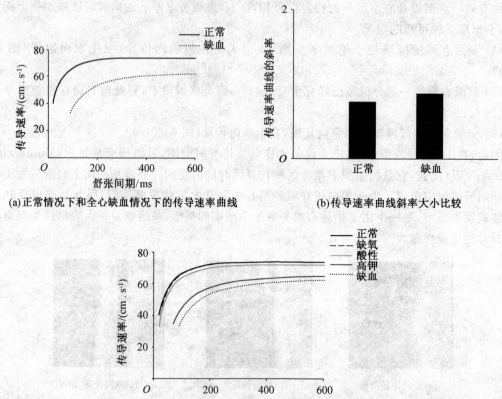

(a) 正常情况下和全心缺血情况下的传导速率曲线
(b) 传导速率曲线斜率大小比较

(c) 正常情况下、全心缺血的三个单一因素情况下、全心缺血情况下的传导速率曲线

图 6.24　不同情况下的传导速率曲线及曲线斜率大小的比较

关系图以及对应的斜率。从图 6.24(a)中可以观察到,随着 DI 的缩短,两种情况下的兴奋传导速率均不同程度地降低。相比较正常情况下,全心缺血很大程度上降低了传导速率。

通过计算二者的传导速率曲线斜率发现,随着 DI 的减小,CV 曲线斜率逐渐增加,正常情况下,CV 曲线最大斜率为 0.847;缺血情况下,CV 曲线最大斜率为 0.474。相比较正常情况下,全心缺血情况下的 CV 曲线斜率更小,因此兴奋波的传导更加稳定。通过进一步分析全心缺血的三个因素单独作用下对传导速率的影响,从图 6.24(c)中可以看出,几乎只有高钾会影响到兴奋波的传导速率,另外,全心缺血下传导速率的减少也可以近似看作这三种因素分别单独作用下结果的累加。

6.4.3 2D 理想几何组织模型

在这一节里,我们用 2D 理想几何组织传导模型来比较正常情况下和全心缺血情况下折返波的情况。在 2D 仿真中,基于将前面所建立的 1D 虚拟心室壁,我们将其扩展为宽度为 50 mm 的 2D 情况。这样,一个 2D 理想几何(长方形)的心室壁组织被构建起来,其大小为 15 mm×50 mm,这个组织也包含了心室细胞的异质性。这里,我们将这个 2D 理想几何组织看作是各向同性的,因此我们同样设置扩散系数 $D=0.154 \text{ mm}^2/\text{ms}$。

我们使用 S1-S2 协议去激发折返波,首先在整个 2D 组织的最左侧施加 10 个 S1 刺激(刺激周期为 800 ms)激发出平面波,S1 刺激强度为阈值,持续时间为 1 ms,在最后一个 S1 刺激后的 360 ms(正常情况)和 390 ms(全心缺血情况)时,在心外膜层区域内贴近心中间层区域的位置,施加一个长度为 25 mm 的刺激 S2,刺激强度 2 倍于阈值,持续时间为 1 ms,这样就产生了单向传导,激发出折返波。同时,我们选取 S2 刺激区域上刺激顶点的一个心外膜细胞作为测试点,绘制了它的动作电位曲线,如图 6.25 所示。我们可以看出,尽管两种情况下折返波均已经被激发出来,但是由于所施加的 S2 刺激长度偏小,导致折返波均无法形成,进而完全消

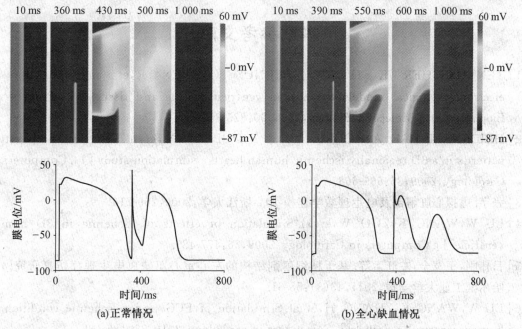

图 6.25 折返波在 2D 理想几何组织中的初始化及传导的过程,以及 S2 刺激区域顶点一个心外膜细胞的动作电位情况

失。

折返波的形成取决于 S2 刺激的长度。下面我们针对可形成折返波的最小的 S2 刺激长度进行测试,结果如图 6.26 所示。

对于正常情况下,所需可形成折返波的最短的 S2 刺激长度约为 38 mm;对于全心缺血情况下,由于对应更长的有效不应期,所需可形成折返波的最短的 S2 刺激长度增加到约为 40.5 mm。实验结果表明,尽管全心缺血下易感窗的大小普遍增加,但是,相比较正常情况下,全心缺血仍然在某种程度上降低了心律失常的发生概率。

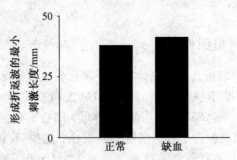

图 6.26 正常情况下和全心缺血情况下足够大的平台下形成折返波的 S2 刺激的最小长度

6.4.4 仿真研究结论

实验结果表明,全心缺血缩短了 APD,抬高了静息电位,降低了 APA,由于其降低了 APDR 曲线斜率,增加了 ERP,降低了 CV,因此有利于折返波的稳定传播,室速不易转化为室颤。另外,相比较正常情况,尽管全心缺血增大了组织易感性,但由于需要更长的异位刺激长度来保证折返波的形成,因此也在一定程度上降低了心律失常发生的概率。

本章参考文献

[1] TENTUSSCHER K H W J,BERNUS O,HREN R,et al. Comparison of electrophysiological models for human ventricular cells and tissues [J]. Progress in Biophysics and Molecular Biology,2006,90:326-345.

[2] HEIDENREICH E A,RODRÍGUEZ J F,DOBLARÉ M,et al. Electrical propagation patterns in a 3D regionally ischemic human heart:a simulation study [J]. Computers in Cardiology,2009,36:665-668.

[3] 张宇. 虚拟心脏解剖及电生理数学建模[D]. 浙江大学,2009:209-210.

[4] LU W,WANG K,ZUO W,et al. Simulation of effects of ischemia in 3D human ventricle[J]. Computers in Cardiology. 2009,36:477-480.

[5] 吕伟刚,王宽全,左旺孟等. 基于精细解剖结构的左心室心肌缺血电生理疗仿真研究[J]. 哈尔滨工业大学学报,2011,43(3):58-61.

[6] LU W,WANG K,ZHANG H,et al. Simulation of ECG under ischemic condition in human ventricular tissue[J]. Computers in cardiology,2010,37:185-188.

[7] 吕伟刚,王宽全,左旺孟等. 心肌缺血下心室电生理建模和心电图仿真[J]. 生物医学工程学杂志,2011,28(6):1200-1206.

[8] WEISS J N, VENKATESH N, LAMP S T. ATP-sensitive K$^+$ channels and cellular K$^+$ loss in hypoxic and ischaemic mammalian ventricle [J]. The Journal of Physiology, 1992, 447: 649-673.

[9] FERRERO JR, SAIZ J, FERRERO J M, et al. Simulation of action potentials from metabolically impaired cardiac myocytes: role of ATP-sensitive K$^+$ current[J]. Circulation Research, 1996, 79: 208-221.

[10] SHAW R. M, RUDY Y. Electrophysiologic effects of acute myocardial ischemia: a theoretical study of altered cell excitability and action potential duration [J]. Cardiovascular Research, 1997, 35: 256-272.

[11] GIMA K, RUDY Y. Ionic current basis of electrocardiographic waveforms: a model study [J]. Circulation Research, 2002, 90: 889-896.

[12] RODRIGUEZ B, TRAYANOVA N, NOBLE D. Modeling cardiac ischemia [J]. Annals of the New York Academy of Sciences, 2006, 1080: 395-414.

[13] ASLANIDI O V, CLAYTON R H, LAMBERT J L, HOLDEN A V. Dynamical and cellular electrophysiological mechanisms of ECG changes during ischaemia [J]. Journal of Theoretical Biology, 2005, 237: 369-381.

[14] TEN TUSSCHER , K H W J, PANFILOV A V. Alternans and spiral breakup in a human ventricular tissue model [J]. Am J Physiol Heart Circ Physiol, 2006, 291: 1088-1100.

[15] TEN TUSSCHER K H W J, NOBLE D, NOBLE P J, et al. A model for human ventricular tissue[J]. Am J Physiol Heart Circ Physiol, 2004, 286: 1573-158.

[16] 刘泰槰. 心肌细胞电生理学 [M]. 北京: 人民卫生出版社, 2005.

[17] WEISS D, IFLAND M, SACHSE F B, et al. Modeling of cardiac ischemia in human myocytes and tissue including spatiotemporal electrophysiological variations. Biomed Tech [J], 2009, 54: 107-125.

[18] NICHOLS C G, RIPOLL C, LEDERER W J. ATP-sensitive potassium channel modulation of the guinea pig ventricular action potential and contraction [J]. Circulation Research, 1991, 68: 280-287.

[19] WEISS D L, KELLER D U J, SEEMANN G, et al. The influence of fibre orientation, extracted from different segments of the human left ventricle, on the activation and repolarization sequence: a simulation study[J]. Europace. 2007, 9: 96-104.

[20] STREETER D D. Gross morphology and fiber geometry of the heart[D]. Philadelphial: Lippincott Williams & Wilkins, 1979.

[21] KELLER D U J, KALAYCIYAN R, Dössel O, et al. Fast creation of endocardial stimulation profiles for the realistic simulation of body surface ECGs[J]. IFMBE Proceedings, 2010, 4(25): 145-148.

[22] ZHANG H, KHARCHE S, HOLDEN A V, et al. Repolarisation and vulnerability to re-entry in the human heart with short QT syndrome arising from KCNQ1 mutation - A simulation study [J]. Progress in Biophysics and Molecular Biology, 2008, 96: 112-131.

[23] ZHANG H,HANCOX J C.In silico study of action potential and QT interval shortening due to loss of inactivation of the cardiac rapid delayed rectifier potassium current [J].Biochemical and Biophysical Research Communications,2004,322(2):693-699.

[24] 朱浩,尹炳生,朱代谟.基于单细胞电位计算心电:若干异常仿真心电图[J].生物物理学报,2001,17(1):123-134.

[25] CLAYTON R H,PANFILOV A V.A guide to modeling cardiac electrical activity in anatomically detailed ventricles [J].Progress in Biophysics and Molecular Biology,2008,96:19-43.

[26] KELDERMANN R H,TEN TUSSCHER K H W J,NASH M P,et al.A computational study of mother rotor VF in the human ventricles [J].Heart and Circulatory Physiology,2009,296:370-379.

[27] KATZ A M.Physiology of the heart [M].Philadelphia:Lippincott Williams & Wilkins,2006.

[28] 吕伟刚.面向疾病的心脏电生理建模与仿真研究[D].哈尔滨工业大学,2012:41-42.

[29] TAGGART P,SUTTON P M I,OPTHOF T,et al.Inhomogeneous transmural conduction during early ischemia in patients with coronary artery disease [J].J Mol Cell Cardiol,2000,32:621-639.

第7章 虚拟心脏的可视化方法

7.1 引 言

7.1.1 虚拟心脏可视化的目的、意义

目前诊断与预测心脏疾病的手段,例如,心电图、利用医学计算断层造影(Computed Tomography,CT)、磁共振成像(Magnetic Resonance Imaging,MRI)技术、磁共振血管造影(Magnetic Resonance Angiography,MRA)等十分有限并且效果并不理想。然而通过这些设备获得的数据通常是一组二维切片,这使得相关医学专家需要凭借专业经验在头脑中重构出物体的三维形状,极大地消耗了时间。随着医学成像设备的发展,医学图像可视化在临床医学中发挥着越来越重要的作用。医学图像可视化把由 CT、MRI、MRA 等数字化成像技术获得的人体信息在计算机上直观地表现为三维效果,用传统手段,即凭经验由多幅二维图像估计无法获得的病灶大小及形状的结构信息[1],精确地确定病灶区域和疾病的来源。

近年来随着心脏相关实验数据的增多和计算机处理能力的提高,虚拟心脏模型日趋复杂化,模型规模也不断增大。这使得虚拟心脏模型的可视化方法的研究也逐渐变得越加重要。如何利用心脏三维数据,将数据和模型实时地转变为图形和图像,并直观地显示出来,保证心脏模型可视化的真实感和实时性,既以表面特征表现组织或器官的层次结构,同时保留内部细节信息,以绘制出表面特征清晰、层次分明的组织器官,并方便有效地与医学工作者之间进行交互处理,是虚拟心脏模型可视化方法的主要目标,也为进一步进行基于虚拟心脏模型的虚拟手术、起搏器模拟、药物反应测试等提供坚实的技术支持。

由于心脏是集电生理学、血液动力学及神经和生物控制为一体的复杂综合系统,基于单一角度(解剖/电生理/机械)的虚拟心脏模型往往不能有效反映宏观上心脏各不同功能间的复杂相互作用,因而很难对心脏在正常和病理条件下的行为和特性做出精确的预测。因此,需要建立心脏解剖组织结构模型,并将之与电生理及机械模型整合,以达到对心脏结构外观和行为功能的精确模拟,使所建立的心脏模型"活化"成为具有生理功能的心脏活体虚拟模型,以存储和再现心脏细胞、组织和器官功能。针对这种复杂的模型,利用虚拟心脏的可视化方法,化不可见为可见,实时地通过各种图形图像传递大量信息,使计算模拟结果的表述更直观、迅速,使医学研究者可以在计算机屏幕上完整地观察到心脏内部在细胞、组织和器官层次上各种生理现象演变的全过程,并可以对其进行人为干预,为研究人员理解心脏数据、形成概念和找出规律,推测心脏生理病理反应及其药物的作用提供强有力的技术手段。

此外,出于对心脏模拟环境的高效性和易用性的考虑,还需要可视化方法来满足平台应用界面的友善性、计算过程和结果的直观性要求。实现对现有的虚拟心脏研究领域各种数据源的有效集成和整合,可为其他研究单位提供心脏数据共享平台。为用户提供形象和生动的模拟演示,得到医学、信息科学,以及其他交叉学科领域的更广泛用户群体的认可。

7.1.2 虚拟心脏数据来源

心脏解剖模型的建立基于心脏解剖数据集。本章使用的心脏数据集主要有以下几种：

(1) 美国虚拟人计划(VHP)的虚拟人数据集。该数据集的心脏部分共有24位彩色非压缩切片图像487张，每张切片图像大小为2 048×1 216像素，像素大小0.33 mm×0.33 mm×0.33 mm(像素的宽、高、间隔)[2]。

(2) VRML格式的人类心脏数据集。数据集中的数据以数据点的形式按照VRML语法格式被分为不同的部分，每部分中当前坐标上的数据点所构成的面组成三维形体，并被赋以不同的属性值，如周围环境的颜色(Ambient Color)、漫射色(Diffuse Color)、反射光颜色(Specular Color)等，用以代表心脏的各个结构。

(3) 羊心脏数据集。本章所采用的羊的心脏数据集为352×352×256的BMP灰度切片图像序列。

7.1.3 可视化方法

科学计算可视化是发达国家在20世纪80年代后期提出并得以迅速发展的一个新的研究领域。它是指运用计算机图形学和图像处理技术，将科学计算过程中及计算结果的数据转换为图形及图像在屏幕上显示出来并进行交互处理的理论、方法和技术。它广泛应用于气象学、石油勘探、医学、分子生物学、计算流体力学、有限元分析等领域，通过交互手段改变计算所依据的条件并观察其影响，极大地提高科学计算、工程、实验的效率和质量，实现科学计算工具和环境的进一步现代化，从而使科学研究工作的面貌发生根本性的变化[3]。科学计算的结果数据、工程计算的结果数据及测量数据通常都是三维体数据。因此，三维体数据的可视化是科学计算可视化的核心问题。目前三维数据可视化通常可分为面绘制[4]和体绘制两种方法[5]。

1. 面绘制方法

面绘制的基本思想是首先提取感兴趣物体的表面信息，把体数据转换为由一系列多边形表面片拟合的等表面(Iso-Surface)，然后再用面绘制算法根据光照、明暗模型进行消隐和渲染得到三维的显示图像。由于这种方法需要对体数据进行两分类，即判别每一个体素是否在当前绘制的面上，因此在处理复杂的、边界模糊的人体组织时，经常出现分类上的错误，从而造成虚假的面显示或在显示面上产生空洞。

2. 体绘制方法

为了避免面绘制方法造成的问题，在20世纪80年代末人们提出了体绘制的概念。不同于面绘制，体绘制直接对数据进行处理，不构造中间几何图元，直接由三维体数据集产生屏幕上的二维图像。它是近年来发展迅速的一种三维数据场可视化方法。其优点是绘制质量高，无须中间过程的转换，有利于保留三维数据场的细节信息；并且能够方便用户根据具体需求选择感兴趣的组织或结构进行显示(如CT中的骨骼或者血管)，可以使人们从绘制结果中感受到体数据所包含的完整信息，给人更直观、更方便的视觉感受。可视化技术的出现使科研人员摆脱被动地面对大量抽象数据，难以理解却找不到有效处理手段的尴尬局面，极大地推动了科学探索进程。

7.2 基于虚拟心脏解剖数据的光线投射方法

虚拟心脏解剖数据的可视化基于光线投射体绘制算法[6],以心脏三维体数据集作为输入,计算得到体数据集在像平面的投射区域[1]。从屏幕的每个像素点出发沿着视线的方向发射一条光线,在它穿过体数据空间的过程中,首先计算数据集中的每个体元素的梯度。由于将每个体元素都看成为能够透射、发射和反射光线的粒子,采用 Phone 光照模型[7],依据体元素的介质特性通过光照效应公式计算,便得到它们在光照下的颜色(灰度图像为亮度)。针对心脏体数据集,以光强度、梯度属性作为参数,构造出适合心脏数据的不透明度传递函数,得到心脏体元素的不透明度值。构造颜色传递函数,将体元素的灰度强度转换为颜色值,从而达到对心脏内部不同组织进行分类,同时保留内部细节信息的目的[8]。心脏三维体数据是离散数据,为了绘制出高质量图像必须不断进行重采样,计算出采样点的颜色(光亮度)和不透明度,并沿着视线观察方向积分合成,直到不透明度足够大或者光线已经穿过整个体数据空间为止,即可得到在图像平面中对应的某一像素的颜色值。计算出所有像素的颜色之后,根据用户需求进行参数调整,最终在像平面上形成具有半透明效果的图像。光线投射算法示意图如图 7.1 所示,采用的绘制方法基本流程如图 7.2 所示。

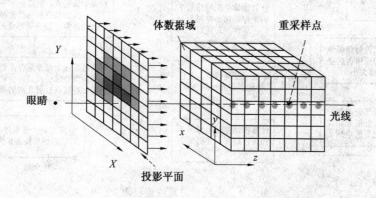

图 7.1　光线投射算法示意图

可视化的具体步骤如下:

(1) 利用半自动化的手段从胸腔切片中提取出心脏部分,并进一步将其分为心室、心房等不同区域。图 7.3(b) 所示为图 7.3(a) 的切片数据的分割结果。

(2) 使用中心差分法(Central Difference)计算梯度,用以描述心脏体数据集中体元素光强度变化的快慢以及方向。它与数据集的结构相关,不同结构、不同材质的部分,其光强度不同,因此计算出的每个心脏体元素的梯度值,用于后续的分类和光照步骤中,从而找到心脏不同组织间的边界,而梯度的方向也会指明边界的方向。心脏某一体元素处梯度向量的计算如下:

$$D_x = f(x-1,y,z) - f(x+1,y,z)$$
$$D_y = f(x,y-1,z) - f(x,y+1,z)$$
$$D_z = f(x,y,z-1) - f(x,y,z+1)$$
$$D_{x,y,z} = [D_x, D_y, D_z] \tag{7.1}$$

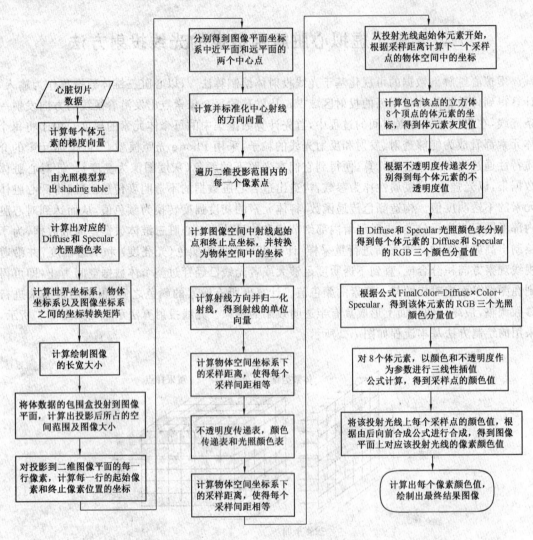

图 7.2 光线投射算法流程图

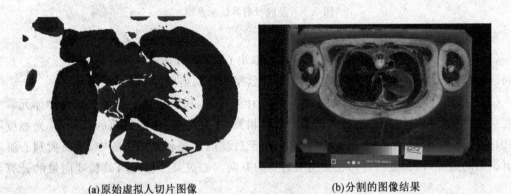

(a) 原始虚拟人切片图像　　　　　(b) 分割的图像结果

图 7.3 原始切片图像和相应的图像分割结果

式中，$f(x,y,z)$ 为数据集中在 (x,y,z) 坐标处的体元素的值。对于灰度图像来说，它表示该体元素处的光强度；对于颜色图像则表示该体元素的颜色。

(3) 采用光照模型用于逼真的模拟在真实世界中当光线落在心脏上而产生的阴影、光线的发散和吸收等状态,以及心脏表面的颜色效果从而达到绘制具有较强真实感物体的目的,提高心脏三维解剖模型的绘制质量。在这种模型中采样点既可以发射光线也可以吸收光线,不透明度在0与1之间,处于一种半透明的状态,也存在采样点完全透明或不透明的情况。它通过将体素处理为半透明的颗粒从而获得绘制结果图像的立体感和真实感[9]。体绘制过程中体元素的最终颜色计算方程如下:

$$I(A) = I_0 T(A) + \int_0^A l(v) T'(v) dv \qquad (7.2)$$

式中,A 为观察点,$T'(v)$ 为由当前采样点所在的位置 v 到观察点 A 的透明度。Phong 光照模型假设物体是不透明的,物体表面所呈现的颜色仅由反射光决定。反射光由环境反射、漫反射和镜面反射三个部分组成。其中,环境反射是指入射光均匀地从周围环境照射到物体表面并向各个方向反射的过程,其计算如下:

$$I = K_c I_c \qquad (7.3)$$

式中,K_c 为环境反射系数,取决于物体表面性质,I_c 为环境光的强度,与所处环境的明暗度有关。

不同于环境反射,漫反射借助光源发光,它是指光源在物体表面的反射光中向空间各个方向发射出去的部分。在漫反射中,表面的反射光亮度和光线入射角的余弦成正比,其夹角余弦为

$$\cos \alpha = \boldsymbol{R} \cdot \boldsymbol{F} \qquad (7.4)$$

式中,$\boldsymbol{R}$ 为入射方向上的单位向量,$\boldsymbol{F}$ 为反射点表面的法向的单位向量,则漫反射光亮度公式为

$$I = K_d \cdot I_{cd} \cdot (\boldsymbol{R} \cdot \boldsymbol{F}) \qquad (7.5)$$

式中,K_d 为与具体的物体表面属性有关的漫反射系数,I_{cd} 为当光线垂直入射时反射光的强度。

光源在物体表面的反射光中沿特定方向发射出去的部分称为镜面反射光,由反射定律得知,反射光和入射光位于表面方向的两侧,并且相互对称,对于理想镜面,入射光全部向单方向反射出去,但是在实际应用中,表面不可能完全光滑,会存在朝向不同方向的凹凸表面,针对这种问题,Phong 模型常采用余弦函数的幂次来表示普通光滑表面的镜面反射光的空间位置。镜面反射的计算公式为

$$I = K_s \cdot I_{js} \cdot (\boldsymbol{T} \cdot \boldsymbol{H})^m \qquad (7.6)$$

式中,I_{js} 为镜面反射光亮度;K_s 为物体表面的镜面反射系数,它与表面性质有关;$(\boldsymbol{T} \cdot \boldsymbol{H})$ 表示视线方向和反射方向之间的夹角的余弦;m 表示会聚指数,它表示物体表面的光滑程度,m 的大小和表面光滑程度成正比。综合以上各个公式,每个心脏体元素在光照情况下的结果颜色如下:

$$I = K_c I_c + K_d \cdot I_{cd} \cdot (\boldsymbol{R} \cdot \boldsymbol{F}) + K_s \cdot I_{js} \cdot (\boldsymbol{T} \cdot \boldsymbol{H})^m \qquad (7.7)$$

(4) 针对心脏体数据集,如式(7.8)所示,以光强度、梯度属性作为参数,构造出适合心脏数据的不透明度传递函数,对心脏体元素赋不透明度值,达到对心脏内部不同组织进行分类,显示心脏的内部结构,同时保留内部细节信息的目的。

$$\alpha_i(r, f_v) = \begin{cases} 1 - \dfrac{1}{r|\nabla_i|} |f_v - I_i| & \text{if } |\nabla_i| > 0 \text{ and } |f_v - I_i| \leqslant r|\nabla_i| \\ 1 & \text{if } |\nabla_i| = 0 \\ 0 & \text{others} \end{cases} \qquad (7.8)$$

这里函数有两个参数，f_v 表示具有较高梯度值的体元素的光强度，r 表示在所赋予的不透明度值大于零的前提下，一个体元素的光强度所能偏离 f_v 的最大值。式中 $|\nabla_i|$ 是光强度为 I_i 的体元素 i 处的梯度值，$\alpha_i(r,f_v)$ 是体元素 i 的不透明度值。注意，当 $I_i=f_v$ 时，$\alpha_i(r,f_v)=1$。由此可以得到每个体元素的不透明度值。

（5）由于心脏体数据集中的体元素本身只有灰度强度而并没有颜色值，需要构造颜色传递函数，将心脏体元素的灰度强度映射为 RGB 颜色。

到目前为止，选择恰当的传递函数仍十分困难，通常仍然是以某种规则构造传递函数，观察映射结果，并不断对传递函数进行修改，直至达到最好的效果。本章采用对处于某一强度范围的体元素赋予某一颜色值的规则来构造传递函数，并不断修改强度范围与颜色值的对应关系，最终得到令人满意的结果。对于有颜色的体数据来说，则不需要再对体元素进行颜色赋值。

（6）当设想的光线穿过心脏体元素块时，沿每条光线按特定步长选取采样点进行累积计算。心脏三维体数据是离散数据，选取的采样点通常并非恰好是体元素，为了绘制出高质量图像，需要通过重采样来计算位于体元素间的采样点的值。这里使用三次线性插值法进行重采样，插值公式为

$$V_p = V_0(1-x)(1-y)(1-z) + V_1(1-x)y(1-z) + V_2(1-x)(1-y)z + V_3(1-x)yz + V_4x(1-y)(1-z) + V_5xy(1-z) + V_6x(1-y)z + V_7xyz \tag{7.9}$$

（7）由于最终得到的图像中每一个像素代表心脏体数据中沿一条光线所得到的大量采样点和原始体元素，因此需要将前述步骤中计算得到的心脏采样点和原始体元素的值累积合成为一个值。这一过程是通过合成函数完成的。Front-to-Back 合成函数的合成过程如图 7.4 所示。在这里，初始值的颜色值为 C_0，设第 i 个原始体元素或采样点的颜色值为 C_{now}，不透明度值为 α_{now}，进入第 i 个原始体元素或采样点时的颜色值为 C_{in}，不透明度值为 α_{in}，经过第 i 个原始体元素或采样点后的颜色值为 C_{out}，不透明度值为 α_{out}，最终的颜色值为 C。

计算公式如下：

$$\begin{aligned}\alpha_{out} &= \alpha_{in} + \alpha_{now}(1-\alpha_{in}) \\ C_{out}\alpha_{out} &= C_{in}\alpha_{in} + C_{now}\alpha_{now}(1-\alpha_{in})\end{aligned} \tag{7.10}$$

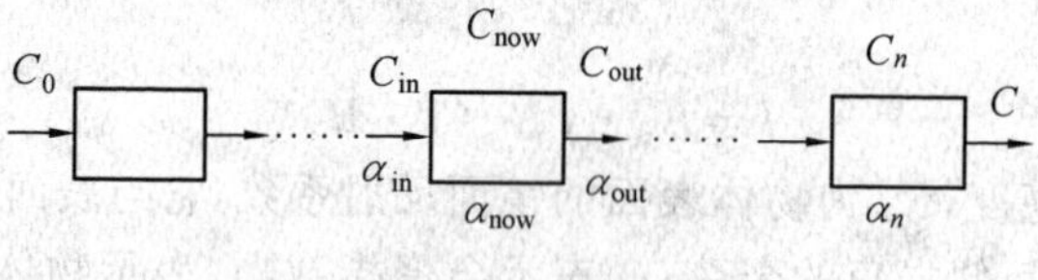

图 7.4 Front-to-Back 合成方法

注意到式(7.10)首先计算光线经过第 i 个体元素后的不透明度值 α_{out}。这样，随着由前向后进行图像合成的过程中，不透明度值 α 的逐步增大，当 α 趋近于 1 时，说明该像素点的图像已接近于完全不透明，后面的体元素不会再对该像素点的图像有所贡献，因而可以不再计算。这使得图像合成过程可以省去无效的计算，从而加快计算速度。

通过上述体绘制流程中的七个步骤，可以得到成像平面上一个像素点沿某一视线观察下的颜色值。对成像平面上的每个像素点进行相同的处理，最终可以得到心脏解剖模型的结果图像[10]，如图 7.5 所示。心脏组织内部细节结果图如图 7.6 所示。

图 7.7 显示出以人体心脏 VRML 数据作为体数据集的不同视角的绘制结果。从结果图像中可以看出，人体心脏的各个组织结构，例如，心房、心室、血管和肌肉组织等都可以较好地

显示出来。

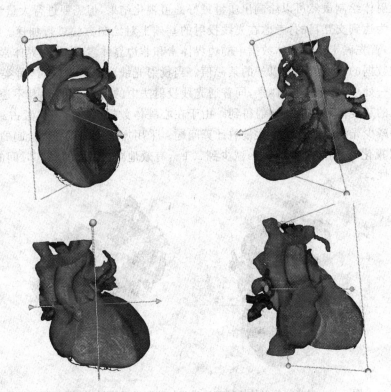

图 7.5 基于光线投射体绘制的各角度视图的心脏解剖模型

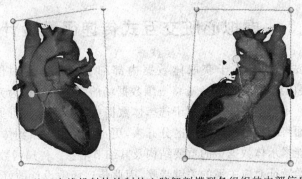

图 7.6 基于光线投射体绘制的心脏解剖模型各组织的内部信息细节

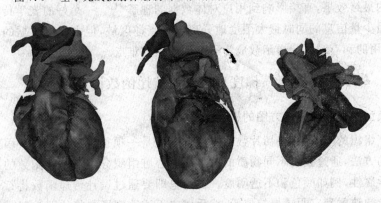

图 7.7 基于 VRML 数据集的人体心脏绘制

光线投射体绘制虽然可以绘制出质量最好的可视化结果，但需要进行大量计算，从而耗费大量时间。为达到交互目的，考虑在光线投射的基础上对绘制方法进行加速。在分类数据的预处理阶段，首先确定出心脏体数据中的边界体素和非边界体素，将非边界体素的灰度值赋值为心脏分类数据的灰度值范围以外的某一值。当投射光线穿过体数据时，每类心脏组织的内部体素被统一处理。对于边界体素，同普通光线投射法中的一样，其颜色和不透明度在传递函数中由不同的灰度值和梯度值映射得到。由于在心脏体数据中非边界体素占绝大多数，因此该算法能够减少光线投射算法中大量的计算问题。采用加速改进算法后绘制的心脏结果如图7.8所示，可视化时间由初始的3.3 s减少到2.1 s，有效地减少了计算量和时间的消耗，增强了绘制的交互性。

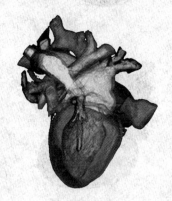

图7.8　对光线投射体绘制算法进行加速改进后绘制的心脏解剖模型

7.3　虚拟心脏交互式传递函数设计

体绘制可视化方法的优势在于获取体数据内部细节信息。其中传递函数（Transfer Function）是极其重要的组成部分，它负责将三维数据场的数据值转换为光学成像参数，通常为不透明度和颜色值。不透明度的设置用于选择体数据中哪一部分是可见的，颜色可以帮助从视觉上分辨物体从而将不同的组织结构区分开来，更加清楚地观察到体数据的内部结构。精心设计的传递函数能揭示体数据中的重要结构及其细节信息。传递函数是体绘制过程中用以确定出体数据与光学特征对应关系的关键步骤，因此传递函数设计的好坏在很大程度上决定了体绘制的最终效果，直接影响到用户对体数据的理解[11]。一个好的光学传递函数模型应该能在丢失最少量信息的同时最大限度地分离出感兴趣区域，但由于体数据的复杂性和多样性，设计出通用的和直观的传递函数成为研究的热点和难点。

7.3.1　基于二维灰度－梯度直方图的传递函数设计

1. 边界模型的建立与体直方图的构建

由于心脏组织的复杂性，在切片数据中进行分类是一项很困难的工作。因此需要采用一种更为方便的方法，通过找出不同物质的边界来对心脏组织分类。传递函数的目的就是赋予边界物质光学属性，例如颜色和不透明度。在这里即要通过设计传递函数将每个体元素的数据值和一阶导数映射到它距边界的位置，然后建立不透明度函数将位置映射为体元素的不透明度。边界模型和体直方图的建立是实现这个映射的关键。首先建立理想的边界模型，用高斯滤波模糊锐利边界,如图 7.9 所示。

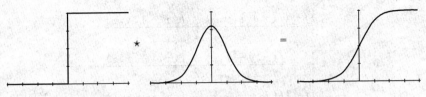

图 7.9 理想边界模型与模糊后的边界模型

该模型的数学公式表示为

$$v = f(x) = v_{\min} + (v_{\max} - v_{\min}) \frac{1 + \mathrm{erf}(\frac{x}{\sigma\sqrt{2}})}{2} \tag{7.11}$$

该公式建立了一个从位于物质边界内的体元素的位置 x 到范围从 $v_{\min}$ 到 $v_{\max}$ 的数据值的映射关系。$v_{\min}$ 和 $v_{\max}$ 分别表示边界两边不同物质的属性值。误差函数 erf 定义为

$$\mathrm{erf}(x) = \frac{2}{\sqrt{\prod}} \int_0^x \mathrm{e}^{-t^2} \mathrm{d}t \tag{7.12}[12]$$

式中,σ 为位于边界处物质的宽度,边界厚度为 2σ。

建立边界模型后,当某一点穿过边界时,可以得到数据值的一阶导数、二阶导数与数据值所在位置的对应关系,如图 7.10 所示。从图中可以看出,在边界处数据的一阶导数达到最大值,二阶导数为 0。根据该性质,便可以确定出物质边界的中心位置。

图 7.11 表示以数据值作为自变量,一阶导数和二阶导数作为函数值的三维空间图形。该曲线的意义在于如果一个给定的体数据集中包含有该种类型的曲线,这样便可以认为这些数据值 f、一阶导数 f' 和二阶导数 f'' 之间相互关系的三维记录是体数据中的边界的证明为生成数据值与其导数间与位置无关的关系图,在此用三维直方图表示体数据中所有体元素的数据值 f、一阶导数 f' 和二阶导数 f''。体直方图中每个单位称为一个容器,每个容器被赋予一个值,该值表示在体数据中数据值 f、一阶导数 f' 和二阶导数 f'' 分别为某一个值的体元素的个数。体直方图的三个坐标轴分别表示数据值、一阶导数和二阶导数的数值范围。

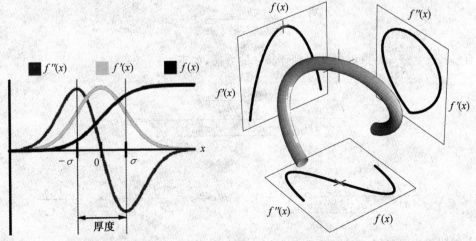

图 7.10 一阶导数、二阶导数与数据值　　图 7.11 以数据值作为自变量,一阶导数、二阶
　　　　所在位置的对应关系　　　　　　　　　　　导数作为函数值的三维空间图形

这里用中心差分法计算每个坐标轴方向的梯度向量,通过梯度值来近似计算一阶导数,其计算公式为

$$\frac{\partial f}{\partial x} = \frac{f(x+1,y,z) - f(x-1,y,z)}{2}$$

$$\frac{\partial f}{\partial y} = \frac{f(x,y+1,z) - f(x,y-1,z)}{2}$$

$$\frac{\partial f}{\partial z} = \frac{f(x,y,z+1) - f(x,y,z-1)}{2} \tag{7.13}$$

通过 Hessian 方法来得到每个体元素的二阶导数,如式(7.14)和式(7.15)所示。

$$\nabla^2 f = \begin{pmatrix} \frac{\partial^2 f}{\partial x^2} & \frac{\partial^2 f}{\partial x \partial y} & \frac{\partial^2 f}{\partial x \partial z} \\ \frac{\partial^2 f}{\partial y \partial x} & \frac{\partial^2 f}{\partial y^2} & \frac{\partial^2 f}{\partial y \partial z} \\ \frac{\partial^2 f}{\partial z \partial x} & \frac{\partial^2 f}{\partial z \partial y} & \frac{\partial^2 f}{\partial z^2} \end{pmatrix} \quad \|\nabla f\|^2 = \left(\frac{\partial f}{\partial x}\right)^2 + \left(\frac{\partial f}{\partial y}\right)^2 + \left(\frac{\partial f}{\partial z}\right)^2 \tag{7.14}$$

$$f'' = \frac{1}{\|\nabla f\|^2} (\nabla f)^T \cdot (\nabla^2 f)^T \cdot \nabla^2 f \cdot \nabla f =$$

$$\frac{1}{\|\nabla f\|^2} \begin{bmatrix} \frac{\partial f}{\partial x} & \frac{\partial f}{\partial y} & \frac{\partial f}{\partial z} \end{bmatrix} \cdot \begin{pmatrix} \frac{\partial^2 f}{\partial x^2} & \frac{\partial^2 f}{\partial y \partial x} & \frac{\partial^2 f}{\partial z \partial x} \\ \frac{\partial^2 f}{\partial x \partial y} & \frac{\partial^2 f}{\partial y^2} & \frac{\partial^2 f}{\partial z \partial y} \\ \frac{\partial^2 f}{\partial x \partial z} & \frac{\partial^2 f}{\partial y \partial z} & \frac{\partial^2 f}{\partial z^2} \end{pmatrix} \cdot \begin{pmatrix} \frac{\partial^2 f}{\partial x^2} & \frac{\partial^2 f}{\partial x \partial y} & \frac{\partial^2 f}{\partial x \partial z} \\ \frac{\partial^2 f}{\partial y \partial x} & \frac{\partial^2 f}{\partial y^2} & \frac{\partial^2 f}{\partial y \partial z} \\ \frac{\partial^2 f}{\partial z \partial x} & \frac{\partial^2 f}{\partial z \partial y} & \frac{\partial^2 f}{\partial z^2} \end{pmatrix} \cdot \begin{bmatrix} \frac{\partial f}{\partial x} \\ \frac{\partial f}{\partial y} \\ \frac{\partial f}{\partial z} \end{bmatrix} \tag{7.15}$$

在得到数据值及其对应的一阶和二阶导数后,便可以构建出三维体直方图。

2. 不透明度函数的构建

根据建立的三维体直方图,便可以构建出不透明度函数。首先函数 f 的 f' 和 f'' 为

$$f'(x) = \frac{v_{\max} - v_{\min}}{\sigma \sqrt{2\pi}} \exp\left(-\frac{x^2}{2\sigma^2}\right)$$

$$f''(x) = -\frac{x(v_{\max} - v_{\min})}{\sigma^3 \sqrt{2\pi}} \exp\left(-\frac{x^2}{2\sigma^2}\right) \tag{7.16}$$

因此有 $\dfrac{f'(x)}{f''(x)} = \dfrac{-x}{\sigma^2}$。由该公式得到计算 σ 的方法,如下:

$$\frac{f'(0)}{f''(-\sigma)} = \frac{\dfrac{v_{\max} - v_{\min}}{\sigma \sqrt{2\pi}} e^{-\frac{0}{2\sigma^2}}}{-\dfrac{-\sigma(v_{\max} - v_{\min})}{\sigma^3 \sqrt{2\pi}} e^{-\frac{(-\sigma)^2}{2\sigma^2}}} = \sigma\sqrt{e}$$

$$\frac{f'(0)}{f''(\sigma)} = \frac{\dfrac{v_{\max} - v_{\min}}{\sigma \sqrt{2\pi}} e^{-\frac{0}{2\sigma^2}}}{-\dfrac{\sigma(v_{\max} - v_{\min})}{\sigma^3 \sqrt{2\pi}} e^{-\frac{\sigma^2}{2\sigma^2}}} = -\sigma\sqrt{e} \Rightarrow \sigma = \frac{f'(0)}{\sqrt{e} f''(-\sigma)} = -\frac{f'(0)}{\sqrt{e} f''(\sigma)} \tag{7.17}$$

由于边界中心处的 $f'(x)$ 具有最大值,$f''(x)$ 为 0,而在距边界 $-\sigma$ 和 σ 处,$f''(x)$ 分别具有最大值和最小值。这样式(7.17)可以表示为另外一种形式:

$$\sigma = \frac{f'_{\max}}{\sqrt{e}\, f''_{\max}} = -\frac{f'_{\max}}{\sqrt{e}\, f''_{\min}} = \frac{2\sqrt{e}\, f'_{\max}}{f''_{\max} - f''_{\min}} \tag{7.18}$$

已知 σ、位置 x 就可以由公式 $x = \dfrac{-\sigma^2 f''(x)}{f'(x)}$ 中还原。

得到位置还原公式,从数据值 v 到距离边界的位置 x 的映射就可以通过在体直方图中测出一阶和二阶导数来实现。定义 $g(v)$ 为所有 $f(x)=v$ 处的 f' 的平均值。同样,定义 $h(v)$ 为所有 $f(x)=v$ 处的 f'' 的平均值。遍历所有的 $g(v)$ 和 $h(v)$ 值,得到一阶导数最大值 $g_{\max}(v)$,二阶导数最大值 $h_{\max}(v)$ 和最小值 $h_{\min}(v)$。在此认为一阶导数最小值 $g_{\min}(v)$ 为 0。由此 σ 被描述为

$$\sigma = \frac{2\sqrt{e}\, g_{\max}(v)}{h_{\max}(v) - h_{\min}(v)} \tag{7.19}$$

这样,将数据值映射为位置的位置函数 $p(v)$ 定义为

$$p(v) = \frac{-\sigma^2 h(v)}{g(v)} = x \tag{7.20}$$

为进一步提高精度,将式(7.20)延伸为公式

$$p(v,g) = \frac{-\sigma^2 h(v,g)}{g} \tag{7.21}$$

式中,$p(v,g)$ 为关于数据值 v 和一阶导数 g 的位置函数;$h(v,g)$ 由所有体素中数据值为 v,一阶导数为 g 的二阶导数 f'' 的平均值来确定。

一旦确定出位置函数,最后一步便是建立称为边界强调函数的从位置到不透明度的映射。该映射函数定义为

$$\alpha = b(x) = \begin{cases} \dfrac{1}{\sigma}(x+\sigma), & x \in [-\sigma, 0] \\ -\dfrac{1}{\sigma}(x-\sigma), & x \in [0, \sigma] \end{cases} \tag{7.22}$$

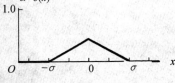

图 7.12　边界强调函数示意图

该映射函数是一个线性函数,它将位于物质边界中心(位置接近 0)的体素的不透明度值赋予最大值 1,而向边界两边线性递减,在 $x=-\sigma$ 和 $x=\sigma$ 的位置不透明度递减为 0。这样便使得物质边界在最终的绘制结果图像中更加显著。边界强调函数可以手动调整以得到更好的绘制效果,这也是该传递函数设计被称为半自动的原因。边界强调函数示意图如图 7.12 所示。

这样,数据值被映射为位置,而位置被映射成不透明度。最终不透明度函数 $\alpha(v) = b(p(v))$,将每个数据值映射为不透明度,即

$$\alpha(v) = b(p(v)) = \begin{cases} \dfrac{1}{\sigma}(p(v)+\sigma), & p(v) \in [-\sigma, 0] \\ -\dfrac{1}{\sigma}(p(v)-\sigma), & p(v) \in [0, \sigma] \end{cases} \tag{7.23}$$

3. 绘制结果

本章采用羊心脏数据集进行体绘制传递函数构建试验,数据集为 $352 \times 352 \times 256$ 的羊心脏 MRI 图片,图片示例如图 7.13 所示。

图 7.13　部分原始心脏 MRI 切片数据

基于中值滤波和各向异性高斯滤波技术,提出了一种心脏体数据图像增强方法。这种方法首先利用中值滤波器对切片数据进行平滑处理,抑制噪声影响,然后利用各向异性高斯滤波器进一步对图像进行平滑。由于各向异性高斯滤波器具有边缘和纹线保持特性,因而能够起到图像增强的效果。图 7.14 为预处理前后的一幅切片图像。

(a)原始羊心脏切片图像　　　　　　(b)图像增强后的效果

图 7.14　原始切片图像和相应的图像增强效果

在体绘制算法中应用上述传递函数,对羊心脏的 MRI 切片数据进行三维重建。生成的体直方图的二维 $v-|\nabla f|$ 投射图如图 7.15 所示。图 7.16 显示出在使用传递函数后重建出三维羊心脏的结果[13]。

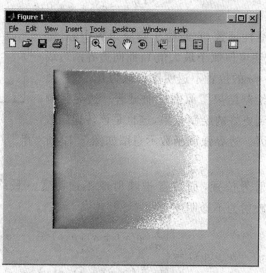

图 7.15　$v-|\nabla f|$ 投射图

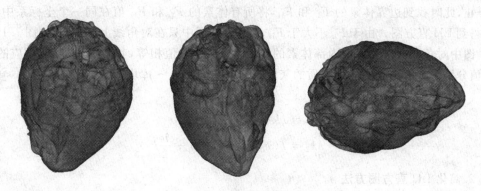

图 7.16　不同视角下的体绘制效果

7.3.2 基于二维 LH 直方图的传递函数设计

基于灰度－梯度设计多维传递函数时，仅基于梯度模值的情况下，两个弧相互重叠时会引起边界的歧义，如图 7.17(b) 所示，这种重叠会使得物质归属产生模棱两可的情况，不能被正确区分开来。为解决这个问题，Petr[14] 在 2006 年提出一种便于选择的新式的多维传递函数，称之为 LH 直方图传递函数。这种方法先为每个体素增加两种数据属性，分别用 F_L 和 F_H 表示。F_H 值表示构成边界的两物质中较高的标量值，F_L 值则为较低的标量值，如图 7.17(c) 所示。图中对角线的点为内部体素的点，即 F_L 和 F_H 值相等。其余为边界点，对应的 F_L 和 F_H 值分别是分离的两种物质的灰度。由于噪声的影响，具有相同 F_H 的体元素，其对应的 F_L 在不断增加时会产生水平延伸的点集；相反，相同的 F_L 对应的 F_H 不断减小会产生垂直延伸的点集，图 7.17(a) 为原始的体数据切片图。

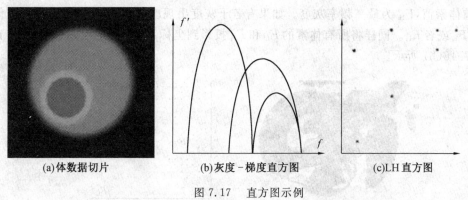

(a)体数据切片　　　　(b)灰度－梯度直方图　　　　(c)LH 直方图

图 7.17　直方图示例

由于医学图像噪声比较多，目前没有特别好的和通用的图像分割的方法，而且只在二维图像上进行处理不能有效利用三维数据信息。而在体绘制时使用 LH 方法设计传递函数，不仅可以减小对图像分割方法的依赖，而且能将体素梯度信息和边界的灰度信息都包含进来，丰富了传递函数的定义域。

1. LH 直方图的构建

LH 直方图方法首先为每个体素增加两种数据属性，分别用 F_L 和 F_H 表示，其中 F_L 为组成边界的较小的灰度值，F_H 为组成边界的较大的灰度值。如果梯度小于设定的阈值则是物质内部的体素，对应的 F_L 和 F_H 相等，其值为该物质的标量，否则就是边界体素。对于边界体素则要采用二阶 Runge-Kutta 公式在梯度场中沿着梯度方向和反方向积分，直至梯度值小于阈值时停止,此时找到边界体素的 F_L 和 F_H,将所有体素的 F_L 和 F_H 值在同一个坐标系中表示出来,得到 LH 直方图。由于 F_L 不大于 F_H,所以 LH 图中只在对角线上方有点,如图 7.17(c) 所示。图中对角线的点为对应内部体素的点,即 F_L 和 F_H 值相等,其余为边界点,对应的 F_L 和 F_H 值分别是组成边界的两种物质的灰度。其中二阶龙格-库塔公式如下:

$$\begin{cases} F(x_{i+1}) = F(x_i) + hk_2 \\ k_1 = f(x_i, F(x_i)) \\ k_2 = f(x_i + \dfrac{h}{2}, F(x_i) + \dfrac{h}{2}k_1) \end{cases} \quad (7.24)$$

2. 简化 LH 直方图方法

本节提出基于边界体素的简化 LH 直方图方法,在此基础上设计传递函数。通过简化 LH 直方图可以方便地定位各种边界,包括心脏轮廓、各种组织的边界、相邻组织之间的边界,以及同一组织和不同组织的边界。

本节在分析人体心脏数据时,采用边界体素预判法。即预先将边界体素进行标记。根据体素与 26 邻域体素的比较情况,将灰度全部相等的体素标记为内部体素,否则就标记为边界体素,使用一个标记数组进行标记。

由于对于已分类数据来说,数据场的噪声,局部体积效应和数据场偏移问题都对查找过程没有影响,因此本节提出针对分类数据的简化 LH 直方图方法。该方法以预先判断的边界体素为基础,内部体素的 F_L 和 F_H 值直接取当前体素对应的灰度值,边界体素则只需要查找相邻 26 体素的灰度值来确定 F_L 和 F_H 值。具体过程是:当前体素为边界体素时,查找 26 邻域体素灰度值,将与当前体素不相等的出现最多的灰度值,即频率最高的灰度 f_{freq} 作为 F_L 或者 F_H。如果当前体素的灰度值大于最高频率灰度,则 F_H 为当前体素值,F_L 为最高频率灰度。反之,F_L 为当前体素值,F_H 为最高频率灰度。如果有若干灰度出现次数相同,则随机选择一个作为 f_{freq} 赋给 F_L 或者 F_H。同样将所有体素的 F_L 和 F_H 投影到坐标系中,便可得到简化的 LH 直方图,如图 7.18(b) 所示。

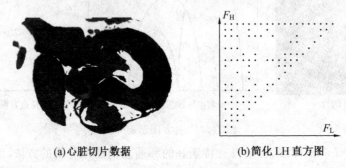

(a) 心脏切片数据　　　　　　(b) 简化 LH 直方图

图 7.18　心脏切片数据和 LH 直方图

3. 基于 F-LH 直方图的传递函数设计

LH 直方图虽然能独立地表示两种物质的边界,但是不能对边界中的两种物质进行区分,这样会造成显示组织边界时边界加厚,因为包含了其他组织与它相邻的边界,如图 7.19 所示。

采用 LH 直方图方法,左心室与背景的边界包含左心室组织靠近背景部分和背景本身的边界部分,由于边界中包含两种物质,在 LH 直方图中选择边界点出现交叉时,会产生模糊,无

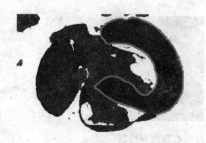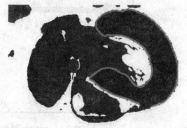

(a) 未进行区分的心室和背景边界　　　　　(b) 进行区分的组织边界

图 7.19　心脏切片中左心室组织与背景的边界

法确定该点属于何种组织的边界,如图 7.20(a) 中横竖线相交的边界点。如果采用 F-LH 方法,即一维是体素本身的灰度值,另一维是查找到的边界灰度值,二者之间不再比较,直接投影到坐标系中,便得到是 F-LH 直方图。在 F-LH 直方图中,位于对角线上的点仍然是内部体素,代表物质的内部。沿纵坐标方向去除对角线以外的其余点就是这一物质与其他组织的所有边界,不再需要在 LH 图纵向和横向查找,并且这样查找到的所有边界都是物质本身的边界,不会把边界中的相邻组织包含进来。而在 F-LH 直方图中横向查找,就可以找到所有与该物质有边界的组织,并且可以定位组织与该物质相邻的边界位置,不会出现 LH 直方图中边界包含两种组织的现象。

图 7.20 给出了用简化 LH 直方图方法和 F-LH 方法对左心室与背景的边界进行可视化的结果。图 7.20(a)(b) 给出了使用 LH 图和 F-LH 图进行传递函数设计的结果,图 7.20(c)(d) 是分别得到的边界放大效果图[15]。

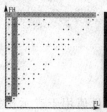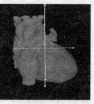　　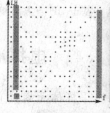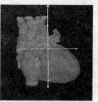

(a) 离散 LH 直方图及边界增厚的绘制结果　　　(b) F-LH 直方图及正确边界的绘制结果

(c) 对应 (a) 的放大效果　　　　　　　　(d) 对应 (b) 的放大效果

图 7.20　三维空间左心室与背景的边界增厚现象

图 7.21(a) 为用原来的 LH 直方图进行传递函数设计的结果,左右心室边界只有一个点表示,不能单独区分出来两个组织。而在 F-LH 直方图中,两种组织的边界可以分别表示。如图 7.21(b),LH 直方图中的一个边界点可以对应到两个边界点,分别是 F_L 对应的灰度值的组织的边界。图 7.21(c) 给出了同时将两个边界进行显示的绘制结果和交互工具旋转后的效果。

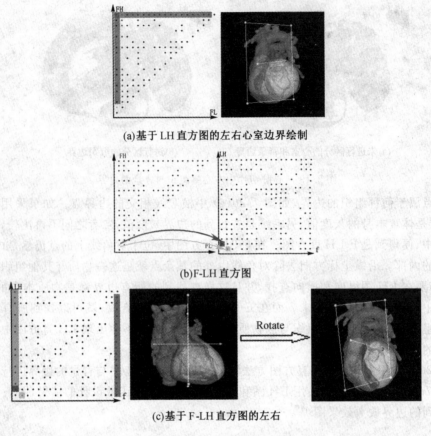

图 7.21　基于 LH 直方图和 F-LH 直方图的左右心室边界绘制

7.4　虚拟心脏多模态绘制

多模态体数据中的每个采样体元素具有多个标量值,这些标量值用于表示仿真或测量值。由于数据集中感兴趣的特征无法仅用体元素的任一单个变量恰当地分辨出来,而多维传递函数通过将体元素的不同变量赋给传递函数的不同域,因此在多模态体数据可视化中十分有益。

心脏三维电生理建模将心脏解剖模型和电生理仿真结合,通过精确的几何结构来直观地揭示心脏在正常或异常生理病理状态下的功能。该数据集中每一体元素有三种标量数据值,分别表示空间几何信息、体元素强度值以及电生理值。与强度标量值不同,人体心脏体数据中的那些具有电生理值的体素表示的是各组织兴奋波的传导模式而非组织自身。通常的传递函数,诸如二维灰度-梯度传递函数,并不能揭示哺乳类动物心脏在生理病理状态下的功能。因此多模态数据中的特征只有通过在多维传递函数中结合各个数据属性从而被辨识出来。

为了可视化多模态心脏数据,除体素强度之外,电生理和空间信息作为额外维度也被添加到多为传递函数的定义域中:

$$\tau : D_{\text{intensity}} \times D_{\text{E}} \times D_{\text{Space}} \rightarrow O_{\text{Opacity}} \times O_{\text{Color}} \quad (7.25)$$

式中,τ 为传递函数从体数据的数据属性到光学属性的映射规则;$D_{\text{intensity}}$、D_{E} 和 D_{Space} 分别为定义域的强度、电生理及空间三个维度;O_{Opacity} 和 O_{Color} 为不透明度和颜色两个值域。D_{Space} 是空

间信息域,在本章中用于计算欧氏距离变换及与视线相关的光线距离,以生成不透明度传递函数。

7.4.1 欧氏距离变换

为更加逼真地模拟心脏功能,除了计算模拟正常生理状态下心脏不同组织的电活动,也需建立并绘制出处于异常病理,如心肌缺血等状态下心脏折返波的传播模型,清晰地显现出缺血部位、缺血面积以及严重程度,为探讨局部心肌缺血对折返波传播的影响提供依据。

在心脏电生理体数据中,体元素的标量值呈均匀分布,具有与传统医学体数据相异的无规则性和复杂性。这使得通过上述的数据属性构造传递函数绘制数据,从而显示隐藏于内部的特征区域变得十分困难。因此通过体数据的完全欧式距离变换对绘制过程进行处理,实现在高信息量的复杂数据中揭示特征信息的目的。

距离变换将每一图像像素映射为其到感兴趣区域的最小距离。完全欧氏距离对人类世界尺度中的众多几何实物来说是更为适合的模型,特别是在对精确度要求很高的医学可视化研究领域中。

欧氏距离变换的核心问题是计算平面中每点到该平面给定子集的欧氏距离。在图像处理术语中按如下方式改述。令 $I:\Omega \subset \mathbf{Z}^2 \to \{0,1\}$ 为一个二值图像,$\Omega = \{0,\cdots,1\} \times \{0,\cdots,1\}$。欧氏距离变换的核心问题是计算平面中每点到该平面给定子集的欧氏距离。在图像处理术语中按如下方式改述:令 $I:\Omega \subset \mathbf{Z}^2 \to \{0,1\}$ 为一个二值图像,$\Omega = \{0,\cdots,1\} \times \{0,\cdots,1\}$。根据惯例,0 被关联为黑点,1 与白点相关联。于是有对象 O 由所有白点表示:$O = \{p \in \Omega \mid I(p) = 1\}$,如图 7.22 所示。集合 O 称为前景,并可由图像域中包括非连通集合的任一子集构成。其补集 O^c,即 Ω 中的黑点集合,称为背景。从距离变换的角度看,称背景点为兴趣点或特征点。

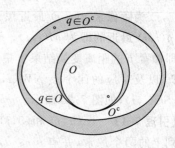

图 7.22 欧氏距离变换定义中的元素

【定义 7.1】 距离变换(DT)为生成映射 D 的变换,该映射中每一像素 p 的值为从该像素到集合的最小距离,如下:

$$D(p) := \min\{d(p,q) \mid q \in O^c\} = \min\{d(p,q) \mid I(q) = 0\} \tag{7.26}$$

图形 D 称为 I 的距离映射。D 自身也可以称为距离变换。此外,$d(p,q)$ 通常被看作是欧氏距离,即

$$d(p,q) = \sqrt{(p_i - q_i)^2 + (p_j - q_j)^2} \tag{7.27}$$

完全欧几里得距离变换的计算复杂度较高,最坏情况下,当图像中黑点像素超过一半时,其计算复杂度达 $O(n^4)$。为缩短对图像中每个像素进行完全欧几里得距离变换的时间,可以将图像划分成若干区域,在各个区域中分别计算白点(前景)像素至所有黑点(背景)像素的最短欧氏距离。

对于一个给定的图像,首先定义 $S_i = O^c \cap \{(x,y) \mid x \leqslant i\}$ 表示第 i 行以下所有黑点的集合,$N_i = O^c \cap \{(x,y) \mid x \geqslant i\}$ 表示第 i 行以上所有黑点的集合,$W_j = O^c \cap \{(x,y) \mid y \leqslant j\}$ 为第 j 列左部所有黑点的集合,$E_j = O^c \cap \{(x,y) \mid y \geqslant j\}$ 表示第 j 列右部所有黑点的集合。对应定义二维数组 $P(i,j) = \max\{p \mid (p,j) \in S_i\}$,则像素 $(P(i,j),j)$ 为 S_i 集合中第 j 列最顶端的黑点。$Q(i,j) = \min\{q \mid (q,j) \in N_i\}$,像素 $(Q(i,j),j)$ 为 N_i 集合中第 j 列最底部的黑

点。$L(i,j) = \max\{l \mid (i,l) \in W_j\}$，像素 $(i, L(i,j))$ 为 W_j 集合中第 i 行最右边的黑点。$R(i,j) = \min\{r \mid (i,r) \in E_j\}$，像素 $(i, R(i,j))$ 为 E_j 集合中第 i 行最左边的黑点。四个集合 P、Q、L 和 R 如图 7.23 所示。

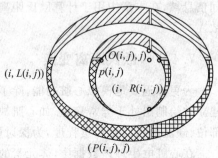

图 7.23　欧氏距离变换中 P、Q、R 和 L 集合的定义

对于给定的像素 $p(i,j)$，定义 $NW_{ij} = O^c \cap \{(x,y) \mid x \geq i, y \leq j\}$ 为 $p(i,j)$ 左上区域内的所有黑点集合；$SW_{ij} = O^c \cap \{(x,y) \mid x \leq i, y \leq j\}$ 为 $p(i,j)$ 左下区域内的所有黑点集合；$NE_{ij} = O^c \cap \{(x,y) \mid x \geq i, y \geq j\}$ 为 $p(i,j)$ 在图像中的右上区域内的所有黑点集合；$SE_{ij} = O^c \cap \{(x,y) \mid x \leq i, y \geq j\}$ 为 $p(i,j)$ 右下区域内的所有黑点集合。这 4 个集合将完整的图像分为 4 部分。上述 4 个集合中，距离 $p(i,j)$ 最近的黑点分别由 $NW(i,j)$、$NE(i,j)$、$SW(i,j)$ 和 $SE(i,j)$ 表示，称为像素 p 的 NW、NE、SW 和 SE 值。为优化欧氏距离变换，令 $M(i,j)$ 为距像素 $p(i,j)$ 最近黑点，则上面四个黑点中距 $p(i,j)$ 最近的即为 $M(i,j)$。$M(i,j)$ 到 $p(i,j)$ 的距离即像素 p 的距离变换结果。集合 NW_{ij}、NE_{ij}、SW_{ij} 和 SE_{ij} 以及对应的四个点 $NW(i,j)$、$NE(i,j)$、$SW(i,j)$ 和 $SE(i,j)$，如图 7.24 所示。

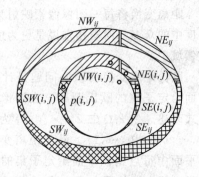

图 7.24　欧氏距离变换中 SW、SE、NW 和 NE 集合的定义

【引理 7.1】 设 (a,j) 和 (b,j) 为同一图像中位于同一列上的两个像素，并有 $b < a$，若已知 $NE(a,j) = (x,y)$，$NE(b,j) = (m,n)$，则 $m \leq x$；设 (i,a)，(i,b) 为位于同一行上的两个像素且 $b < a$，若 $NE(i,a) = (p,q)$，$NE(i,b) = (u,v)$，则 $v \leq q$。类似的结论也同样适用于数组 $NW(i,j)$、$SW(i,j)$ 与 $SE(i,j)$。

上述定义、引理及其证明在文献[16]中引出。由以上定义和引理，可以简化对 4 个特定黑点 $NW(i,j)$、$SW(i,j)$、$NE(i,j)$ 及 $SE(i,j)$ 的搜索。以 $NE(i,j)$ 为例，可使用数组 R 或 Q 计算其位置。对于一个 $n \times n$ 的图像，不需计算并比较 $p(i,j)$ 到 NE_{ij} 中所有黑点的欧氏距离，只要计算 p 与黑点 $(k, R(k,j))(k = i+1, i+2, \cdots, n)$ 间的距离，选择具有最小距离的黑点并赋为 $NE(i,j)$ 即可。使用数组 Q 中行数为 i 的各黑点 $(Q(i,k), k)(k = j+1, j+2, \cdots, n)$，同样可达到计算 $NE(i,j)$ 的目的。

由引理 7.1，可进一步通过等分行或列缩小对像素 4 个特定黑点的查找区域。如对于集合 NE_{ij}，设第 i 行像素已被 l 等分，已知 $NE(i, kn/l) = (m_k, n_k)(k = 1, \cdots, l)$，则数组 Q 的第 i 行同时也可被分为 l 部分，第 k 部分为 $Q(i, n_{k-1})$ 至 $Q(i, n_k)$。第 i 行第 k 部分像素的 NE 值计算只需使用数组 Q 第 i 行的第 k 部分像素搜索。为进一步缩小搜索范围，令 $n_p = \max((k-1)*n/l, n_{k-1})$，$n_q = \min(k*n/l, n_k)$，则用于搜索的数组 Q 第 i 行的 k 部分变为 $Q(i, n_p)$ 至 $Q(i, n_q)$。对于第 j 列已被等分的情况，同理可按上述方法将数组 R 对应等分，缩小查找 $NE(i,j)$ 的区域。这样对 $NE(i,j)$ 便可进行行列交叉查找，相互等分以减少计算。对 $NW(i,j)$、$SW(i,j)$ 与 $SE(i,j)$ 的查找也同样可用这种行列交叉方式。$NW(i,j)$ 分别使用 Q 数组和 L 数组进行行列交叉查找；$SW(i,j)$ 使用 P 数组和 L 数组；$SE(i,j)$ 用到的数组分别为 P 数组和 R 数组。以查找 $SW(i,j)$ 为例的示意图如图 7.25 所示。

对一个 $n\times n$ 的图像,二维完全欧氏距离变换算法首先使用数组 Q 计算行数 $i=n/2$ 的所有像素的 NE 值,即 $NE(n/2,j)(j=1,2,\cdots,n)$ 之后,当使用数组 R 计算列数 $j=n/2$ 的所有像素的 NE 值时,由于该列已被行二等分,设 $NE(0,n/2)=(m_1,n_1),NE(n/2,n/2)=(m_2,n_2)$, $NE(n,n/2)=(m_3,n_3)$,计算与比较该列上 0 到 $n/2$ 行的每一像素与黑点 $(k,R(k,n/2))(k=m_1,\cdots,m_2)$ 间的距离,最短距离对应的黑点即像素的 NE 值;对该列 $n/2$ 到 n 行的每一像素,黑点 $(k,R(k,n/2))(k=m_2,\cdots,m_3)$ 中距离像素最短者即为其 NE 值。

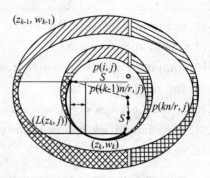

图 7.25 等分查找 $SW(i,j)$ 示意图。$SW((k-1)n/r,j)$ 对应的点为 (z_{k-1},w_{k-1}),$SW(kn/r,j)$ 对应的点为 (z_k,w_k)

以此类推,若图像中第 i 行的像素已被 l 等分,且已知 $NE(i,kn/l)=(m_k,n_k)(k=1,\cdots,l)$。将数组 Q 的第 i 行分为 l 部分,设第 k 部分为 $Q(i,n_{k-1})$ 至 $Q(i,n_k)$。令 $n_p=\max((k-1)*n/l,n_{k-1}),n_q=\min(k*n/l,n_k)$,通过计算并比较与黑点 $(Q(i,k),k)(k=n_p,\cdots,n_q)$ 的距离便可以求得第 i 行第 k 部分像素的 NE 值。对于第 j 列已被等分的情况,同理可按上述方法将数组 R 对应等分。这样在行列相互等分过程中,随着等分程度越来越细,计算量明显降低。二维完全欧氏距离变换算法为:

算法 2D 完全欧氏距离变换算法
输入:n×n 的图像 I
输出:I 中任一像素 p(i,j) 对应的最近黑点 M(i,j)
1. for each pixel p(i,j) in image I do
2. compute elements L(i,j), R(i,j), P(i,j) and Q(i,j) of p(i,j);
3. end for
4. compute the NE(i,j) of the pixel in the n/2th line using array Q;
5. compute the NE(i,j) of the pixel in the n/2th column using array R;
6. dividing equally array Q into two parts and obtain the NE(i,j) of
7. each pixel in the n/4th and 3n/4th lines by searching black points in
8. the corresponding half section of Q;
9. obtain the NE(i,j) of each pixel in the n/4th and 3n/4th columns by
10. operating on arryay R as the same way of dealing with pixels in the
11. n/4th and 3n/4th lines;
12. keep on taking bisection step for the line and column andsearching
13. alternately in the row and column directions;
14. stop searching when the n lines and columns are divided $\log_2^n$ times;
15. for each pixel p(i,j) in image I do

```
16. compute NW(i,j),SW(i,j)and SE(i,j)of p(i,j)in the same
17. way of computing NE(i,j);
18. compute Euclidian distance from p(i,j)to NW(i,j),NE(i,j),SW(i,j)
19. and SE(i,j)respectively;
20. select the black point which has the shortest distance to p(i,j)from
21. these four black points and assign it to M(i,j);
22. end for
```

将二维二值图像 I 扩展到三维空间,令 $I_{3D}:\Omega_{3D} \subset Z^3 \to \{0,1\}$ 为一组二维二值图像,其中 $\Omega_{3D} = \{0,\cdots,1\} \times \{0,\cdots,1\} \times \{0,\cdots,1\}$。0 与 1 的含义与二维空间相同,分别为黑点和白点。O_{3D} 和 O_{3D}^c 分别为 Ω_{3D} 中的由白点构成的目标集合与黑点构成的背景集合。I_{3D} 中每一空间体元素 p 的三维距离映射定义如下:

$$D_{3D}(p) := \min\{d_{3D}(p,q) \mid q \in O_{3D}^c\} \tag{7.28}$$

式中,q 为三维空间中集合 O_{3D}^c 的所有黑点。$d_{3D}(p,q)$ 表示两个空间体元素 p 与 q 间的三维欧氏距离,即

$$d_{3D}(p,q) = \sqrt{(p_i - q_i)^2 + (p_j - q_j)^2 + (p_k - q_k)^2} \tag{7.29}$$

令 $V(i,j,k)$ 为距离空间体元素 $p(i,j,k)$ 最近的黑点。本章中的三维完全欧氏距离变换算法以尽可能小的时间复杂度为每个体元素 p 搜索其最近黑点 V,并计算 p 到 V 的完全欧氏距离。为优化三维完全欧氏距离变换算法,有命题 7.1 和命题 7.2:

【命题 7.1】 设 (i,j,k_1) 与 (i,j,k_2) 为两个二维图像上具有相同行列位置的两个像素,且已知 (i,j,k_1) 在其二维图像中的最近黑点为 (x,y,k_2),则 (i,j,k_1) 在 (i,j,k_2) 所在二维图像中的最近黑点亦为 (x,y,k_2)。

【命题 7.2】 设 (i,j,k_1) 与 (i,j,k_2) 为两个二维图像上具有相同行列位置的两个像素,且 $k_1 < k_2$,若 $V(i,j,k_1)=(a,b,c),V(i,j,k_2)=(x,y,z)$,则 $c \leq z$。

命题 7.1 和命题 7.2 的证明在文献[17]中给出。命题 7.1 使得搜索一个体素 $p(i,j,k)$ 在三维空间中的最近黑点 $V(i,j,k)$ 时,不必与所有二维图像中的全部黑点进行距离的计算比较,只需找到每个二维图像中与其具有相同行列的体素对应的黑点,与之作距离计算,并将距离最小的黑点赋为 $V(i,j,k)$。这极大地减少了在三维空间中需要计算比较的黑点的个数。

这样在查找最近黑点时,不必计算与比较三维体数据中的每个白点与每一个黑点的距离,取而代之以对体数据的每个二维二值图像应用二维完全欧氏距离变换,得到任一体素在其所在图像中的最近黑点。继而应用命题 7.1 和命题 7.2,比较每个二维图像中的体素与相应部分的二维图像中黑点间的距离,通过减少需要参与距离计算和比较的二维图像个数与二维图像中黑点的个数以优化三维完全欧氏距离变换算法。

由此在进行三维完全欧式距离变换过程中,可以在体数据的切片方向采用等分法缩小对最近黑点的搜索范围。对第 $n/2$ 个二维图像中的每个体素 $p(i,j,n/2)$,设 $V(i,j,0)=(m_1,n_1,w_1),V(i,j,n)=(m_2,n_2,w_2)$,将其与 w_2-w_1+1 个图像中对应的黑点 $M(i,j,k)(k=w_1,\cdots,w_2)$ 关联,并计算比较他们间的距离,从中取距离最短的黑点赋为最近黑点 $V(i,j,n/2)$。寻找第 $n/4$ 和第 $3n/4$ 个二维图像中体素的最近黑点时,由于已被二等分,设 $V(i,j,0)=(m_1,n_1,w_1),V(i,j,n/2)=(m_2,n_2,w_2),V(i,j,n)=(m_3,n_3,w_3)$。对第 $n/4$ 个二维图像中的每个体素,计算比较其与 w_2-w_1+1 个图像中对应的黑点 $M(i,j,k)(k=w_1,\cdots,w_2)$ 的距离;对 $3n/4$

个二维图像中的每个体素,计算比较其与 w_3-w_2+1 个图像中对应的黑点 $M(i,j,k)(k=w_2,\cdots,w_3)$ 的距离。以此类推,寻找第 $n/8,3n/8,5n/8,7n/8$ 个二维图像中体素的最近黑点,…… 若第 i 个图像的体素已被 l 等分,且已知 $V(i,j,kn/l)=(m_k,n_k,w_k)(k=1,\cdots,l)$,则数组 V 也被分为 l 部分,计算并比较与黑点 $M(i,j,k)(k=w_{k-1},\cdots,w_k)$ 的距离求得第 k 部分图像体素的最近黑点。三维完全欧式距离变换算法为:

算法　3D 完全欧氏距离变换优化算法
输入:$n \times n \times n$ 的体数据 I
输出:I 中任一体素 $p(i,j,k)$ 对应的最近黑点 $V(i,j,k)$
1. for $k=1;k \leqslant n;k++$ do
2. for each $p(i,j)$ in image k do
3. compute the nearest black point $M(i,j,k)$ of p using 2D Euclidean
4. distance transform algorithm;
5. end for
6. end for
7. compute the nearest black point in the 3D space of the pixels in the $n/2^{th}$
8. image;
9. for the division number $\lambda=0;\lambda \leqslant \log_2^{n-1};\lambda++$ do
10. divide the n images equally by $d(d=2^\lambda)$;
11. for division point $l=1;l \leqslant d;l++$ do
12. compute the nearest black point in the 3D space of the voxel in
13. the $(2l-1)/2d * n^{th}$ image;
14. end for
15. end for

为对体数据中的体元素进行欧氏距离变换,将体数据中位于不同物质边界的体素关联为距离变换术语中的黑点,而将位于物质内部的体素关联为白点。这样,通过三维完全欧氏距离变换,可以得到物质内部的体素距该物质边界的深度,如图 7.26 所示。图 7.26(a) 显示了对心脏左心室内组织在三维空间中进行距离变换后,沿切片叠加方向投影的二维图像结果。图中每点像素的颜色值表示该像素距边界黑点的深度,随着深度增加,颜色逐渐发生变化。图 7.26(b) 为对左心室内组织作距离变换的三维表现。通过构造线性函数将每个体元素的欧氏

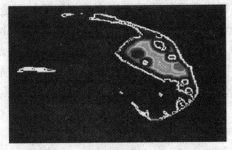 

(a)二维投影　　　　　　　　(b)三维欧氏距离变换的映射

图 7.26　心脏左心室内组织的三维欧氏距离变换

变换值映射为不透明度，使得体元素的不透明度随着其接近边界而减少，远离边界而增大。从图 7.26(b) 中可以看到，与二维投影相同，随着左心室内组织的内部体素距离边界黑点体素的欧氏距离的增大，表示距离大小的颜色逐渐发生变化。

7.4.2 基于三维欧氏距离变换的加权合成

对于复杂的心脏解剖组织结构模型与电生理模型整合的多模态数据，沿着视线方向显示所有的物质结构或信息会或多或少地干扰人们的视觉感知。为改进绘制效果，本节在体绘制投射光线并累积采样体元素不透明度的过程中，将每个体元素的三维完全欧氏距离变换值作为当前采样体元素的权值，改进不透明度的计算方法，从而提供给用户高信息量的绘制结果，消除遮挡环境而显示内部的隐藏特征信息。

已知光线投射体绘制积分的离散近似算法在沿光线的第 i 个步长内，由前向后累加计算不透明度 α_i 和颜色值 C_i 的合成公式如下：

$$\alpha_{i+1} = \alpha_{i-1} + \alpha(P(i)) \cdot (1 - \alpha_{i-1})$$
$$C_{i+1} = C_{i-1} + C(P(i)) \cdot \alpha(P(i)) \cdot (1 - \alpha_{i-1}) \tag{7.30}$$

式中，$P(i)$ 为第 i 个采样体元素的灰度强度值，其不透明度值为 $\alpha(P(i))$，颜色值为 $C(P(i))$，光线穿过第 i 个采样体元素前的不透明度值为 α_{i-1}，颜色值为 C_{i-1}，经过第 i 个采样体元素后的不透明度值为 α_{i+1}，累加颜色值为 C_{i+1}。$\alpha(P(i))$ 和 $C(P(i))$ 分别由传递函数映射得到，如下：

$$\alpha(P(i)) = \alpha_{\text{transfer}}(P(i))$$
$$C(P(i)) = C_{\text{transfer}}(P(i)) \tag{7.31}$$

α_{transfer} 和 C_{transfer} 分别表示不透明度传递函数和颜色传递函数，它们将体数据中体元素的标量值按照一定规则赋予不透明度和颜色值。对于心脏多模态数据，$\alpha_{\text{transfer}}(P(i)) = \alpha_{\text{F-LH}}(P(i)) \cdot \alpha_{\text{Electrophy}}(P(i))$，其中 $\alpha_{\text{F-LH}}(P(i))$ 为根据 F-LH 直方图设定的传递函数；$\alpha_E(P(i))$ 为基于一维线性查找表对心脏组织动作电位值进行映射的一维传递函数。根据传递函数映射的不透明度和欧氏距离变换值，本节修改了传统体绘制公式(7.30)中 α_{i-1} 的系数，得到新的混合模型，如下：

$$\alpha_{i+1} = k \cdot \alpha_{i-1} + \alpha_{\text{transfer}}(P(i)) \cdot (1 - k \cdot \alpha_{i-1}) \tag{7.32}$$

系数 k 的设定如下：

$$k = \begin{cases} 1, & \alpha_{\text{Electrophy}}(P(i)) < 0 \text{ or } \alpha_{\text{Electrophy}}(P(i)) > 1 \\ D_{3D}(i), & 0 \leqslant \alpha_{\text{Electrophy}}(P(i)) \leqslant 1 \end{cases} \tag{7.33}$$

$D_{3D}(i)$ 为第 i 个采样体元素的三维完全欧氏距离变换，并被归一化为 0 至 1。作为欧氏距离变换调节系数，$D_{3D}(i)$ 根据沿投射光线上采样体元素的欧氏距离变换调整累加不透明度。

从式(7.32)及式(7.33)中可以看出，当光线穿过只需展现心脏解剖结构模型中特定组织的区域，即 $\alpha_{\text{Electrophy}}(P(i)) < 0$ or $\alpha_{\text{Electrophy}}(P(i)) > 1$（$\alpha_{\text{Electrophy}}(P(i))$ 无效）时，沿投射光线采样步长的增加，体元素的不透明度按原始体绘制积分的离散近似算法进行累加。如果光线进入隐藏内部特征信息的心脏组织的电生理模型区域，根据式(7.32)更改不透明度的累加算法，此时 $k = D_{3D}(i)$，则由式(7.32))可以推导出：

$$\begin{aligned}\alpha_{i+1} &= D_{3D}(i) \cdot \alpha_{i-1} + \alpha_{\text{transfer}}(P(i)) \cdot (1 - D_{3D}(i) \cdot \alpha_{i-1}) = \\ & D_{3D}(i) \cdot \alpha_{i-1} + \alpha_{\text{transfer}}(P(i)) - \alpha_{\text{transfer}}(P(i)) \cdot D_{3D}(i) \cdot \alpha_{i-1} = \\ & D_{3D}(i) \cdot \alpha_{i-1} \cdot (1 - \alpha_{\text{transfer}}(P(i)) + \alpha_{\text{transfer}}(P(i)) = \\ & (D_{3D}(i) \cdot \alpha_{i-1} - 1) \cdot (1 - \alpha_{\text{transfer}}(P(i))) + 1\end{aligned} \tag{7.34}$$

由式(7.34)，沿着射线方向，将 $D_{3D}(i)$ 作为 α_{i-1} 的调节系数。由于 $D_{3D}(i)$ 被归一化为 $0\sim 1$ 之间，避免了因 α_{i-1} 趋近于 1 而遮挡住远离视线的区域特征信息。同时，随着采样体元素的欧氏距离变换值的增加，$D_{3D}(i)$ 也逐渐增大，因此累加后的不透明度变大。这使得该区域体元素的不透明度随着其接近边界而减少、远离边界而增大，从而突出强调隐藏于内部且反映具有重要意义电生理活动的部位，淡化其余电生理活动的部位。

7.4.3 与视线相关的光线投射距离传递函数

体元素的欧氏距离变换作为权值调整不透明度的累加，这使得位于物质内部的体素具有较高不透明度，外层体元素的不透明度较低，以显示内部细节信息。然而欧氏距离变换的结果是物质内部体素至边界的相对距离。这一性质导致从一侧的物质外层透过内部显示另外一侧的部位变得十分困难，造成当前显示的特征区域，在改变视角后成为远离视线的一侧而被内部体素所遮蔽。光线在体数据绘制过程中起着至关重要的作用，它提供了与视角改变相关的视觉显示。本节因此将穿过物质的投射光线距离作为不透明度传递函数的输入变量，从而避免上述现象发生。

设 x_i 为连续体数据域 $F(x_i)$ 上的体元素采样点。x_i 的梯度由 $\boldsymbol{g}_{x_i} = \nabla F(x_i)$ 表示，$\boldsymbol{g}_{x_i}$ 为归一化的梯度向量，$\|\boldsymbol{g}_{x_i}\|$ 为单位归一化的梯度幅值。令 X 为属于某一特定物质的体素集合，该物质由构建的 F-LH 直方图指定，则每个采样体素 x_i 的不透明度传递函数公式如下：

$$\alpha_{\text{Ray}}(x_i) = \begin{cases} \|\boldsymbol{g}_{x_i}\| \cdot \|x_i - E\| & , x_i \in X \\ \|\boldsymbol{g}_{x_i}\| \cdot 1 & , x_i \notin X \end{cases} \tag{7.35}$$

$\|x_i - E\|$ 为投射光线上从采样体元素至视点 E 的单位归一化距离。对每个属于指定物质的体元素 x_i，将梯度属性与 x_i 距视点的距离结合，从而得到期望的绘制效果。此项的意义在于体元素的位置距离视点越远，其表现地越不透明。$\|\boldsymbol{g}_{x_i}\|$ 保证了在增强内部对象细节的同时，由于物质边界处梯度的高幅值而保留了边界显示。

图 7.27 为左心室内部组织的视线相关光线距离示意图。f_{in} 和 f_{out} 分别表示左心室内组织的内层和外层边界体素；l_{in} 和 l_{out} 分别为背景与左心室内组织之间的边界中背景部分的内层与外层边界体素。这四类体元素都在 F-LH 直方图中被提取出来，在投射光线上位于 f_{in} 和 f_{out} 两种边界之间的体素，随着其距离视点的增加而被增强。

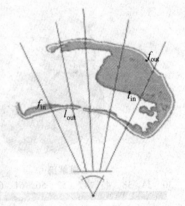

图 7.27 左心室内部组织的视线相关光线距离图例

心脏多模态体数据中任一采样体元素的最终不透明度由下式所示的传递函数得到

$$\alpha(x_i) = \alpha_{\text{F-LH}}(x_i) \cdot \alpha_{\text{Electrophy}}(x_i) \cdot \alpha_{\text{Ray}}(x_i) \tag{7.36}$$

传递函数 $\alpha_{\text{F-LH}}(x_i)$ 通过基于 F-LH 直方图选择不同区域并赋给它们不透明度而生成，方程式中 $\alpha_{\text{Electrophy}}(x_i)$ 值的决定依赖于反映处于不同位置的生理或病理状态下的电生理值。

7.4.4 心脏多模态模型绘制结果

本章使用虚拟人心脏解剖数据和三维心脏左心室内组织的电生理仿真数据评价所提出的多模态心脏数据的可视化方法。电生理数据集大小为 $200 \times 200 \times 249$。所有的实验在 CPU 为 Core(TM)2 Quad @ 2.40G、4G 内存和 NVIDIA GeForce 9600GT 的 GPU 显卡环境下进行。

通过式(7.36)所示的针对多模态心脏数据构建的多维传递函数,实现了心脏的电生理模拟与其几何解剖模型的结合以准确地揭示心脏电生理行为。该传递函数则综合考虑体数据中体元素的强度、梯度和跨膜电压值,将它们映射为适当的不透明度和颜色并赋予体元素。这样心脏内部在正常和异常情况下的生理或病理电势分布能够被直观有效地观察到。图7.28显示了在心脏解剖模型的环境下,心脏电生理活动周期内的某一时刻令人感兴趣的电生理信息。图7.28(a)中,左心室加入刺激后,在120 ms时刻的兴奋传播。而到了250 ms时,表示左心室内细胞电压值变化的兴奋波已经传导到左心室的大部分,如图7.28(b)所示。

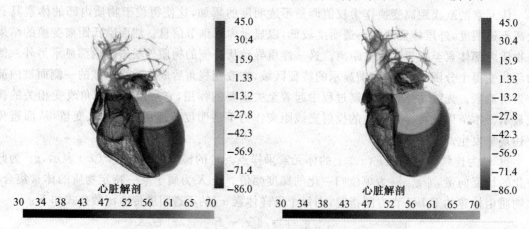

(a) 120 ms时左心室兴奋波传导的可视化结果

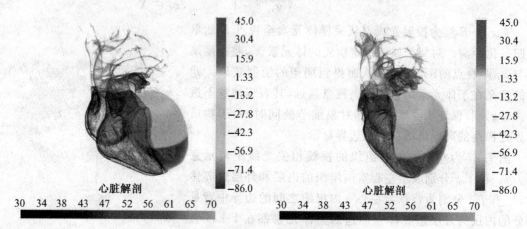

(b) 250 ms时左心室兴奋波传导的可视化结果

图7.28　使用多维传递函数对心脏解剖结构模型与电生理仿真模型的结合进行多模态体绘制可视化

图7.29至图7.31分别为加入刺激后,第720 ms、900 ms和1 040 ms时的心室内组织在正常状态和缺血状态下兴奋波传导的结果图像,左边为正常状态下的兴奋波传导,右边为缺血状态下兴奋波的传导。由于缺血区域很小,对兴奋波传导的影响无法传递到左心室内组织的表面,因此从图中可以看到,缺血状态下动作电位在左心室内组织表面层上的传播与正常状态下的兴奋波传导并无差别,很难从表层兴奋波的传导对这两种状态进行区分。

心脏电生理数据的内部特征用传统的,例如基于标量值和梯度幅值的可视化传递函数无法被揭示出来。通过对体元素进行三维完全欧氏距离变换,将变换值加入到光线投射体绘制积分的离散近似算法中,作为权值调节体元素的累加不透明度。这使得体元素的不透明度随

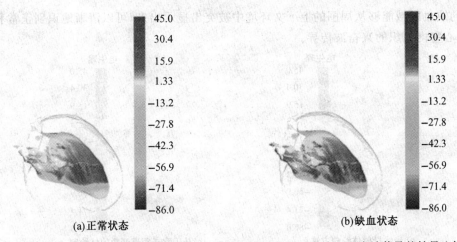

图 7.29　心室内组织在 720 ms 时刻正常状态和缺血状态下兴奋波传导的结果比较

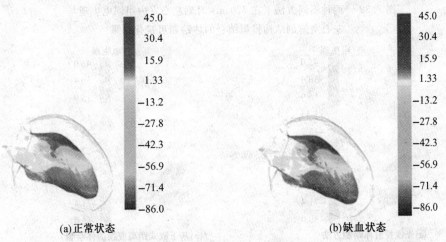

图 7.30　心室内组织在 900 ms 时刻正常状态和缺血状态下兴奋波传导的结果比较

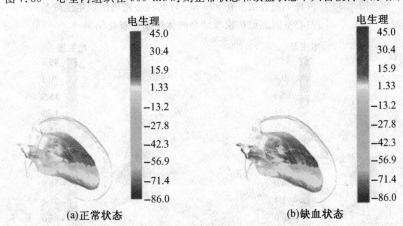

图 7.31　心室内组织在 1 040 ms 时刻正常状态和缺血状态下兴奋波传导的结果比较

着其接近边界而减少、远离边界而增大，突出强调了隐藏于内部且反映具有重要意义电生理活动的部位。图 7.32 至图 7.34 表示第 720 ms、900 ms 和 1 040 ms 时利用欧氏距离变换揭示心脏左心室内组织的内部缺血块的绘制结果。根据沿投射光线上采样体元素的欧氏距离变换调整累加不透明度，随着解剖模型中心室内组织的内部体元素距边界最小距离的减小逐渐消隐透明，内部的缺血区域能够从周围的上下文环境中被突出显示出来，可以清晰地识别正常和缺血状态下左心室内组织的兴奋波传导。

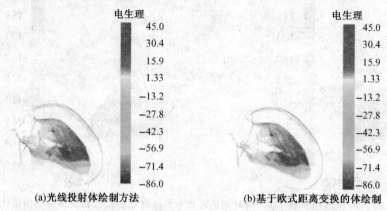

图 7.32　两种不同方法下在 720 ms 时刻左心室内组织电生理与
左心室解剖结构模型结合的体绘制可视化结果

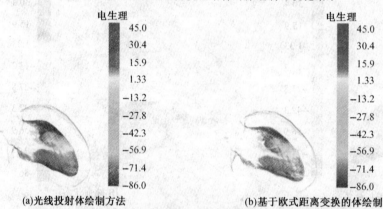

图 7.33　两种不同方法下在 900 ms 时刻左心室内组织电生理与
左心室解剖结构模型结合的体绘制可视化结果

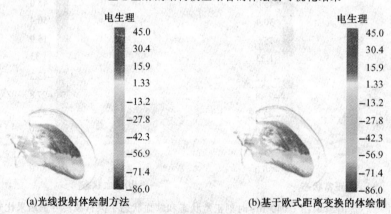

图 7.34　两种不同方法下在 1 040 ms 时刻左心室内组织电生理与
左心室解剖结构模型结合的体绘制可视化结果

欧氏距离变换模式显示出隐藏于基于多模态心脏数据绘制出的表面兴奋波下的心肌缺血块，然而视角的变换往往使得该特征区域不可见。图 7.35 表示视线相关的光线距离传递函数应用于异常病理心肌缺血状态下动作电位传导的体绘制结果。顶端图像表示转换视角后，心室内组织表层在缺血状态下第720 ms的兴奋波传导，左下图像表示该视角下通过欧氏距离变换模式得到的兴奋波传导的绘制结果。从图中可以看出由于视角的改变，缺血区域已不可见。引入视线相关光线距离不透明度转换后，在右下图中，缺血区域在该视角下可以被突出显示出来。图7.36和图7.37分别表示改变视角后，第900 ms和1 040 ms时刻应用视线相关光线距离不透明度转换后揭示缺血区域的效果。最终的绘制结果表明，通过将指定物质中当前位置的体元素至视点的距离映射为不透明度，该不透明度值随着体元素接近视点而减小，远离视点而增大，内部高细节的缺血区域能够被明显地识别出来。

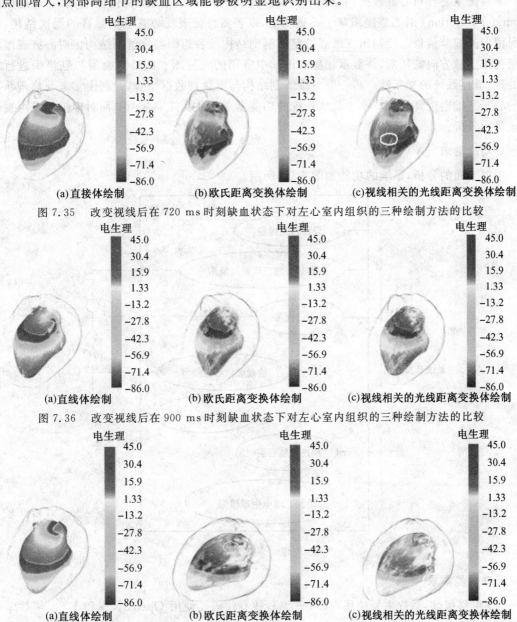

(a) 直接体绘制　　(b) 欧氏距离变换体绘制　　(c) 视线相关的光线距离变换体绘制

图7.35　改变视线后在720 ms时刻缺血状态下对左心室内组织的三种绘制方法的比较

(a) 直线体绘制　　(b) 欧氏距离变换体绘制　　(c) 视线相关的光线距离变换体绘制

图7.36　改变视线后在900 ms时刻缺血状态下对左心室内组织的三种绘制方法的比较

(a) 直线体绘制　　(b) 欧氏距离变换体绘制　　(c) 视线相关的光线距离变换体绘制

图7.37　改变视线后在1 040 ms时刻缺血状态下对左心室内组织的三种绘制方法的比较

7.5 虚拟心脏可视化系统

本系统从心脏的解剖结构出发,利用可视化技术对心脏进行三维解剖结构建模,并进一步将之与电生理模型结合,可视化心脏的电生理行为。

7.5.1 系统需求分析

本系统主要针对心脏数据,利用 VTK(Visual Tool Kit) 实现可视化技术,设计传递函数 (transfer function) 对心脏组织赋予不透明度,以表面特征表现心脏组织器官的层次结构,同时保留内部细节信息。绘制出三维心脏整体解剖结构及各组织器官解剖结构。对心脏三维解剖结构作任意方向的切割,并显示相应的医学中常用的三视图。此外对绘制心脏组织进行加速处理,增强系统的交互性。将心脏三维解剖结构与电生理数据结合,绘制出常态与病理状况下的心脏三维电生理模型。本小节从系统的功能需求和非功能需求两方面对虚拟心脏可视化系统进行分析。

1. 功能需求

根据上面的分析,系统的功能如图 7.38 所示。

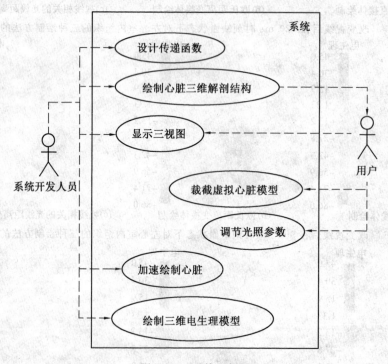

图 7.38 系统用例图

2. 非功能需求

(1) 可移植性:系统主要使用 VC++ 编写核心代码。使用 OpenGL 库和 VTK 函数库对数据进行几何变换和渲染。可以运行在 Windows 操作系统的不同版本上。由于 VTK 自身具有可移植性,只需重新编译并简单修改界面部分的代码(如 QT 或者 FLTK),就可以运行在诸如 Linux 等不同的操作系统下。

(2) 界面需求：本系统使用标准的控件，包括菜单、按钮和滑动控制组件。用户能够方便地和系统进行交互。为了能够设计出准确、符合用户习惯的界面，为此本系统界面设计原则如下：

a. 简洁明了。用户的操作要尽可能以最直接、最易于理解的方式呈现在用户面前。对于使用频繁的操作接口，直接点击高于右键操作，尽可能符合用户对类似系统的识别习惯。

b. 一致性。一致性包括使用标准的控件，也指使用相同的信息表现方法，如在字体、标签风格、颜色、术语、显示错误信息等方面保持一致。使用上述原则，不仅可以设计出满足人机工程学要求的界面，而且容易形成公司的标准文档，为企业开发其他软件提供模板，通告可重用性和软件开发效率。

c. 易用性。本系统具有良好的易用性。经过未经培训的用户使用，得到了良好的反馈。

7.5.2 系统功能模块划分

根据需求分析本系统主要分为以下 4 个模块，如图 7.39 所示。

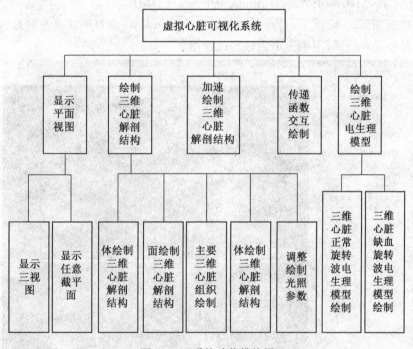

图 7.39 系统功能模块图

(1) 读取美国虚拟人心脏部分的切片数据，利用可视化技术绘制三维心脏解剖结构的功能。本模块将美国虚拟人切片数据组织成体数据，根据心脏体数据设计不透明度传递函数和颜色传递函数，对各类心脏组织赋予不同的不透明度和颜色值。通过两种绘制算法分别在体绘制和面绘制两个子模块中绘制三维心脏解剖结构。此外对心脏数据分类，完成心脏各主要组织的三维绘制。通过截平面对三维心脏解剖结构进行任意方向裁截并显示截面。在调整绘制光照参数子模块中，通过调节光照参数改变光照效果，从而增强心脏解剖三维模型的真实感。此外可以使用鼠标对绘制出的心脏模型进行放大、缩小和旋转。

(2) 显示平面视图功能。本模块对三维心脏解剖模型进行平面投射，依据投射平面的不同，显示与模型相应的医学中常用的三视图。在使用任意方向的截面工具切割三维模型的情况下,显示切割后的截平面。

(3)加速心脏数据可视化功能。本模块对绘制心脏组织进行加速处理,增强系统的交互性,同时保持高质量的绘制结果。

(4)针对LH直方图方法,设计了交互界面,为用户提供了颜色值和不透明度值的任意设置,并获得实时的反馈绘制结果。

(5)绘制三维心脏电生理模型功能。本模块功能是将心脏三维解剖结构与电生理数据结合,绘制出常态与病理状况下的心脏三维电生理模型。其中两个子模块分别为三维心脏正常旋转波电生理模型绘制和三维心脏缺血旋转波电生理模型绘制。

7.5.3 系统实现及测试

本系统的所需的软件平台如下:
(1)开发平台:Windows XP。
(2)开发语言:C++、VTK工具包。
(3)开发工具:Microsoft Visual Studio 6.0、Start UML。

系统主界面如图7.40所示,界面采用单文档的Windows窗口形式。左侧是控制区,右侧窗口中上侧是主显示视图,下侧三个为截平面视图。

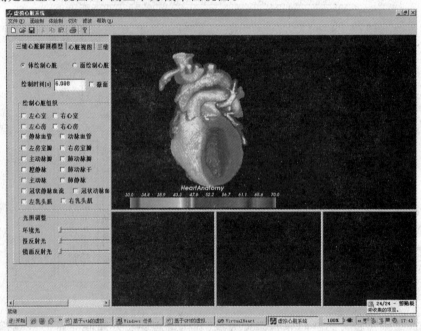

图7.40 系统主界面

系统控制面板如图7.41所示,包含三个标签框,分别为三维心脏解剖模型、心脏视图和三维心脏电生理模型。

三维心脏解剖模型包括三维心脏解剖的体绘制显示和面绘制显示、绘制时间、心脏不同组织可视化的控制、截面工具的控制、光照模型参数控制。系统运行后通过点击两个单选按钮选择绘制心脏的方式,绘制整体心脏解剖结构并显示绘制时间,用户可以使用鼠标对绘制出的心脏模型进行用户需要的任意放大、缩小和旋转。用户根据需要可在心脏不同组织可视化控制区内选择单个心脏组织器官显示,此时单个器官显示于整体心脏解剖结构右侧,整体心脏解剖结构中除此器官外，其余器官皆较透明，从而直观显示出该器官在整体心脏结构中的拓扑结构。图 7.42 所示的是选择左心房后的绘制结果。图 7.43 所示的是选择左心室后的绘制结果。图 7.44 所示的是选择右心房以及左房室瓣后的绘制结果。图 7.45 为用 Marching Cubes 面绘制算法绘制心脏左右心房和左右心室效果图。选择单击截面工具复选框开启截平面工具对三维心脏解剖结构进行任意方向裁截并显示截面，使得用户对心脏内部结构有更清晰的了解，如图 7.46 所示。通过光照模型参数控制滑块调整作用于虚拟心脏模型上的光照效果，以达到用户满意的真实三维效果，如图 7.47 所示。

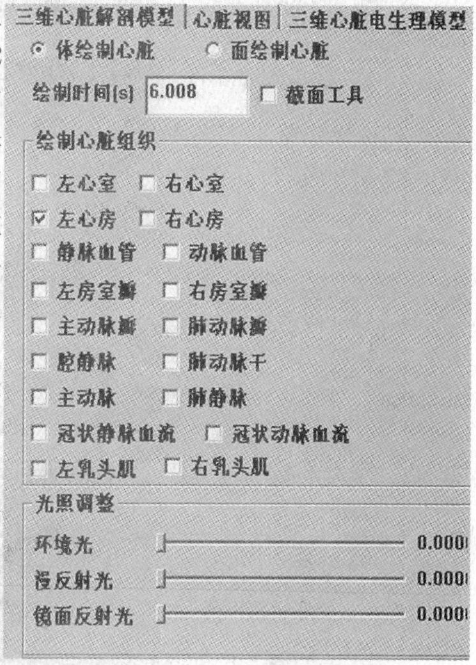

除了体绘制心脏之外，体绘制控制模块还可以对绘制心脏组织进行加速处理，增强系统的交互性，同时保持高质量的绘制结果，如图 7.49 所示。

与图 7.40 中的结果相比较，加速算法同样可以较高质量地绘制出各心脏组织。将原始光线投射算法所用的时间和加速算法的进行比较，从表 7.1 中可以看出，加速算法能够减少绘制时间的耗费。

图 7.41 系统控制面板

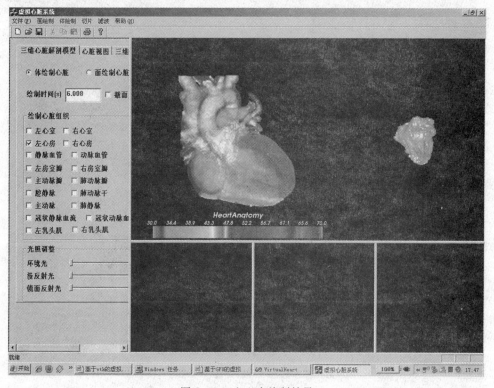

图 7.42 左心房绘制结果

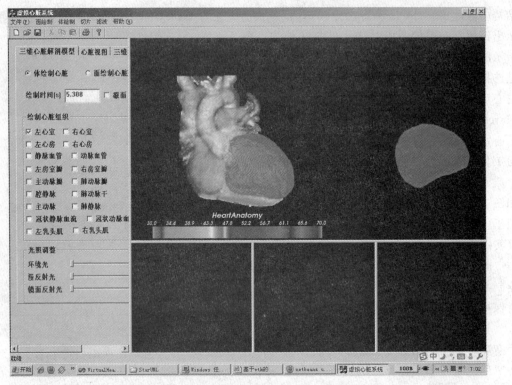

图 7.43 左心室绘制结果

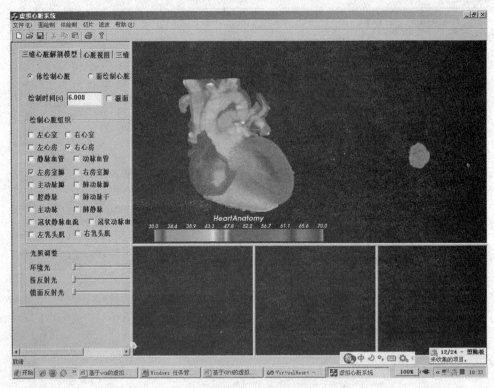

图 7.44 右心房与左房室瓣绘制结果

第 7 章　虚拟心脏的可视化方法

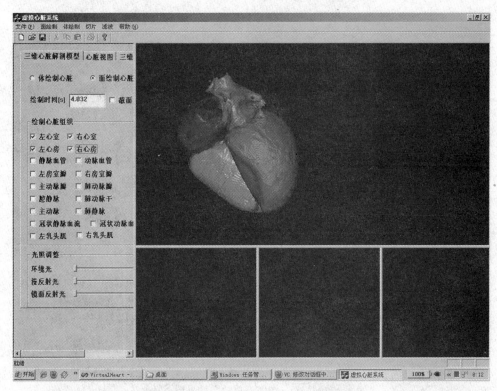

图 7.45　左右心房与左右心室面绘制结果

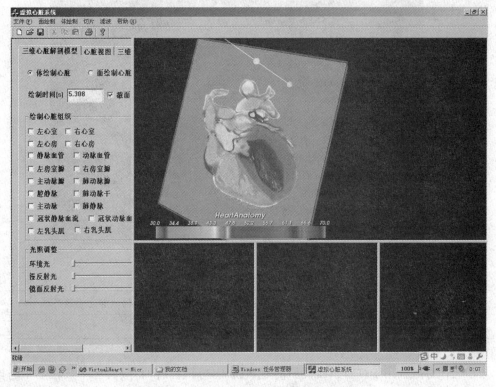

图 7.46　截面工具以任意方向切割心脏模型

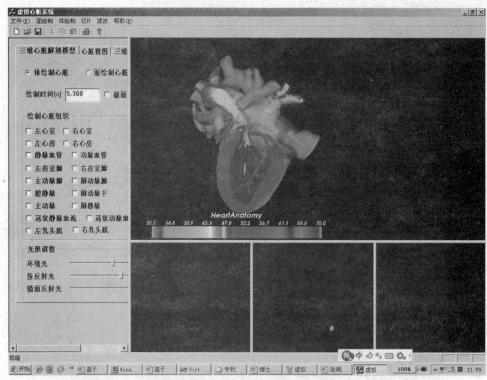

图 7.47 调整光照效果结果图

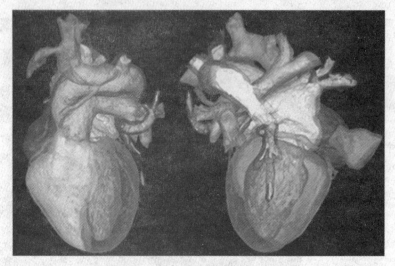

图 7.48 体绘制加速绘制结果

表 7.1 绘制时间的比较

绘制方法	光线投射法	跳跃加速绘制算法
绘制时间 /s	3.3	2.1

心脏视图标签框用于控制平面视图的显示。用户可以点击相应的三个按钮显示与虚拟心脏模型对应的冠状面视图、矢状面视图和轴状面视图,并可以按照用户需要调节切片位置滑块,显示相应视图的某一切片图,如图 7.49 所示。当使用截平面工具切割心脏,同时在控制面

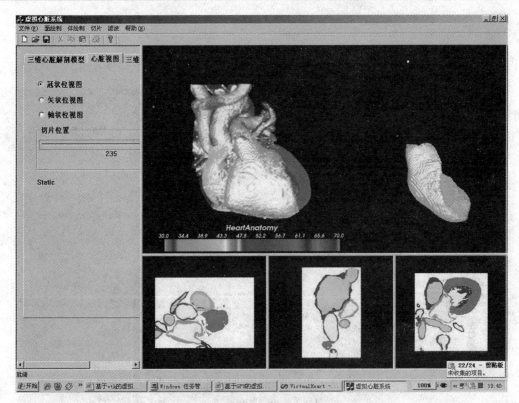

图 7.49　心脏解剖结构模型三视图

板上显示二维的截平面,如图 7.50 所示。

　　用于 LH 直方图传递函数设计的面板中,颜色值分别提供 RGB 三个分量的滑动条,可以在 0～255 范围内进行调节。不透明度也采用滑动条在 0～1 范围内进行选择。设置完颜色和不透明度值后,使用矩形选取特定区域进行设置。为方便进行传递函数设计,设置了 CRectArea 类进行选择结果存取,类成员设置如下,m_red、m_green、m_blue、m_opacity 分别对应 RGB 三个颜色分量和不透明度值,m_Origin_X、m_Origin_Y、m_End_X、m_End_Y 对应选取矩形的起始点坐标和结束点坐标。在选取时,在 LH 直方图中点击两个点,则自动生产矩形,起始点为其左下角顶点,结束点为右上角顶点。选择的区域范围在 LH 图中进行显示,First_x 和 First_y 代表第一个顶点的坐标,Last_x 和 Last_y 代表第二个顶点的坐标。若选定了区域,点击添加可以确定选择,如果需要修改,则点击清除进行重新选择。点击绘制可以在右侧区域得到绘制结果,如果要重新设置则点击重置,之后重新用矩形进行选择。图 7.51 给出了交互界面的实例。

　　图 7.52 与图 7.53 为三维心脏电生理模型绘制模块绘制出常态与病理状况下的心脏三维电生理模型。图 7.52 为 1 000 ms 时正常情况下旋转波的三维心脏电生理模型可视化结果。图 7.53 右图为 1 100 ms 时心肌缺血情况下折返波的三维心脏电生理模型可视化结果。从中可以看出部分旋转波遇到心肌缺血块后,即图中红色框标注部分,绕过缺血块之后汇合,继续传播。此时随着旋转波的传播,旋转波波裂较严重,已开始出现混沌现象,加速了室速向室颤的转变。这样通过对三维电生理数据的可视化,可以直观有效地观察各种情况下心脏内部的电位分布,更加便于分析心肌缺血等因素对折返波传播的影响。为进一步进行基于虚拟心脏模型的虚拟手术、起搏器模拟、药物反应测试等提供坚实的技术支持。

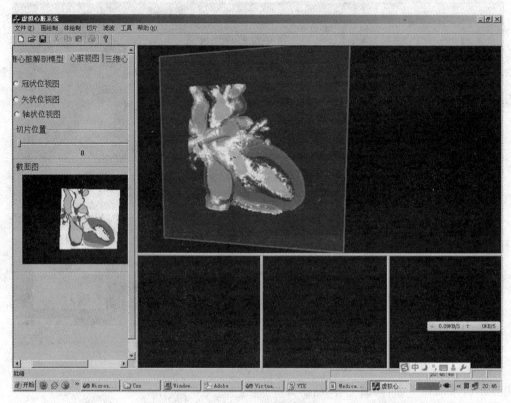

图 7.50 切割截面图

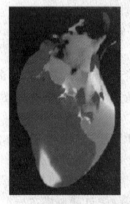 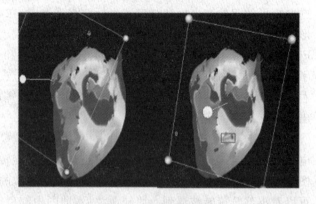

图 7.52 正常状态下三维心脏旋转波电生理模型绘制结果　　图 7.53 缺血状态下三维心脏旋转波电生理模型绘制结果

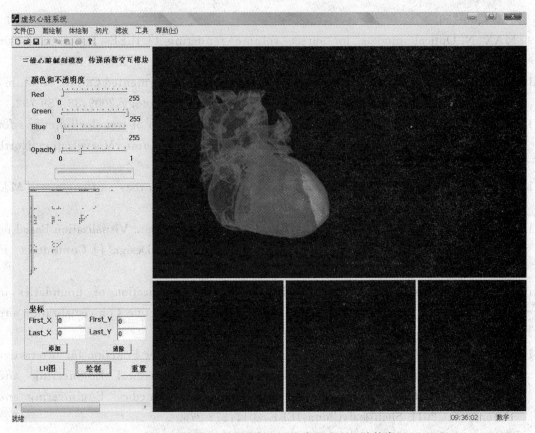

图 7.51 交互界面选择显示左右心室和心脏轮廓

本章参考文献

[1] 唐泽圣. 三维数据场可视化[M]. 2 版. 北京:清华大学出版社,1999.
[2] SPITZER VM,WHITLOEK DG. The visible human dataset: the anatomical platform for human simulation[J]. Anatomical Record,1998,253(2):49-57.
[3] PFISTER H,LORENSEN B,BAJAJ C,et al. The transfer function bake-off[J]. Computer Graphics and Applications,2001,21(3):16-22.
[4] LORENSEN W E, CLINE H E. Marching cubes: a high resolution 3D surface construction algorithm[C]//Proceedings of SIGGRAPH 87. New York,USA:ACM, 1987:163-169.
[5] DREBIN R A,CARPENTER L,HANRAHAN P. Volume rendering[C]//Proceedings of SIGGRAPH 88. New York,USA:ACM,1988:65-74.
[6] LEVOY M. Display of surfaces from volume data[J]. Computer Graphics and Applications,1988,8(3):29-37.
[7] PHONE B T. Illumination for computer-generated pictures[J]. Communications of the ACM,1975,18(6):311-317.
[8] PARKER S,PARKE M,LIVNAT Y,et. al. Interactive ray tracing for volume visualization[J]. IEEE Transactions on Visualization and Computer Graphics,1999,

5(3):238-250.
- [9] MAX N. Optical models for direct volume rendering[J]. IEEE Transactions on Visualization and Computer Graphics,1995,1(2):99-108.
- [10] F YANG,W M ZUO,K Q WANG ,et al. Visualization of Segmented Cardiac Anatomy with Accelerated Rendering Method[J]. Computers in Cardiology,2009,36:789-792.
- [11] KINDLMANN G,DURKIN J W. Semi-automatic generation of transfer functions for direct volume rendering[C]//IEEE Symposium on Volume Visualization. North Carolina USA:IEEE & ACM,1998:79-86.
- [12] KORN G A,KORN T M. Mathematical handbook for scientists and engineers[M]. New York:McGraw-Hill,1968.
- [13] F YANG,W M ZUO,K Q WANG ,et al. 3D Cardiac MRI Data Visualization Based on Volume Data Preprocessing and Transfer Function Design[J]. Computers in Cardiology,2008,35:717-720.
- [14] SEREDA P,BARTROCIA V,SERCIEI W O,etal. Visualization of boundaries in volumetric data sets using LH histograms[J]. IEEE Transaction s on visualization and Computen Graphics,2006,12(2):208-218.
- [15] WANG K Q,YANG F,WANG M Z,et al. Effective Tuansfer Function for Interactive Visualization and Multivariate Volume Data[C]//Biomedical Engineering and Informatics(BMEI). 4th International conference on Biomedical Engimeering and Informatics 2011. Shanghai,China:IEEE,2011:272-276.
- [16] 陈崚. 完全欧几里德距离变换的最优算法[J]. 计算机学报,1995,18(8):611-616.
- [17] 诸葛婴,田捷,王蔚洪. 三维欧氏距离变换的一种新方法[J]. 软件学报,2001,12(3):383-389.

第 8 章　基于 GPU 的虚拟心脏可视化

由于心脏的解剖结构复杂，为了更好地展示心脏的解剖结构，同时提高绘制效率，本章主要阐述基于 GPU(Graphic Processing Unit) 的虚拟心脏可视化方法。首先介绍 GPU 的发展，以及常用的基于 GPU 的可视化方法。然后针对心脏数据的特点，构造三维心脏数据的 Context-preserving 模型及其改进模型。GPU 不仅可以用于可视化，而且可以用于通用的并行计算，因此本章还研究了 GPU 的并行计算方法，提出了利用最新的 GPU 特性对心脏的电生理仿真数据进行在线可视化方法。最后，基于本章提出的方法，设计并实现了一个基于 GPU 的虚拟心脏可视化系统。

8.1　基于 GPU 的虚拟心脏可视化方法

8.1.1　GPU 技术概述

GPU 是一个相对于 CPU 的概念，是负责图形处理的处理器。GPU 最初是因为商业游戏的发展而开发的。在 20 世纪末，商业游戏程序越来越复杂，对家用电脑的中央处理器的处理速度要求越来越高。为了更好地处理游戏中的图形运算部分，硬件厂商在显卡上开发了 GPU 处理器。1999 年，英伟达公司推出了第一款含有 GPU 的商业显卡——GeForce 256 型显卡。随着硬件技术的发展，GPU 内处理核的数量的增长速度远远超过了 CPU 内处理核的增长速度，在通用计算领域显示了强大的计算优势。CPU 与 GPU 浮点操作和带宽传输比较如图 8.1 所示。

初期的 GPU 通用计算需要将输入数据设计成图形处理中的纹理数据，按照图形处理管线一步一步计算，最后输出计算结果。这种处理方式并不直观，而且研究人员还需要了解图形学的知识和实际图形接口库的使用，为 GPU 在高性能计算领域的推广带来很大困难。在 2006 年 11 月，NVIDIA 公司在 GeForce 6800 显卡上推出了 CUDA(Compute Unified Device Architecture) 架构，可以在 GPU 上进行通用并行计算，而不需要采用图形处理方式。CUDA 采用类 C 语言进行编程，概念简单，并且 NVIDIA 公司提供了基本算法工具包，大大简化了编程过程。随着硬件的发展，当前中低端显卡也使用 CUDA 架构加速，相对于同等处理核的小型计算机在价格方面有非常大的优势，在医学图像处理、遥感、地质勘探、视频解码等领域得到了很好的应用。

8.1.2　纹理切片绘制方法

基于 GPU 的体绘制方法主要包括纹理切片(Texture Slicing)和光线投射方法(Ray Casting)。上一章已经对光线投射方法进行了介绍，所以本章重点介绍纹理切片方法。

纹理切片方法是一种常用的体绘制方法[1]。首先用多个与视平面平行的平面沿着视线的方向把体数据分割成多个几何体，这些几何体按照从后向前的方向绘制，最终混合成图像，纹理切片方法示意图如图 8.2 所示。纹理切片方法能够更有效利用 GPU 的并行结构，绘制效率较高。

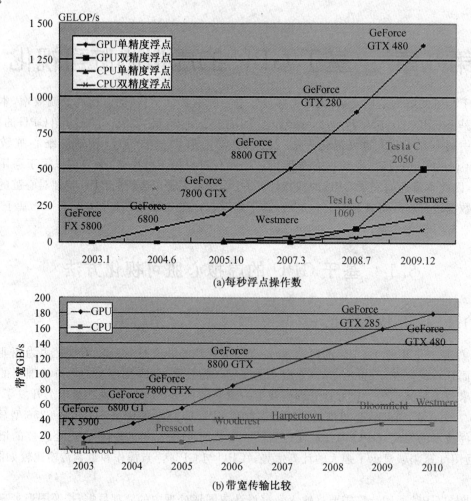

图 8.1　CPU 与 GPU 每秒浮点操作数和带宽传输比较

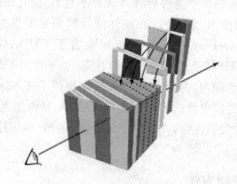

图 8.2　纹理切片方法示意图

本书使用 OpenGL 和 Cg 实现算法,其中 OpenGL 负责处理图形的显示,以及用户交互, Cg 用来编写顶点程序和片元程序。基于 GPU 的三维心脏绘制算法如图 8.3 所示。

Input: segmented 3D heart volume dataset, color lookup table
Output: heart image

1. VolumeTexture ← Volume Dataset, ColorMap ← Color lookup table;
2. while v in VolumeTexture
3. v = T · v;
4. clip(v);
5. v(color) = ColorMap[v(greyLevel)];
6. for i ← 1 to sliceNum
7. drawSlice();
8. composite();

图 8.3　基于 GPU 的三维心脏绘制算法

其中输入是分割组织后的体数据和颜色查找表；输出是心脏图像。变量 VolumeTexture 表示存放体数据的三维纹理，Volume Dataset 表示体数据的集合，ColorMap 表示存放不同灰度的体数据光学属性的一维纹理，Color lookup table 表示颜色查找表（不同灰度值对应的光学属性），sliceNum 表示体数据沿着视线的方向的切片的数量。根据已经分类好的心脏数据，对每个组织和器官设置光学属性，将这些属性组织成一个一维纹理 ColorMap，写入到显卡的视频内存。将体数据打包成一个三维纹理 VolumeTexture，写入视频内存。对于每个体素 v，进行空间坐标变换，T 表示变换矩阵。使用矩形闭包方法[2]剪裁（clip）变换后的纹理坐标。将体素 v 的灰度值 v(greyLevel) 作为索引查找一维纹理 ColorMap 中的数据，根据检索结果设置该体素的光学属性 v(color)。对沿着视线的方向第 1 个切片开始一直到最后一个切片 sliceNum 分别作如下处理：采用 drawSlice() 绘制当前的切片，然后采用 composite() 把当前切片和前一个切片混合。处理完所有 sliceNum 个切片之后，最终将绘制结果显示在视平面上。

本书的实验环境是 Intel Core2 Quad CPU 2.41GHz，内存 4 GB，显卡 NVIDIA GF8600 显存 256 MB。使用 C++ 语言和 OpenGL 实现程序的框架，GPU 的顶点和片元程序采用 Cg 语言编写，使用版本为 Cg2.1。

在数据读取和预处理阶段，本书比较了 Yang 等人提出的加速光线投射（Accelerated Ray Casting）ARC 方法[3]、OpenGL 固定管线法，以及 OpenGL 结合 Cg 可编程管线法共三种方法的处理时间，实验结果见表 8.1。

表 8.1　不同算法读取数据时间比较

方法	预处理时间	数据大小
ARC 方法	150.562 s	472×325×487　8 bit
OpenGL 方法	9.671 s	472×325×487　8 bit
OpenGL + Cg 方法	0.344 s	472×325×487　8 bit

在绘制过程中，由于 ARC 方法很难实现实时的用户交互，这里仅比较了 OpenGL 固定管线方法和 OpenGL 结合 Cg 可编程管线的方法的绘制效率，实验结果见表 8.2。

表 8.2　不同算法平均绘制速度比较

绘制方法	数据大小	每秒平均帧数 /(f·s^{-1})
OpenGL 方法	472×325×487　8 bit	8.5
OpenGL＋Cg 方法	472×325×487　8 bit	14.6

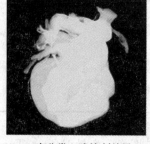 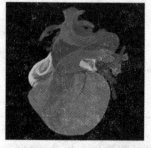 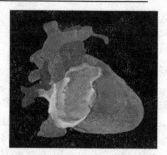

(a) 未分类心脏绘制结果　　(b) 数据分类后心脏体绘制结果　　(c) 数据分类后心脏体绘制结果

图 8.4　绘制结果比较

8.1.3　基于 Context-Preserving 心脏解剖结构绘制方法

纹理切片方法虽然能够很好地映射到 GPU 的硬件结构中,是一种易于实现且具有较好绘制效率的方法。但是,对于既突出心脏的内部结构,同时又要很好地绘制心脏的轮廓,这种方法就无所适从了。下面向读者介绍一种适用于复杂层次结构的绘制模型 Context-Preserving 模型。该模型是在光线投射方法的基础上增加了新的内容,用来同时保存物体的轮廓信息,又可以突出内部的细节。我们首先介绍回顾一下基于 GPU 的光线投射方法。

光线投射算法是一个经典的体绘制方法[1],其示意图如图 8.5 所示。

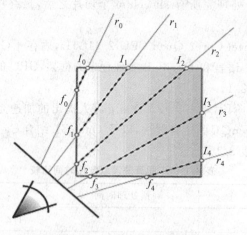

图 8.5　光线投射示意图

图中 r_0 至 r_4 表示光线的编号,f_0 至 f_4 表示光线的起始位置,I_0 至 I_4 表示光线的终止位置。

与传统的光线投射方法不同,基于 GPU 的光线投射算法,不需要采用 OpenGL 的 Alpha 混合方式进行合成,可以在像素着色程序中按照从前向后合成的公式循环计算最后的颜色值。由于光线之间均不相关,因此射线之间的采样和合成可以并行执行,符合 GPU 并行结构的特点。

光线投射算法的伪代码如图 8.6 所示。

```
Begin:
    R=rays in screen()
    for ray in R do
        for sampling in samplings along ray do
            grayLevel=getValueFromCardiacVolume(ray)
            current=getValueFromCardiacLookupTable(grayLevel)
            newValue=composite(step, ray, current)
            setValue(ray, newValue)
        end
    end
End.
```

图 8.6　光线投射算法伪代码

光线投射算法中计算射线的入射点和出射点是算法实现的基础。本书采用如下方法实现射线的入射点和出射点计算：在 OpenGL 程序中，我们可以利用帧缓存对象(Frame Buffer Object)，在观察空间下(View Space)将一个单位立方体渲染到一个 2D 纹理，在渲染之前选择剔除深度值较小的片度，即立方体前端,这样纹理中保存的就是所有的出射点坐标。按照同样的方法将立方体渲染到另一张 2D 纹理，这次选择剔除深度值较大的片端，即立方体的背端，这时纹理中保存的是所有入射点的坐标。由背端纹理减去前端纹理即可获得射线方向。纹理坐标分布如图 8.7 所示。

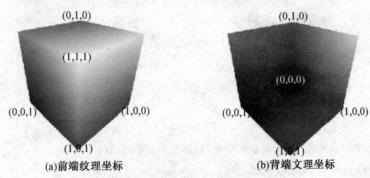

(a)前端纹理坐标　　　　　　(b)背端文理坐标

图 8.7　纹理坐标分布

在利用 OpenGL 和 Cg 实现程序时,只需要预先生成背端纹理,与像素着色中的一个 2D 纹理关联。在像素着色程序中根据每点的变换后坐标对纹理采样,获得出射点坐标。入射点坐标可以在程序渲染时直接获得不需要事先存储。

在顶点着色中：
OUT.Pos = mul(ModelViewProj, IN.Position);
在像素着色中利用顶点着色输出的位置坐标采样：
float2 texc = ((IN.Pos.xy / IN.Pos.w) + 1)/ 2;
float4 back_position = tex2D(back_tex, texc);

基于 GPU 的光线投射算法虽然加快了运行速度,基本实现了交互性,但其运行速度相比基于 GPU 的三维切片算法还是略慢。针对这一问题,我们在 GPU 程序中实现光线提前终止的优化算法。该算法基本思想为：当采用沿着光线方向由前向后的合成方式时,光线步进到一定长度时,其累加不透明度值接近 1,这就表明之后的采样点对最后图像的贡献很小,我们可以提前终止光线步进,从而达到加速的目的。

在 GPU 中采用动态分支方法很容易实现该方法,即当累加不透明度大于某个阈值时,调用 break 语句,终止循环。但是,该方法只能在支持 Shader Model 3.0 以上的新一代 GPU 中使用,老一代的 GPU 不支持动态分支,不能获得速度上的提升。并且,在 Cg 2.0 之前,Cg 语言不支持 break 关键字。实验结果表明,在 GPU 上实现光线提前终止算法简单有效。

光线投射方法的绘制结果如图 8.8 所示,由于心脏解剖结构的层次堆叠特征,绘制结构无法很好体现出心脏的内部信息。所以,需要一种方法,不但能够绘制心脏的轮廓结构,而且能够交互式观察内部组织的结构。下面我们介绍基于光线投射方法的光照模型。

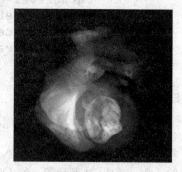

图 8.8 光线投射方法心肌解剖结构绘制结果

Context-Preserving[4] 模型,是 Stefan Bruckner 等人提出的一种针对三维医学图像堆叠结构的体绘制模型。该模型的特点是有效解决了传统方法,在绘制三维数据内部细微结构时损失轮廓信息的问题。将 Context-Preserving 模型应用于心脏的解剖数据可视化,能够有效展示心脏的层次结构[5]。

经典光线投射算法的混合公式如下:

$$\alpha_i = \alpha_{i-1} + \alpha(p) \cdot (1 - \alpha_{i-1}) \tag{8.1}$$

$$c_i = c_{i-1} + c(p) \cdot \alpha(p) \cdot (1 - \alpha_{i-1}) \tag{8.2}$$

式中,α_i 为不透明度,c_i 为颜色。$\alpha(p)$ 和 $c(p)$ 计算公式如下:

$$\alpha(p) = \alpha_{tf}(f) \tag{8.3}$$

$$c(p) = c_{tf}(f) \cdot s(p) \tag{8.4}$$

式中,p 为采样点;$\alpha_{tf}(f)$ 和 $c_{tf}(f)$ 为不透明和颜色的传递函数;$s(p)$ 为光照强度信息,$s(p)$ 的计算公式如下:

$$s(p) = (n \cdot l)c_d + (n \cdot h)c_s + c_a \tag{8.5}$$

式中,c_d,c_s 和 c_a 分别表示扩散光、反射光和环境光强度的系数。

进一步对不透明度公式进行修正,如下:

$$\alpha(p) = \alpha_{tf}(f) \cdot m(p) \tag{8.6}$$

式中,$m(p)$ 的计算公式如下:

$$m(p) = |g|^{(\kappa_t \cdot s(p) \cdot (1 - |p - e|) \cdot (1 - \alpha_{i-1}))^{\kappa_s}} \tag{8.7}$$

式中,e 为眼睛的位置,κ_s 为控制轮廓信息,κ_t 用于切割眼睛和感兴趣区域之间的遮挡部分。默认情况下取 $\kappa_s = 1.5$,$\kappa_t = 0.1$。绘制结果如图 8.9 所示。

对图像进行切割,固定 κ_s,令 $\kappa_s = 1.5$,如图 8.10 所示,κ_t 的值从左到右依次取 0.1,0.3,1.0,1.5。

调整图像的轮廓信息,固定 κ_t,令 $\kappa_t = 0.1$,如图 8.11 所示,κ_s 从左到右依次取值 0.5,1.0,1.5,2.0。

8.1.4 改进的 Context-Preserving 心脏解剖结构绘制方法

针对心脏解剖数据的层叠结构,需要加强轮廓信息来区分不同的内腔组织,在这里我们增加局部光照,对原方法进行改进。在原模型的基础上,增加局部光照分量,从而增强边缘的轮

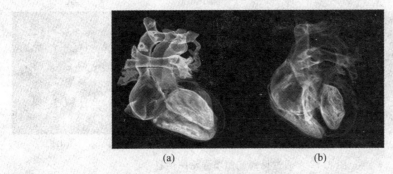

图 8.9 使用 Context-Preserving 模型不同视点的绘制结果

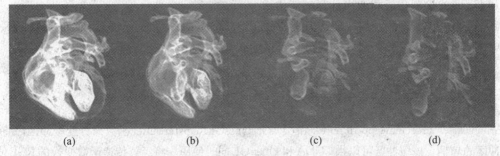

图 8.10 切割遮挡内部结构的组织

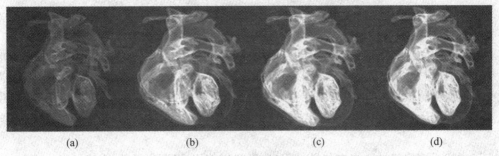

图 8.11 增加轮廓信息

廓信息,公式如下:

$$c_w(p) = c(p) + \text{weight} \cdot (\text{LBPShading}), \text{weight} \in [0,1] \tag{8.8}$$

LBPShading 表示局部 Blinn-Phong 光照模型[6][7]。改写后的颜色公式如下:

$$c_i = c_{i-1} + c_w(p) \cdot \alpha(p) \cdot (1-\alpha_{i-1}) \tag{8.9}$$

用户能够交互调节直到图像满足用户需求,效果如图 8.12 所示。$\kappa_s = 2.5$,$\kappa_t = 0.2$,weight 分别取值 0.0,0.1,0.4,0.6。

8.2 基于 GPU 的电生理仿真及仿真数据在线可视化

心脏的电学属性,是研究心脏功能的重要线索。使用临床实验的方法来研究人类心室的电生理属性是非常有限的,所以需要求助于计算机建模与仿真方法。由于仿真数据的数量级巨大并且具有动态特性,所以需要可视化方法观察其变化趋势。这部分内容包括基于 GPU 仿真心脏电生理以及仿真数据的可视化[9]。

CUDA 提供了一种称为图形交互操作能力(Graphics Interoperability)的机制,使 CUDA

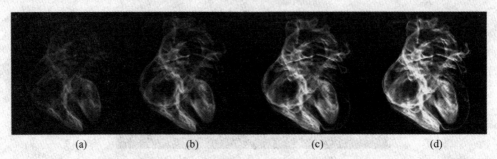

图 8.12 通过局部光照增强轮廓信息

程序能够无缝地和实时绘制 API,如 OpenGL 或者 DirectX 进行互操作,从而应用程序能够同时使用 GPU 的绘制功能和通用计算的能力。

正是这种新的特性,让我们不但能够利用 CUDA 的计算进行仿真,同时还可以使用 CUDA 和 OpenGL 的交互接口实现仿真数据的在线可视化。

如同体绘制算法一样,可视化操作需要一个传递函数,将计算的新浮点电压值转换成 RGB 颜色值。传递函数以纹理形式存在,用电压值作为索引。

利用 CUDA 的 OpenGL 图形接口函数 cudaGraphicsMapResources、cudaGraphicsResourceGetMappedPointer 和 cduaGraphicsGLRegisterBuffer 函数来分配缓冲区,并获取该缓冲区的句柄。该缓冲区可以供 CUDA 和 OpenGL 同时使用。将经过传递函数变换的 RGB 值存储到这个缓冲区,再由 OpenGL 函数 glDrawPixel 显示每个像素点的颜色。

8.2.1 心室组织模型

心肌组织是由许多单细胞互相电耦合而组成的一个电耦合胞体。在由心肌细胞组成的传导系统中,动作电位是通过偏微分方程来描述的。TNNP 模型是 Tusscher 等人于 2004 年提出的人类心室肌细胞模型[8],该模型基于新的实验数据,包括了所有主要的离子电流,在电生理特性和仿真性能上更接近人体的真实情况,更适用于复杂的心室组织电生理活动的仿真研究。

为了描述心室组织的电兴奋传导过程,这里我们使用 TNNP 模型,表述如下:

$$\begin{cases} \dfrac{\partial V_m}{\partial t} = -\dfrac{I_{ion} + I_{stim}}{C_m} + \nabla \cdot (D \nabla V_m) \\ I_{ion} = I_{Na} + I_{K1} + I_{To} + I_{Kr} + I_{Ks} + I_{CaL} + I_{NaCa} + I_{NaK} + I_{pCa} + I_{pK} + I_{bCa} + I_{bNa} \end{cases} \quad (8.10)$$

式中,V_m 为膜电位,t 为时间,C_m 为膜电容,D 为扩散系数,I_{ion} 为跨膜离子流总和,I_{stim} 表示所施加的刺激电流。

8.2.2 数值求解方法

对于精细的人体解剖心室组织来说,由于其几何形状上的复杂性,这就需要一个高效的方法来求解边界条件。这里,我们使用相场法自动处理复杂的边界条件。相场法是以金兹堡—朗道相变理论为基础,引入新变量—相场 ϕ 而得名[9]。这种方法使用统一的控制方程,用相场跟踪系统中的相来自动处理边界条件,这样在整个求解域中采用相同的数值计算方法,在保持模拟结果精度的同时大大降低了计算复杂度。

对于单域或双域模型,需要满足诺依曼边界条件,即 $n \cdot D \nabla V_m = 0$,其中 n 是垂直于表面的矢量[10,11]。它的物理意义即没有电流流入或流出外部环境。

我们引入辅助域 ϕ 来区分心室组织的内外界,其中 $\phi=0$ 表示在心室外部,$\phi=1$ 表示在心室内部[12,13]。通过求解公式 8.11 来确定 ϕ 值:

$$\frac{\partial \phi}{\partial t} = \zeta^2 \nabla^2 \phi - \frac{\partial G(\phi)}{\partial \phi} \tag{8.11}$$

式中,ζ 为控制界面宽度的参数。当 ζ 值足够小时,诺依曼边界条件被满足。$G(\phi)$ 是任意满足在 $\phi=0$ 和 $\phi=1$ 有最小值的双阱函数。这里,我们选择 $G(\phi)$ 为

$$G(\phi) = -\frac{(2\phi-1)^2}{4} + \frac{(2\phi-1)^4}{8} \tag{8.12}$$

因此,式(8.11)被修改为

$$\phi \frac{\partial V}{\partial t} = -\phi \frac{I_{\text{ion}} + I_{\text{stim}}}{C_m} + \nabla \cdot (D\phi \nabla V) \tag{8.13}$$

这里使用前向欧拉法求解方程(8.13)。我们选择空间步长 $\Delta x = \Delta y = 0.15$ mm,时间步长 $\Delta t = 0.02$ ms,界面控制参数 $\zeta = 0.33$ mm。

相场法在整个数据域上使用相同的计算公式,大大减少了计算量。可以预先计算相场值,存储到文件中,运行时将文件中的相场值载入到内存中。

8.2.3 数据结构设计

心室电生理仿真模型中,心室由立方体细胞组成。每一次模拟电流和电压变化时,需要循环对立方体中的每一个细胞计算。除了需要加入旋转波时,每次计算都不需要前一个细胞新计算后的电压值,因此可以将每个循环并行化执行。因为仿真过程循环近万次,每次循环时都要进行仿真计算,而且仿真计算的计算量占据整个程序计算量的大部分,这就可以保证在将仿真程序并行化之后,在计算上节约的时间完全超过主机端和设备端通信以及数据传输的时间。CUDA 架构充分利用 GPU 强大的数据计算能力,并且利用 CUDA C 语言编程。

心室的电生理仿真中的数据主要有三种:模拟心室细胞的网格数据,TNNP 模型中的常量数据和局部数据。这三种数据中以模拟心室细胞的网格数据最重要,该数据包括了细胞的电压,细胞中离子的电流值及一些计算离子流的中间值,这些中间值在每次循环时都会修改,对每个细胞都不相同。CUDA 2.3 之后,在设备端支持结构体结构,因此用结构体定义每个细胞,整个心室定义为结构体数组,为其分配全局存储器存储该结构体数组。常量数据存储在常量存储器中,加快访问速度。局部数据在设备端的函数中直接定义,每个线程都有自己的局部数据。

8.2.4 电生理仿真程序流程

基于 CUDA 的心室仿真程序的基本流程如图 8.13 所示。在这里我们介绍两个概念。在使用 CUDA 进行程序设计的时候,我们把主要用于程序流程控制的 CPU 称作主机(Host),把用于计算的 GPU 称作设备(Device),把运行于设备端的代码称作核函数(Kernel)。由图 8.13 可以看出,仿真过程的主要部分位于循环块中,包括增加刺激的核函数、仿真计算的核函数、更新电压的核函数、旋转波核函数以及将新计算的电压值复制回主机端,写入到文件中。

这些函数中最重要的部分是仿真计算核函数,该函数根据 TNNP 模型的数学求解公式,计算细胞中变量的值,包括细胞的电压值,并将新计算的电压值存储到 float 类型的数组中。之所以需要在仿真计算核函数计算完成之后在主机端调用更新核函数来更新设备端的网格结构体数组中的电压值,而不是在仿真计算核函数中计算出新的电压值,然后直接更新各心肌细

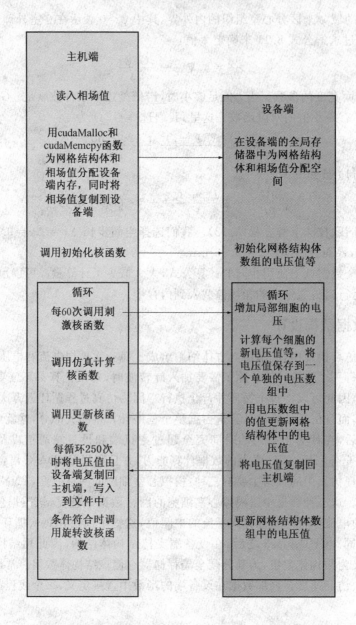

图 8.13　基于 CUDA 的心室电生理仿真流程图

胞的电压值,是因为在仿真核函数中计算新的电压值时需要该细胞的前后左右细胞的电压值(2D 切片面仿真)或是前后左右上下细胞的电压值(3D 立方体仿真),如果在仿真核函数中更新,就会影响在这个循环中临近细胞的电压值计算,产生计算错误。所以,我们采取在主机端调用新的 __global__ 类型的核函数更新电压值。

在设计 CUDA 程序的时候,由于传输带宽的限制,主机端和设备端传输数据是非常耗时的,往往成为程序的瓶颈。在前文的程序中,每循环 250 次时将电压值复制回主机端,写入到文件中,之后离线可视化仿真数据。在本章的后续内容中,下面的优化部分,对电压值进行在线可视化,减少了数据在主机和设备端之间的传输。

8.2.5 仿真计算核函数分解

仿真计算核函数是心室仿真程序最重要的部分,完成了 TNNP 模型中数值求解过程,具体的计算过程不过多介绍。在流程图 8.13 中可以看到,当数值符合一定条件时,调用旋转波函数,将部分网格细胞的电压值重新设置为初始电压值。正是由于这部分旋转波函数的调用,使仿真计算核函数拆解为两部分。

在每次仿真计算时,如果之前未调用旋转波核函数且第 81 行 91 列的细胞新计算的电压值大于等于 20 mV,则需要将属于 1~81 行且 1~91 列的细胞的电压值设置为初始值。在该次仿真计算中,之后的细胞使用 1~81 行且 1~91 列的细胞新设置的电压值计算本细胞的电压值。因为在第 81 行 91 列计算之后,后续的细胞计算与前端产生关联,即只有在判断是否需要修改属于 1~81 行且 1~91 列的细胞的电压值之后才能计算后续细胞的电压值,所以该计算不能完全并行化执行。因此我们以第 81 行和 91 列为界,将心室切片面划分为两部分,如图 8.14 所示:

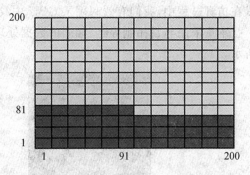

图 8.14 网格面划分示意图

在主机端分两次调用仿真计算核函数,分别计算 (1,1)~(81,91) 和 (81,92)~(200,200) 细胞的电压值。第一次调用仿真核函数之后,将 (81,91) 的电压值复制回主机端,判断其是否大于等于 20。如果符合条件,再调用旋转波核函数,重新设置 (1,1)~(81,91) 的电压值;否则不进行操作。判断完毕后第二次调用仿真核函数。

分两次调用仿真计算核函数无疑增加了程序运行时间。考虑到在整个程序范围内只可能调用一次旋转波核函数,因此在调用旋转波核函数之后,可以将两个仿真计算核函数合为一个核函数,但需要在主机端增加一个条件判断。

8.2.6 核函数优化

本节对核函数进行优化,从而提高程序运算速度。下面从存储器的选择和主机与设备数据传输两个方面进行优化。

在前文介绍的程序中,在全局存储器中为网格结构体数组分配空间。全局存储器的特点是空间比较大,可以被所有线程访问,但是每次读写速度很慢,因此为结构体数组分配纹理内存。纹理内存在设备存储器中,并且在纹理缓冲器中缓存,因此,如果纹理缓存中有要读取的数据,纹理拾取操作仅需要从纹理缓存中读取一次;如果纹理缓存中没有要读取的数据,也只需要从设备存储器中读取一次,从而加快了访问速度。并且,纹理缓存是经过优化的,同一个 warp(相邻 32 个线程组成的结构)中的线程访问相近的纹理地址时会达到最佳性能。考虑到在每一时刻心肌组织电压值都和其临近的组织相关,所以在仿真过程中,我们有效利用了 GPU 中纹理内存的空间局部(Spatial Locality) 特性。

纹理存储器中,可以通过参数设置,对采样操作选择截断(Clamp) 或者重复(Warp) 方式。在使用全局存储器时,在边界处对采样操作进行复杂判断,防止取地址操作越界,但是纹理存储器自身的截断操作自动防止了访问越界问题,并且纹理存储器的采样操作不在核函数中进行,而是由专用单元计算,使访问内存更加方便、有效。

一维和二维纹理内存都是连续分配的,因此可以对纹理数据修改,但三维纹理因为性能的需要,纹理内存在分配时是不连续的,因此不能对纹理数据修改。

在这部分的研究中,对传统的仿真方法进行了改进。传统的仿真方法包括两个步骤:首先把仿真结果保存在磁盘上,然后对数据进行可视化。这种方法存在两个问题:首先需要大量的存储空间来存储数据;其次,保存完毕数据然后进行可视化会丢失仿真数据的时间连续变化特征。

二维仿真方法在线可视化,考虑到在每一时刻心肌组织电压值都和其临近的组织相关,所以在仿真过程中,我们有效利用了 GPU 中纹理内存的空间局部(Spatial Locality)特性。

本章采用与吕伟刚等[14]相同的数据处理方式,二维心脏电生理数据可视化结果如图 8.15 所示。

(a) 循环 250 次的绘制结果

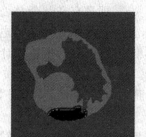

(b) 循环 2 500 次的绘制结果

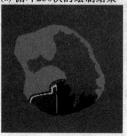

(c) 循环 4 500 次的绘制结果

(d) 循环 10 000 次的绘制结果

图 8.15 基于 CUDA 的心室电生理仿真交互式可视化结果,其中(a)、(b)、(c)、(d) 分别是循环 250 次、循环 2 500 次、循环 4 500 次和循环 10 000 次的绘制结果

实验环境:Intel(R)Core(TM)2 Duo CPU E 7500,Nvidia Tesla C1060 高性能计算专用显卡。

二维电生理仿真算法,使用 CPU 实现和 GPU 实现的运行时间比较见表 8.3。

表 8.3 二维仿真方法在 CPU 和 GPU 运行时间比较

CPU	Tesla C1060 GPU
350 ms	11 ms

加速比接近 31.8。

三维电生理仿真算法,使用 CPU 实现和 GPU 实现的运行时间比较见表 8.4。

表 8.4 三维仿真方法在 CPU 和 GPU 运行时间比

CPU	Tesla C1060 GPU
2 700 s	105 s

加速比约为 25.7。

实验表明,借助于硬件加速的仿真方法,能够有效提高仿真过程的运行效率。

8.3 虚拟心脏可视化系统

8.3.1 开发背景

心脏作为人体的重要器官,是人体循环系统的动力源。心脏疾病,如冠心病等已经成为世界上导致死亡人数庞大的疾病之一。加强对心脏工作和发病机理的认识,改善心脏疾病的诊断和治疗,已成为生物医学工程领域的一个研究热点。因而,相关的医学成像和建模仿真技术近年来得以迅速发展,涌现了大量如医学切片和电生理仿真等三维心脏数据。心脏的结构复杂,由多个器官和血管组成。外部的器官包围了内部的器官,使人们难以了解心脏的内部结构,从而难以了解心脏的整体结构。为了实现复杂三维心脏数据的可视化,本章使用基于GPU的体绘制技术绘制心脏,在保证心脏模型的绘制速度的前提下使心脏数据的可视化观察分析成为可能。GPU的高效绘制能力能够保证心脏解剖数据的实时绘制。在此基础上,提供用户交互功能,能够为用户提供实时的视觉反馈[18]。

8.3.2 系统需求分析

1. 功能需求

根据上面的分析,系统的功能如图 8.16 所示。

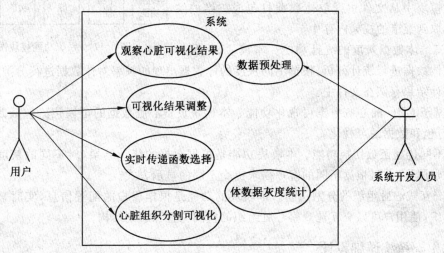

图 8.16 系统用例图

2. 非功能需求

系统响应时间:系统使用GPU对数据进行几何变换和渲染,具有良好的响应速度,使用户可以实时观察到可视化结果。

易用性:本系统具有良好的易用性。未经培训的用户使用后,对本系统给予了良好的反馈。

可移植性:系统主要使用C++编写核心代码。使用OpenGL库和Cg语言图形进行数据的几何变换和渲染。使用 MFC 编写程序界面。系统可以运行在配有支持 GPU 的显卡的 PC 机上。可以运行在 Windows 操作系统的不同版本上。只需简单修改界面部分的代码(如将 MFC 部分改为 QT 或者 FLTK)就可以运行在不同的操作系统下。

界面需求:本系统使用标准的控件包括菜单、按钮和滑动控制组件。使用户能够方便地和系统进行交互。为了能够设计出准确、符合用户习惯的界面,本系统界面设计原则如下:

(1) 简洁明了原则:用户的操作要尽可能以最直接、最易于理解的方式呈现在用户面前。对于使用频繁的操作接口,直接点击高于右键操作,尽可能符合用户对类似系统的使用习惯。

(2) 一致性原则:一致性包括使用标准的控件,也指使用相同的信息表现方法,如在字体、标签风格、颜色、术语、显示错误信息等方面保持一致。使用上述原则,不仅可以设计出满足人机工程学要求的界面,而且容易形成公司的标准文档,为企业开发其他软件提供模板,提高可重用性和软件开发效率。

8.3.3 系统概要设计

根据需求分析本系统主要分为以下 5 个模块,如图 8.17 所示。

(1) 美国虚拟人切片数据心脏部分的提取,切片数据转换为三维体数据的功能。本模块的功能是提取美国虚拟人切片数据中的灰度数据,并且对数据进行调整使数据满足三维纹理打包的要求,最终将数据组织成体数据,将原切片图像的宽和高作为 x,y 轴,将切片数据的数量作为体数据的 z 轴,最终将数据写入文件。在后续的功能模块中从文件中读取体数据打包成三维的纹理数据读取到显卡的视频内存中。

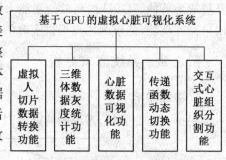

图 8.17 系统功能模块图

(2) 三维体数据灰度的统计功能。本模块,将写入文件中的体数据进行统计分析,根据不同灰度的体数据出现的频率对体数据进行分类,将不同灰度的统计结果存储在文件中。

(3) 基于 GPU 的心脏数据可视化功能。本模块负责心脏数据的可视化。包括数据的读取、纹理打包和数据的可视化。

(4) 不同传递函数切换功能。本模块功能是根据数据的统计结果,对不同的灰度值赋予不同的光学属性,并且根据不同的客户需求提交不同的显示方式。

(5) 交互式心脏组织的分割功能。本模块的功能是根据用户的配置信息,实时显示心脏的特定组织,使用户可以交互地观察心脏组织的空间位置和解剖结构。

8.3.4 系统详细设计

面向对象设计思想已经普遍地被开发人员接受,为了使面向对象的思想方法设计出符合具有弹性的、符合软件工程思想的软件产品,设计模式是无法回避的。设计模式,是为了解决某些场合存在的一般性设计问题,给出的关于类和相互通信的对象的抽象描述。设计模式是面向对象设计专家设计经验的总结,描述了解决一般设计问题的方案和效果,其价值在于重用抽象的、通用的面向对象设计思想来解决具体的设计问题。本系统采用面向对象的分析、设计以及编程的方法,设计模式是必然选择。

本系统使用 MFC 框架提供的文档视图(Document View)结构,使系统具有良好的编码规范和可读性,为今后的版本升级以及系统移植打下了坚实的基础。文档类在本系统中没有实际的作用,本系统的核心类是视图类,如图 8.18 所示。

CVirtualHeartOpenGLView 是本系统的核心类,为了保证"高内聚、低耦合"的特点,本系统的核心功能在这个类中实现。通过和 ArcBall 类通信,完成鼠标对可视化结果的拖放控制。 在 CVirtualHeartOpenGLView 中,我们设计了读取三维心脏数据的方法 ReadVolume()。该方法通过 C++ 中文件的管理类实现了三维数据的读取功能。InitializeOpenGL()方法负责 OpenGL 和 MFC 的绑定和一些常规的 OpenGL 初始化操作。InitializeGPU()方法用来处理 GPU 编程的初始化工作。QuitGPU()方法负责释放 InitializeGPU() 申请的资源。InitializeVertexProgram() 和 InitializeFragmentProgram() 分别用于初始化 Cg 的顶点程序和片元程序。display()用来显示可视化结果。InitColorMap()方法是用来初始化颜色查找表形式的一位传递函数。ResetColorMap() 和 UpdateColorMap()用来处理用户对可视化参数的配置,通过修改参数,使传递函数发生改变产生不同的可视化结果。本系统根据心脏数据已经分类的特点将传递函数设置为一维的纹理。我们首先统计体数据的灰度分布,统计结果如图 8.19 所示。

横轴表示不同心脏组织对应的灰度值,和心脏组织有关的数据灰度范围在区间[30,70],在此区间中没有标记在横轴上的灰度值表示该灰度值没有出现在心脏数据中。然后根据灰度分布确定不同灰度对应的组织并根据组织的空间位置设置不透明度和颜色值。之后将设置好的不透明度和颜色的集合组织成颜色查找表命名为 ColorMap,根据体数据的不同组织的灰度值检索对应的光学属性。变换公式如下:

$$F(g) \rightarrow (R,G,B,A) \tag{8.14}$$

式中,g 为灰度值;(R,G,B,A) 为该灰度对应的光学属性。在设置不同灰度值光学属性时,遵循的主要原则是通过比对组织的三维相对位置,使心脏内部的腔隙不透明度高于心脏外部的组织,不同腔隙的链接部分区别于腔隙本身。

图 8.20 的纵轴表示对心脏体数据灰度进行统计得到的不同灰度值。图中的正方形色块表示使用式(8.14)在 ColorMap 中检索该灰度值,据有该灰度的数据的光学属性。各个灰度值数据的光学属性由正方形色块下面的四元组(R,G,B,A)表示。

在本系统中,CMainFrame 如图 8.21 负责管理拆分窗口和左侧的控制栏。 其中 CControlWnd 是负责接收用户交互信息的对话框,m_pControl 是一个 CControlWnd 类型的指针。CSplitterWnd 是负责管理切分窗口的类。

CControlWnd 的类图如图 8.22 所示,CControlWnd 继承了 MFC 中的 CDialog 类,其作用是其他控制组件,如按钮、滑动控制的容器。OnZoomout 和 OnZoomin 分别用来放大和缩小可视化结果。OnLventricle 表示点击该按钮显示区域会单独显示左心室,OnRatrium 表示点击该按钮显示区域单独选择右心房。通过 Windows 的消息映射机制,在按钮的消息处理程序传递参数给 Cg 的片元程序,使特定的组织可见,其他组织变为透明。OnRotx 方法使可视化结果绕三维空间的 X 轴转动,相应地 OnRoty 和 OnRotz 表示绕 Y 轴和 Z 轴转动。OnSusp 方法使转动的可视化结果静止。

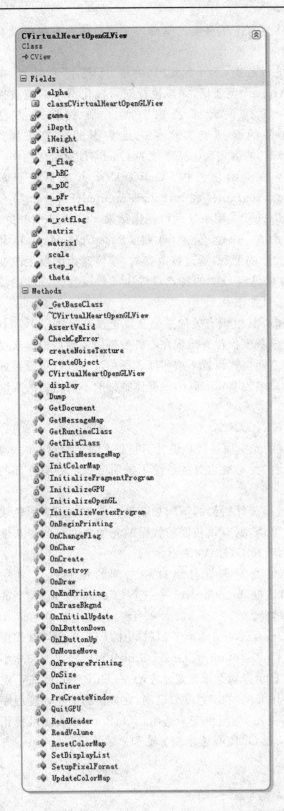
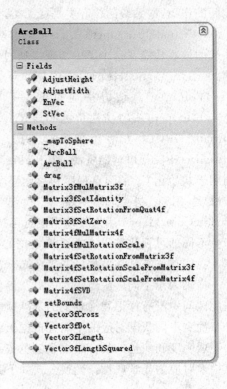

图 8.18 视图类以及 ArcBall 类

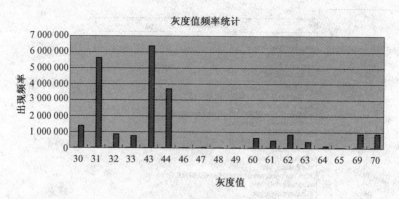

图 8.19 灰度值统计图

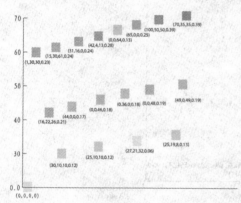

图 8.20 心脏组织灰度值及各灰度值对应的光学属性映射图

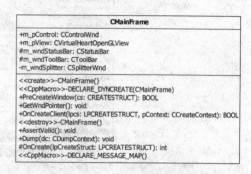

图 8.21 CMainFrame 类图

CVirtualHeartOpenGLApp 的类图如图 8.23 所示,该类继承自 MFC 的 CWinApp 类,该类的属性 m_hRC 用来设置 OpenGL 和 Windows 兼容的像素格式。

下面的类图是用来实现鼠标对可视化结果拖拽功能,都是 ArcBall。

如图 8.24,Tuple2f_t 是联合(union)类型的用户自定义变量,是一个表示 x,y 坐标的二元组,用于表示一个平面点的坐标。Tuple2f_t 是用来辅助 ArcBall 类的。如图 8.25,Tuple3f_t 是表示 x,y,z 坐标的三元组,用于表示点的空间坐标。如图 8.26,Tuple4f_t 是表示 x,y,z,w 坐标的四元组,用来表示点的统一坐标。如图 8.27,Matrix3f_t 是表示 3×3 的矩阵。如图 8.28,Matrix4f_t 是表示 4×4 的矩阵。

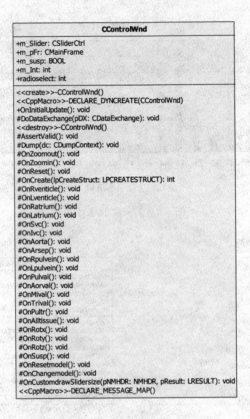

图 8.22　CControlWnd 类图

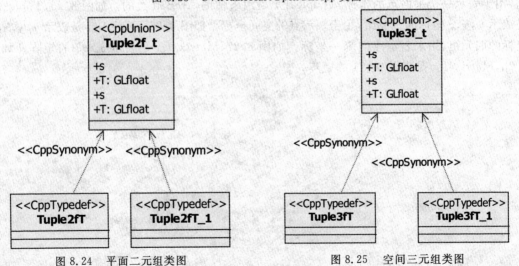

图 8.23　CVirtualHeartOpenGLApp 类图

图 8.24　平面二元组类图　　　　　图 8.25　空间三元组类图

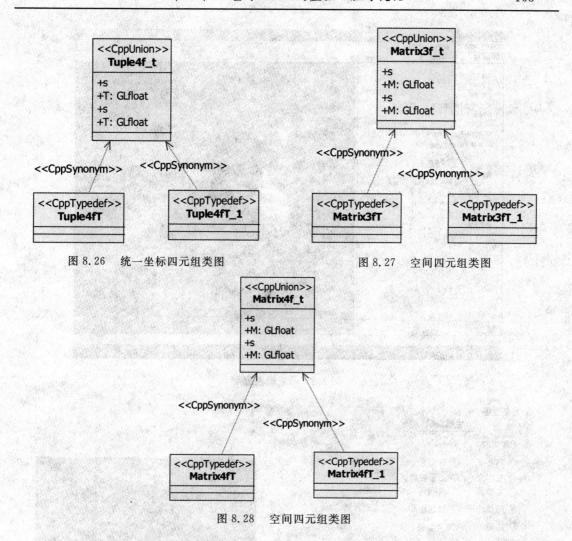

图 8.26 统一坐标四元组类图   图 8.27 空间四元组类图

图 8.28 空间四元组类图

8.3.5 系统实现及测试

1. 系统实现

本系统所需的软件平台如下：
(1) 开发平台：Windows XP。
(2) 开发语言：C++、Cg、OpenGL 工具包。
(3) 开发工具：Microsoft Visual Studio 2005、Start UML。

系统主界面如图 8.29 所示，界面采用单文档的 Windows 窗口形式。左侧是控制区，右侧是显示视图。

控制区如图 8.30 所示，包括心脏的显示，心脏不同组织可视化的控制，心脏可视化模式的控制，可视化结果(图形)大小的控制，旋转控制，可视化结果缩放控制以及还原。

默认情况下，系统显示心脏的整体，在单独显示其他组织的可视化结果的时候也可以通过点选控制区域的"全部组织"，切换到整体心脏可视化结果如图 8.31 所示。

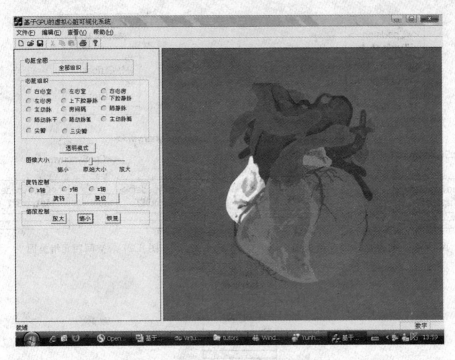

图 8.29　系统主界面

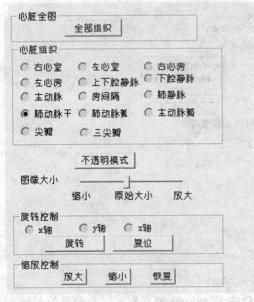

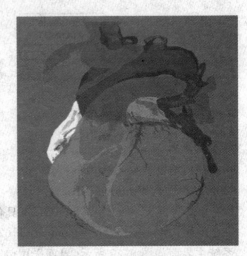

图 8.30　控制区域　　　　　　　　图 8.31　全心脏绘制结果

绘制算法使用前文介绍的纹理切片方法。

如图 8.32，心脏组织组合框（Group Box）内包含 18 个单选按钮（Radio Button），它们分别对应已分类心脏数据的不同组织。点选右心室按钮的时候，右侧的视图显示从心脏整体分割出的右心室部分，如图 8.33 所示。点选肺动脉干按钮，系统右侧的视图显示结果如图 8.34 所示。

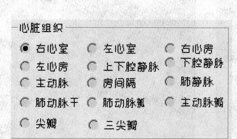
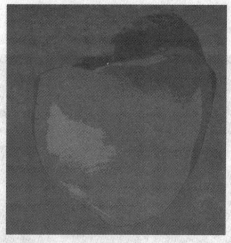

图 8.32　心脏组织控制面板　　　　图 8.33　右心室部分可视化效果图

图 8.34　肺动脉干部分可视化效果图

如图 8.35,对应的绘制效果如图：

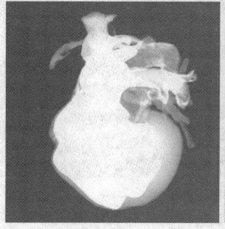
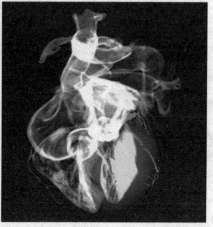

(a)　　　　　　　　　　　　(b)

图 8.35　透明模式下不同传递函数的心脏绘制结果(a)、(b)

在透明模式下能够更清楚地看到组织的内部细节,和图 8.33 和图 8.34 对应的是在透明模式下,右心室和肺动脉干的可视化结果如图 8.36 和图 8.37 所示。

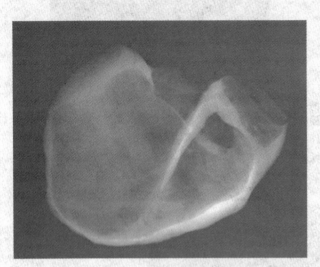

图 8.36　透明模式下右心室部分可视化效果图

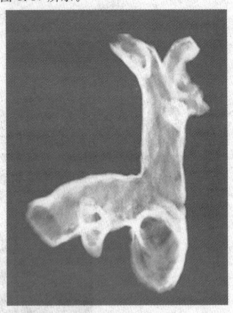

图 8.37　透明模式下肺动脉干部分可视化效果图

通过图 8.30 中滑动控制组件,控制系统右侧视图中可视化结果的大小,如图 8.38 和图 8.39 分别对应滑动滑块向左(缩小)和向右(放大)所对应的可视化结果。

图 8.38　缩小可视化结果

图 8.30 的控制区域所示,用户可以通过选择左侧下方的按钮使可视化结果自动绕空间的坐标轴旋转,以便用户可以看到心脏的不同角度,也可以点击按钮使可视化结果处于静止状态或者点击"复位"按钮使可视化结果处于初始的位置。如图 8.40,此时根据用户的设置右边视图中的心脏图像绕 Y 轴自动旋转。

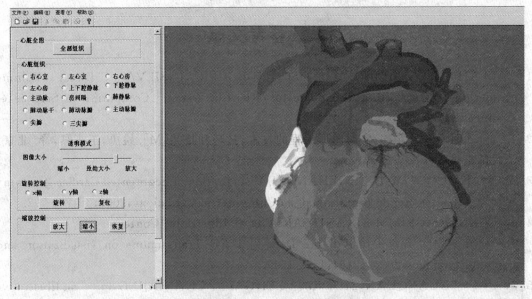

图 8.39 放大可视化结果

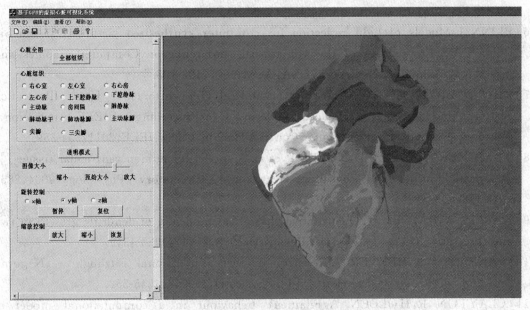

图 8.40 可视化结果绕 Y 轴自动旋转

8.3.6 系统贡献与应用前景

心脏的生理病理研究具有重要意义,心脏作为人体的重要器官,是人体循环系统的动力源。本系统的实现可以在计算机中再现心脏的解剖结构和心脏各个组织空间位置关系。用户能够通过鼠标、键盘与系统交互。

本系统可以应用于医学院学生的心内科基础培训以及虚拟手术培训的教学平台,也可以用作普及心脏病预防知识的演示平台。因此,基于 GPU 的虚拟心脏可视化系统必将有广泛的应用前景。

本章参考文献

[1] CALLAHAN S, CALLAHAN J, SCHEIDEGGER C, SILVA C. Direct Volume Rendering: A 3D Plotting Technique for Scientific Data[J]. Computing in Science & Engineering, 2008, 10(1): 88-92.

[2] Fernando R. GPU 精粹：实时图形编程的技术、技巧和技艺[M]. 姚勇, 王小琴, 译. 北京：人民邮电出版社, 2006.

[3] YANG F, ZUO W, WANG K, ZHANG H. Visualization of Segmented Cardiac Anatomy with Accelerated Rendering Method[J]. Computer in Cardiology, 2009, 35: 789-792.

[4] BRUCKNER S, GRIMM S, KANITSAR A, et al. Illustrative Context-Preserving Exploration of Volume Data[J]. IEEE Transactions on visualization and computer graphics, 2006, 12(6): 1559-1569.

[5] WANG KUANQUAN, ZHANG LEI, GAI CHANGQING, et al. Illustrative Visualization of Segmented Human Cardiac Anatomy Based on Context-Preserving Model[J]. Computing in Cardiology, 2011, 37: 485-488.

[6] BLINN J. Models of light reflection for computer synthesized pictures[C]//Harbin China, IEEE Proceedings of the 4th annual conference on Computer graphics and interactive techniques. New York, USA: ACM, 1977: 192-198.

[7] ZHANG L, GAI C G, WANG K Q, et al. Real-Time Interactive Heart Illustration Platform via Handware Acceleraced Rendering[C]//Proceedings of IEEE International Conference on Advanced Computer Control. Harbin, China: IEEE, 2011: 354-359.

[8] TUSSCHER K, NOBLE D, NOBLE P, et al. A model for human ventricular tissue[J]. American Journal of Physiology-Heart and Circulatory Physiology, 2004, 286: 1573-1589.

[9] KARMA A, RAPPEL W. Quantitative phase-field modeling of dendritic growth in two and three dimensions[J]. Physical Review E, 1998, 57(4): 4323-4349.

[10] PANFILOV A, KEENER J. Re-entry in three-dimensional Fitzhugh – Nagumo medium with rotational anisotropy[J]. Physica D, 1995, 84: 545-552.

[11] CLAYTON R, HOLDEN A. Filament behaviour in a computational model of ventricular fibrillation in the canine heart[J]. IEEE Trans Biomed Eng, 2004, 51: 28-34.

[12] FENTON F, CHERRY E, KARMA A, RAPPEL W. Modeling wave propagation in realistic heart geometries using the phase-field method[J]. Chaos, 2005, 15: 013502.

[13] BUENO-OROVIO A, PEREZ-GARCIA V, FENTON F. Spectral methods for partial differential equations in irregular domains: the spectral smoothed boundary method[J]. Journal of Scientific Computing, 2006, 28(3): 886-900.

[14] 吕伟刚, 王宽全, 左旺孟. 基于精细解剖结构的左心室心肌缺血仿真[J]. 哈尔滨工业大学学报, 2011, 43(3): 58-61.

[15] ZHANG LEI, GAI CHANG QING, WANG KUANQUAN, et al. Real-Time Interactive

Heart Illustration Platform via Hardware Accelerated Rendering[C]//Proceedings of IEEE International Conference on Advanced Computer Control. Harbin,China:IEEE, 2011:354-359.

名词索引

B

Brugada 综合征 5.1
半自动化 7.2
边界模型 7.3
边界体素预判法 7.3
不透明度传递函数 7.2
不透明度的累加算法 7.4
不透明度函数 3.1

C

Context-Preserving 模型 8.1
超常期 2.4
持续性钠离子电流 5.1
传递函数 7.3

D

单域或双域模型 8.2
第三类长 QT 间期综合征 5.1
电生理模型 1.2
电兴奋传导速率 5.2
动作电位 2.4
多模态体数据可视化 7.4
多维传递函数 7.4

F

F-LH 方法 7.3
仿真计算核数据 8.2
分割 7.2

G

固定刺激周期 5.2
光线投射算法 8.1
光线投射算法流程 7.2
光线投射体绘制算法 7.2
光照模型 7.2

H

Hessian 方法 7.3
合成函数 7.2

J

肌浆网 2.2
计算心脏学 1.1
加速光线投射方法 8.1
间隙连接 2.2
简化 LH 直方图方法 7.3
节制索 3.2
结合位点 3.1
解剖力学模型 1.2
经典快速步进算法 4.2
局部纤维模型 4.2
局部线性嵌入算法 4.3
距离变换(DT)7.4

K

可视化 7.1
可视化的具体步骤 7.2
空间局部 8.2

L

LH 直方图传递函数 7.3
LH 直方图方法 7.3
离散近似算法 7.4
离子通道病 1.2
连接蛋白 3.1

M

面绘制 7.1
模糊隶属度函数 4.2

N

钠离子顺时电流 5.1

O

欧氏距离变换 7.4
欧氏距离变换模式 7.4

Q

前向欧拉法 8.2
权值 7.4

R

溶血磷脂胆碱 5.2
闰盘 2.2

S

三次线性插值法 7.2
三维体数据的可视化 7.1
时间易感性 5.2
室间隔 3.2

T

体绘制 7.1

W

完全欧几里得距离变换 7.4
完全欧氏距离 7.4
网状结构 2.2
位置函数 7.3
纹理内存 8.2
纹理切片 8.1

X

希氏支束与浦肯野氏网络 3.1
细胞和亚细胞级模型 1.2
细胞兴奋能力 5.2
相场法 8.2
相对不应期 2.4
心电图 2.4
心肌纤维与心室组织模型 1.2
心内细胞 3.3
心室壁 3.2
心室兴奋传导序列 3.4
心外细胞 3.3
心脏器官级三维模型 1.2
心脏提数据图像增强方法 7.3
新陈代谢模型 1.2
兴奋波长 5.2

Y

颜色传递函数 7.2
映射函数 7.3
优点 7.1
有效不应期 2.4

Z

在线可视化 8.2
中间层细胞 3.3
中心查分法 7.2
中心差分法 7.3
重采样 7.2
重构 5.4
最小细胞兴奋刺激 5.2
最终不透明度 7.4